吸引教育
——构建有滋有味的学校

缪华良 编著

ZHEJIANG UNIVERSITY PRESS
浙江大学出版社

图书在版编目（CIP）数据

吸引教育：构建有滋有味的学校 / 缪华良编著 .—
杭州：浙江大学出版社，2021.9
ISBN 978-7-308-21538-1

Ⅰ.①吸 … Ⅱ.①缪 … Ⅲ.①小学教育－教育研究
Ⅳ.① G622.0

中国版本图书馆 CIP 数据核字（2021）第 123060 号

吸引教育——构建有滋有味的学校

XIYINJIAOYU —— GOUJIAN YOUZIYOUWEI DE XUEXIAO

缪华良　编著

责任编辑	平　静
责任校对	汪淑芳
装帧设计	乐读文化
出版发行	浙江大学出版社

（杭州市天目山路 148 号　邮政编码 310007）
（网址：http://www.zjupress.com）

排　　版	杭州乐读文化创意有限公司
印　　刷	杭州高腾印务有限公司
开　　本	710mm×1000mm　　　　1/16
印　　张	15.5
字　　数	312 千
版 印 次	2021 年 9 月第 1 版　2021 年 9 月第 1 次印刷
书　　号	ISBN 978-7-308-21538-1
定　　价	68.00 元

序

风吹麦浪，橙黄橘绿，又逢金秋收获时节。

得益于上城区教育发展基金会的"金穗"出版计划，欣喜地看到不少学校的学术味，立足校本，创新实践，智库联动，物化提炼，已然结出累累硕果。以著书立说为径，浓厚学术研究氛围，明确教育教学主张，共享优质教育资源，输出上城教育品牌。内生发展，学术强校，有效回应了设立该项目的美好初衷。喜闻杭州市凤凰小学《吸引教育——构建有滋有味的学校》一书即将出版，欣然受邀为此书作序。

吸引教育是创生育人模式改革的实践新样本。杭州市凤凰小学是一所年轻的学校，2017年8月创办至今只有短短几年时间。它在杭师附小教育集团百余年深厚积淀的基础上，不断挖掘自身的育人文化新基因，采撷"凤栖梧桐"的美好寓意，聚焦"梧桐树"和"金凤凰"两个具象，高度契合儿童的身心特点和学习规律；基于"校园、德育、课程、课堂、活动、评价、教师"多重视角，开展"洋溢童年味道的梧桐小镇，塑造别样气质的品性养成，实现五育融合的顶层设计，发展学科素养的创享学习，构建有滋有味的校园生活，指向素养立意的改革创新，重在专业成长的队伍建设"的校本化育人实践新探索。如何让儿童继续愉悦的童年生活？凤凰小学倡导的吸引教育具有极强的适切性和创新性。变"被动学"为有滋有味"主动学"，让儿童站在学习的中心，营造别样的学习磁场效应，是对学习本质的不懈探寻。

吸引教育是创建杭州市上城区美好教育的治理新范式。上城教育以"美好教育"为航向，在"管办助评"教育治理体系改革和区域教育优质均衡发展机制的引领下，最大限度地激发了各校的办学活力，各美其美，美美与共。到2020学年结束，凤凰小学正好完成新校成立后的第一轮三年发展规划，该书是对学校积极探寻美好教育治理新范式的系统总结。凤凰小学犹如钱塘江的弄潮儿一般，乘风破浪，勇立潮头！微笑问早、轻声教育、阅读探究、全境表达等关键小事助力美好学生有滋有味成长。双师型卓越教师发展工程持续助力美好教师专业发展。梧桐课程顶层架构促进课改深化，拒绝探分综合素质评价改革等力破教育难点的系列举措在区、市、省乃至全国产生了较大影响力。以吸引教育理念构建有滋有味的学校，是美好教育一个可操作、可复制、可借鉴的区域实践新范式，为教育同行提供了宝贵的育人实践经验。

吸引教育是创立品牌学校发展的办学新样态。美好教育必然是为学生五彩的生命奠基，指向未来公民的综合素养培育；美好教育必然是为教师的专业发展助力，实现师生之间的教学相长；美好教育必然是与兄弟学校携手共发展，实现学校间、区域间的互补共生。凤凰小学吸引教育的育人新实践，立足上城，放眼世界，着眼未来。从学校、家庭、社会，学生、教师、同行、专家等多维立体的视角，携手国内外多所优秀学校，依托多所高等院校，构建吸引教育研究共同体。筑巢引凤，青青梧桐小镇好不热闹！吸引着教育同行走进来，数年间有200余个参观团来校观摩学习。同时通过线上线下多重路径源源不断地输出吸引教育优质资源，发挥品牌辐射影响力，致力于乡村教育的振兴，自觉担当起促进教育均衡发展的使命。最大效用地发挥全国五育融合实践联盟校的基地作用，持续发挥教师发展学校的孵化作用，使得吸引教育于动态发展的过程中不断壮大优化，臻于完善。

像种树一样做教育，栽得梧桐树，飞出金凤凰！吸引教育，未来可期，大有可为。希冀全体凤凰人不忘立德树人的初心，秉持开放办学的理念，积极拥抱日新月异的教育变革，实现拔节孕穗的新生长。

是为序。

杭州市上城区教育局党委书记、局长　项海刚

2020 年 10 月

CONTENTS | 目 录

第一章
绪论

　　教育是国之大计、党之大计，是民族振兴、社会进步的重要基石，是功在当代、利在千秋的德政工程。步入新时代，人人向往美好的教育，新生代儿童个个渴望成长的空间。随着社会经济的发展，人们对教育日益关注，对教育的要求也日益提高。对于基础教育来说，培养未来合格公民的内涵不断丰富；对于学校教育而言，顺应时代潮流，着眼未来需求，立足教育改革是不可推卸的历史责任。教育改革，其根本是育人模式转变，其关键在于课程之变革。

第一节　审视：新时代教育的特点与诉求

　　教育发展应当把握方向、找准问题、谋划措施，全面落实好全国教育大会精神和习近平总书记关于教育工作的重要论述。这些重要论述立足于我国教育领域主要矛盾的历史转变，立足于新时代发展方位，立足于教育这个最大的民生问题，以人民为中心，深刻阐释了教育对实现中华民族伟大复兴的重大意义，从全局出发做出新的全面部署，为我国教育改革与发展指明了方向。

一、新时代教育发展的特点

　　习近平总书记在 2018 年的全国教育大会上发表重要讲话，明确做出"优先发展教育事业、加快教育现代化、建设教育强国"的重大部署。这是对新时代背景下教育的定位，也是对加快我国教育现代化步伐的解读。"举旗帜、聚民心、育新人、兴文化、展形象"是新时代教育工作的任务使命，教育者要坚持人民至上的价值指归，在聚民心中育新人，在育新人中兴文化，推进教育内涵式发展，提升我国的文化软实力、国际影响力，向世界展示中华文明的魅力。

　　（一）教育发展的价值取向：多元、融合、可持续

　　教育价值取向作为教育人文属性的重要组成部分，对教育发展具有至关重要的作用。从教育事业内部看，价值取向是相关主体结合个体发展诉求和生活背景，对教育发展进行取舍的过程。即在多种教育方向和路径设计上，选择令人较为满意的一种并加以实施的过程，主要是个体意愿和价值观念。从教育系统发展看，价值取向是教育行业所发挥的效能，特别是对社会发展产生的影响。一般而言，教育价值观念有标准也有取向，但取向是关键性的，更加注重实践性。当前，教育体制改革不断深入，各类教育理念不断更新，价值取向相互碰撞，对教育发展趋势形成了强有力的影响。教育价值的变化反映着社会需求、个体诉求、时代追求的变动。新时代教育发展的价值取向具有多元、融合和可持续等特点。

　　物质世界的多样性决定了人类文化、精神、智力等的多样性，由此产生世界多极化、经济全球化、文化多样化、社会信息化，教育价值要实现多元化才能与丰富多彩的全球社会相适应。新时代教育要为不同类型人才的发展和脱颖而出创造条件，要让具有不同特长、兴趣和爱好的儿童都能平等地全面发展。教育个体是千差万别的，这

要求以多元化的教育来满足以人为本的个体需求。教育是培养人的事业,需要将知识和技能以符合时代发展的方式、适应主体诉求的形式传授给多个主体,在教育过程中使其知识结构不断完善、技术素养不断提高、身心成长更加健全。教育是服务社会发展的人才供给站,社会发展和需求的多元化,决定了教育价值的多元化。新时代教育需要更加多元的人才。

新时代教育中,德智体美劳全面发展的育人目标成为共识。习近平总书记在2018年9月的全国教育大会上指出:努力构建德智体美劳全面培养的教育体系。立德树人、五育融合成为全体教育人的共同目标。2019年2月颁布的《中国教育现代化2035》提出了推进教育现代化的八大基本理念:更加注重以德为先,更加注重全面发展,更加注重面向人人,更加注重终身学习,更加注重因材施教,更加注重知行合一,更加注重融合发展,更加注重共建共享。践行融合育人的关键在于推动学校学科融合、知识融合、方法融合和价值融合的真变革,如此才能更好地落实立德树人机制,实现学生全面发展这一根本目的。因此,从本质上说,融合育人是一种思维方式,也是一种教育价值观,更是未来教育实践新范式,教育发展的价值取向应该走向融合。

可持续发展是一种注重长远发展的经济增长模式,指既能满足当代人的需求,又不对后代人满足其需要的能力构成危害的发展,是科学发展观的基本要求之一。新时代教育也需要可持续发展。强调在不同阶段关注个人的意识、能力、态度、情感和价值观,强调学会学习、学会做事、学会生存和学会共同生活。教育是为未来社会培养人的活动,教育发展要面向未来,要进行具有前瞻性的长远预测。制定发展规划不仅要以现实为依据,还要以未来可持续发展为出发点。在具体的教育活动中,应立足于儿童的终身学习和终身发展,注重培养儿童的自学能力、自我教育能力和适应未来社会的能力。以可持续教育为杠杆,目的是培养可持续发展的个体。到2020年,我国教育事业改革发展的战略目标是"两基本、一进入",即基本实现教育现代化,基本建成学习型社会,进入人力资源强国行列,实现更高水平的普及教育,形成惠及全民的公平教育,提供更加丰富的优质教育,构建体系完备的终身教育,健全充满活力的教育体制。可持续发展的教育既要关注儿童现阶段,也要注重对其终身发展起到促进作用。

(二)教育发展的格局定位:全面、全人、个性化

中国特色社会主义新时代,是不断创造美好生活、逐步实现全体人民共同富裕的时代,是实现中华民族伟大复兴中国梦的时代。新时代我国教育的发展也要有与之相适应的格局定位——全面、全人、个性化。

全面的教育格局是指新时代我国教育的发展要兼顾各级各类教育的发展。新时代要实现各级各类教育的全面发展,贯彻落实教育发展的全面格局,实现"学有所

教"的教育目标。从具体实施上来看,全面的教育格局是指每一所学校的发展都应有内涵、有特色。实现学校办学形式由标准化向特色化、定制化方向发展,是落实全面的教育格局所应积极思考的重要问题。全面的教育格局还体现在:既要发展好国内的各级各类教育,使其全面协调发展,又要促进国际教育的发展,把引进优质国际教育资源与"一带一路"倡议相结合,推动中外人文交流;既要办好符合新时代发展规律又兼顾传统文化的学校教育,又要重视社会"大教育"中网络教育、继续教育、终身教育的发展,以加快构建学习型社会的步伐。新时代教育发展应具有全面的格局定位。

全人的教育格局指教育发展的立足点是人的全面发展。全人的教育格局有两层内涵:一是指新时代教育的发展要兼顾每一个个体的发展,"使其一个都不能少",强调的是教育的广度;二是指新时代教育要注重个体的全面发展,"使人成为一个完整的人",包括自然生命的教育、精神生命的教育和社会生命的教育,强调的是教育的深度。在西方教育学家的观点中,他们将全人教育视为:关注每个人智力、情感、社会性、物质性、艺术性、创造性与潜力的全面挖掘;寻求人类之间的理解与生命的真正意义;强调儿童人文精神的培养;鼓励跨学科的互动与知识的整合;主张学生精神世界与物质世界的平衡,注重生命的和谐与情绪的愉悦。

日本教育重视学生全身参与学习。如日本儿童会穿得很少,在冬日黎明赤脚下海练拳,使身体感受这种极致的寒冷。反观我们的儿童,在学习过程中获取间接的记忆性知识太多,通过身体参与的生活学习太少,即缺少具身学习(Embodied Learning)。具身学习是指全身在场的情境互动,是通过身体的感觉运动系统与周围环境的互动,促使学习者的认知、心理和情感水平发生变化;强调情境性、体验性、参与性、生成性、交互性,关注学生在学习中的非智力因素形成,注重身体和情感的变化。我们要不断创造条件,鼓励学生通过多种感官,以体验、探索、实践、感悟、迁移促成真正意义的学习,进而实现学生成长的独立性、选择性、多变性与差异性。完整的人的培育需要重构身体观念,践行具身学习,彰显情意功能,进行全人教育。因此,教育发展应该具有全人的格局定位。

个性化的教育格局是指更加关注儿童个体。教育发展归根到底就是人的发展,人是处理和解决一切问题的最高出发点和最后落脚点,因此,新时代教育的发展要更加立足于其根本——人。新时代教育应更注重学生个体综合素质发展。作为一种社会现象,教育的目的是由社会决定的,而不是由个人决定的;全面发展既要发展人的"共性",也要发展人的"个性",是"共性"与"个性"的统一;人的全面发展是指人的体格、人格和智力的全面和谐发展。

社会需要有个性、有特长和有创新能力的人才,我们需要关注儿童的主体性,使其内在性得以觉醒。坚持儿童立场，充分尊重儿童的个性，才能促进儿童实现自我，体现其价值，成为个性鲜明的公民。新时代儿童是网络的原住民，智能时代决定其学习方式的多元化，再加上每个家庭有不同的育儿理念，导致学生间差异分化较大，有天才儿童，也有零起点儿童，更有发育迟缓、存在心理问题等特殊儿童。因此，教育发展应具有个性化的格局定位。正如袁振国教授所说，"要在面向全体学生德智体美劳发展的基础上做到个性化因材施教"，具体来说，就是办好每一所学校，教好每一个孩子，为每一位学生提供适合的教育。要关注所有人的发展，点燃每个人心中的火焰，使每个人充满成功的希望。为此，杭州市凤凰小学倡导"人人是儿童，个个不一样"，开设了新体育、左右脑和新读写这三种体现儿童个性的新课程。

二、新时代教育发展面临的挑战

新时代教育背景下，我国的教育高速发展，取得了前所未有的成就，人们对教育高质量发展诉求日益强烈。无论是服务新时代经济高质量发展的战略需求，还是体现新时代教育发展的战略要求，我国的教育都需要从高速发展迈向高质量发展，努力实现以高质量发展为时代特征的教育发展。因此，我们要正视新时代教育发展面临的挑战。

（一）知识与技术主导的教育需要转型

现今的教师和家长，大多数经历的是大工业时代的教育体制，即管理统一、人才培养规格标准化的学校教育。教师和家长带有升学教育、应试教育的烙印，根深蒂固的观念难以改变。在学校中，教师依然采取传统模式的班级授课制，不顾儿童的个性需求；在家庭中，家长期待孩子成为同类群体中的佼佼者，只要能在学校考试中得到好的分数，其他一切都包办的现象依然十分普遍，而且还有愈演愈烈之势，让孩子全面发展还是一句空话。纵观全国第八次课程改革，已经进行了二十年，但并没有取得理想的成果，一个根本的问题在于，对儿童德智体美劳中"智"的推崇。上海市虹口区教育局局长常生龙将其定位为"生存性教育"，即以批量生产为主要方式，以竞争为主要手段，以升学为主要目的，以不惜牺牲学生的身心健康为代价的教育。这种生存性教育关注教育"物化的""即刻的""工具性的"功能，是一种相对静止的教育发展观。

在教育专家林格先生看来，时下的教育观念和方法过于迷信教育技术，结果导致中国的家长太累，教师太累，孩子也太累，而教育生产力却很低下。现代社会是信息技术社会，在信息化时代背景下，很多教育者迷信教育技术，在教学时使用繁杂的技术手段，使得课堂看起来精彩纷呈，课堂氛围貌似其乐融融。在课堂中借助于信息技术手段改变教学方式有其积极意义,但技术使用要轻便化,不能为了技术而不顾教学内容是否需要技术,不从儿童生命发展规律出发,忽略了用自己的心灵去感应另外一颗心灵的过程。过分强调技术在教育领域的应用,夸大其在推动教育变革、提高教学效果方面的作用,不顾教学情境、儿童需求,在开展教学活动中过分依赖技术,导致了"技术崇拜论"的教育。这种过于形式化的教育,加重了儿童学习负担,是否真的改善课堂教学效果,值得深思。教育观念在现在这个时代需要刷新,单纯在教育技巧上的创新已经不足以缓解目前的全民教育焦虑。我们需要的是回归教育的纯真,倡导让孩子成为教育的主体,这会让教育效果产生惊人的爆发力。

（二）经历与体验缺失的教育需要改革

从现象学视角来看,学习首先是一个与经验相关的概念,在制度化的、人为组织的、富有技巧的学校教育实践中,学习本质上是一种在已有知识和经验基础上进行转换以获得"新"认识的过程,一种在已熟悉事物和已有认识的基础上熟悉和认识尚未熟悉事物的过程,一种在已有能力基础上获得尚未掌握的能力的过程。儿童已有的"经验"在不断地经历和体验中积累与丰富,学习必然要与儿童的生活相联系,于真实情境中发生。

体验是一种包含感受、情感、理解、联想、领悟等诸多的心理成分在内的复杂的心理活动。体验过程一般是从对事物的亲身感受开始的,在感受的基础上形成对事物的情感反应,情感又促进主体对事物进行深入理解和丰富联想,进而对事物产生领悟和生成意义。我们可以将"体验"看作是一种活动过程,也是活动的结果,作为一种活动过程,指主体亲身经历某事并获得相应的认识和情感;作为一种活动的结果,指主体从其亲历中获得的认识结果和情感体验。但当前的基础教育过分重视认知性教学。所谓认知性教学,就是强调教学结果,忽视教学过程,强调理性,忽视感性,强调认知,而忽视情感。认知性教学是以说理灌输为核心的教学,它注重概念、判断、推理、原则的掌握,而忽视了个体情感体验、领悟、想象等心理过程,过分强调对知识的记忆、背诵、模仿,却有意无意地扼杀了儿童的直觉、敏感、童心和灵性。

在实际的课堂中,刻板地上演着"教案剧",充斥着程序化的教学模式。教师的问题设计环环相扣,学生的回答按部就班,教师牢牢地把握着课堂话语权,学生只是"配合"寻找答案。教学过程中没有建立起教学与儿童生活的联系,没有在真实情境中教学,儿童经历与体验缺失,难以对学习产生亲近感、意义感和价值感。教师在教学的过程中应给予学生学习的权利,尊重学生的思维过程和个性发展,让其体验与文本对话、与教师对话、与同伴对话、与心灵对话,点燃自身的情感火花,开拓无限的思想空间,发展想象能力和创新思维,从而使学生真正成为课堂学习的主人。因此,我国教育界一些专家学者发出呼唤——让课堂教学焕发生命活力。

三、新时代教育发展的诉求

多元、融合、可持续教育发展的价值取向,以及全面、全人、个性化教育发展的格局定位,显然对新时代教育发展提出了更高的要求。然而,新时代教育发展中存在两大显著问题:学校缺乏吸引力,导致儿童不爱学习。杭州市凤凰小学在打造中国新样态学校的过程中,提出了"吸引教育"(Invitational Education)实践构想。所谓吸引教育,是指一种研究和探索如何将学校建成令人向往的"最吸引人的场所"的教育理论。杭州市凤凰小学提出吸引教育,旨在通过学校教育的民主化定向、人际交往的情绪吸引、自我意识的积极建构,在所有人类值得努力的领域激发并实现人们的潜能。吸引教育既是一种理论,更是一种看待人与教育之关系的观念,其核心由四个关于人的本性和潜能的基本教育原则或教育假设所构成。其一,人是有能力、有价值和负责的,并应该被相应地对待;其二,教育应该是合作、配合的过程;其三,在所有人类可努力的领域,人都具有未开发的潜能;其四,人的潜能能够因特别设计的教育场所、教育政策、教育程序以及有目的的吸引者而得到最佳的实现。

（一）与生活链接

对学生而言,生活是学生对学习产生亲近感、意义感和价值感的最泛在的教育。教学过程中要努力寻找教学与学生日常生活的联系。教学内容与教学中的举例,要与学生生活有密切联系,让学生产生亲近感。内容讲授要有关注学生生活常识的意识,从常识出发,梳理常识,纠正、强化或超越常识,让学生对知识产生意义感。用科学知识解释日常生活,用科学知识改变日常生活中的不当做法,把日常生活中普遍认为正确但实际上错误的做法纠正过来;用科学知识坚持日常生活中的正确做法,把日常生活中普遍认为错误但是实际上正确的做法坚持下去。让学生感知基于科学知识与科学方法做事的好处,体验到科学知识与科学方法的力量,让学生产生价值感。教学结果与效果上要关注学生学习力的提高,有利于学生持续发生后续学习。

（二）与个体对话

教育的终极追求到底是什么?学校不可能使人掌握一门一劳永逸的专业知识,学校更不可能把所有的知识教给学生。死死盯住"知识"的教育没有出路。200年前,德国提出教育宣言:"教育的目的,不是培养人们适应传统的世界,不是着眼于实用性的知识和技能,而要去唤醒学生的力量,培养他们自我学习的主动性、抽象的归纳力和理解力,以便使他们在目前无法预料的种种未来局势中,自我做出有意义的选择。教育是以人为最高的目的,接受教育是人的最高价值的体现。"这一宣言表明教育的核心价值在于智慧生成。智慧是由智力体系、知识体系、方法与技能体系、非智力体系、观念与思想体系、审美与评价体系等几个子系统构成的复杂系统。应对知识快速发展的策略是学会学习、学会做事、学会共处、学会生存。儿童生来是有个性的,无论智力、耐力、气质、兴趣等都各有千秋,社会的需求也是多样化的。教育应该满足这种需求,在培养人"四会"的过程中提高人的兴趣,发掘人的特长,让多元化的个性得到张扬。任何人都不可能在学校掌握所有将来可能用到的知识,人不可能也不必在学校掌握所有的知识,重要的是知道在哪儿去寻找有用的知识,知道怎样提出问题,知道向谁请教,知道该和谁一起探讨,知道怎样探讨问题。虽然知识是实施教育的基本资源,是展开学习活动的最基本载体,但是教育不仅仅是教知识,更重要的是教会人如何思考。只有那些能够使学生获得积极的、深层次情感体验的教学,能够给学生足够自主的空间、足够活动机会的教学,能够促进儿童以参与求体验、以创新求发展的教学,才能有效促进儿童的发展。在学校教育中,不同的学科犹如不同的游戏,形成不同的"河道""沟渠"和"堤坝",使儿童在形成共同价值观的同时,形成多元化的能力和思维方法。教育的本质是唤醒灵魂,唤醒洞察力和判断力,而非知识的堆积。只有唤醒这种能力,才能走向真正的自由。经验性知识的传承已经不足以面对社会和科技变革,学会学习和创新创造是教育的核心,最重要的是教会学生怎么学习。

第二节 思考:新生代儿童成长的指向

进入中国特色社会主义新时代,我国社会主要矛盾已经转化为"人民日益增长的美好生活需要和不平衡不充分的发展之间的矛盾"。人民日益增长的美好生活需要,教育不可或缺。

2018年,杭州市启动建设美好教育三年行动计划,着力构建高水平教育服务体系,共建共享高品质教育,满足人民群众对美好生活的需要。美好教育在上城区的蓝图也很清晰——让上城区的每个孩子都能享有公平而有质量的教育,实现"名校就在家门口,名师就在我身边"。以大格局、大胸襟、大担当建设美好教育,上城区致力于培养"身心健康,品质优秀,学业上乘,素质全面,个性鲜明"的上城学子。上城教育正在全力为孩子打造美好的教育生态环境,将美好教育的要求融入"日常"、融入"细节"、融入"行为",更好地为学生服务。

同年,杭州市凤凰小学进行了2018—2020学年发展规划,将三年规划定位为"办梧桐树学校品牌,创吸引教育新样态"。学校秉持"像种树一样做教育"的美好初衷,采撷"梧桐栖凤"的美好寓意,构建"栽得梧桐树,培育金凤凰"的育人愿景,以"有人性、有故事、有温度、有美感"的四有校园为特征,以创吸引教育品牌为己任,践行新生活教育的探索,致力于将凤凰小学办成一所实施美好教育的中国一流新样态学校。

新生代儿童,人人渴望成长的空间。凤凰小学溯源历史、立足现在、着眼未来,打造具有吸引力的校园,用吸引教育实践探索新生代儿童的成长。

一、溯源历史:教育追寻美好又完整的人

永恒主义认为"人民获得真正的幸福和真正美好的社会来源于人民通过教育对真、善、美的追求",这与新时代"解民众教育之所忧,办人民满意的教育,增强民众对教育的获得感和幸福感"的教育发展使命不谋而合。从成人到成为国家的人,有用的人,完整的人,自由的人,追求真、善、美的人,优良的教育并不是为了物质财富的占有而获取各种人生在世的资本,而是为了人自身的完满,为了人格的健全。凤凰小学就是通过学校文化、学校课程和校园文化三个层面,培养学生成为追寻美好又完整的人。

(一)学校文化的浸润

顾明远先生将学校文化界定为学校有关教学及其他一切活动的价值观念及行为形态,物质层面(校园环境)、制度层面(各种规章制度)、精神层面和行为层面(师生的行为和举止)构成了学校文化,并提出学校文化的核心是精神层面的价值观念、教育理念和群体的心理意识等。叶澜教授指出,学校文化建设的实质就是学校文化精神和使命的确立。现将学校文化分为校园环境、班级文化和隐性文化三个层面分别予以阐述。

校园环境是育人的重要组成部分,指向物质层面的校园建设,在学校教育活动中发挥着重要作用。学校应力求创设一种与主体教育相适应的校园环境,使校园里的每一堵墙、每一块草地乃至每一株花木都会"说话",营造出一种能够产生教育作用的"氛围",发挥环境在育人中的特殊作用。凤凰小学正是如此,通过多种方式,全方位营造充满童年味道的校园显性环境。学校结合校名,提炼"梧桐树""金凤凰"的形象内涵和意蕴品质,确立金凤凰的符号系统,提出筑巢引凤(教师)和筑巢生凤(学生)的"吸引教育"特色方向。引导教师要像种树一样做教育,像梧桐树一样有智慧;引导学生学习梧桐树的谦虚精神,学习凤凰涅槃的勇气和凤凰于飞的毅力,不断学习,坚毅不屈,品质高贵而富有担当精神。如今,学校周边钱江新城板块人文、地理、社会环境较好,对接的中学、幼儿园品质较高,逐步形成中小幼一体化品质教育体系。凤凰小学将进一步凸显"梧桐树"学校的校园文化特征,丰富凤凰元素,突出精致校园环境建设工程和新学习空间创建工程,营造具有凤凰气质的学校文化。秋涛校区和钱江校区和而不同,分别打造"馨""悦"校园文化。因地制宜,将秋涛

校区打造成适宜低段儿童的生活与学习的场域,一亭一阁一馆,一廊两楼三园,处处体现"馨"文化,建设"馨"校园;将钱江校区建设成适合中高段儿童学习与发展的场所,凸显"悦"文化,打造盆景式精致高雅的校园文化。在创建新学习空间方面,在秋涛校区建设基于绘本的想象力学习中心;在钱江校区打造以五指课程为依托的创造力学习中心,实现学校空间利用最优化,为儿童的生活和学习服务。此外,学校还开辟形式多样的宣传阵地,渗透"作业即作品"的理念;充分挖掘凤凰蕴含的意蕴和精神,不仅在校徽、校标、校服、色调等细节处彰显凤凰元素,更从言行举止、为人处世等方面引导儿童做自新、自信、自立的凤凰学子。

班级文化是学校文化的重要组成部分,包含了制度、精神和行为层面,能体现教育理念和班级精神,能够发挥熏陶感染、激励强化等作用,改变学生的情绪情感状态和行为规范,继而达到教育学生、助其成长的目的。班级环境布置是班级行为文化的静态体现,是班级精神文化的外显,在班级文化建设中发挥着重要的作用。班级文化可以充分展示学生的知识和能力,窥探学生的精神世界,展示学生个性,促进学生全面发展。班标是一个班级的标志,体现班级特色、精神和内涵,起到凝聚人心的作用。在一个班集体中,儿童是班级文化建设的主体,班主任协调各科教师,引导儿童建设班级物质文化和精神文化,协同育人。班级文化是动态生成的,由学生创生,育学生成长。凤凰小学积极实践"班级三年发展规划"。班级文化由学校管理者进行多维整体设计,从人文、科学、品德等不同领域整体设计班级文化,并充分挖掘班级文化的丰富精神底蕴,贯穿知识内涵、道德内涵、艺术内涵等,旨在引导儿童浸润在日常生活和学习中。学校以梧桐小镇和金凤凰学子为具象,每个班级再融入班级文化,进行精心布置。学生在这样的教室生态中学习生活,自然会受到启迪和教育,成为具有自由、自治、自主之底色,自新、自信、自立之气质的金凤凰。

隐性文化更多是精神层面的,在实施过程中,能起到化知识为智慧,化智慧为情感,化情感为人格的联动效应。学校隐性文化是指校园中客观存在的、常常以潜移默化的方式对学生的全面发展产生实际影响的各种因素。学校隐性文化主要包括五个方面,即校风、班风、学风,教师的教育理念和方法,教师的人格修养和心理健康状况,师生人际关系和团队精神,学校的管理理念、价值观念、办学思想、学校精神等。杭州市凤凰小学在三年的办学过程中不断探索,逐步形成富有特色的学校隐性文化。凤凰小学的办学宗旨是促进师生人格健康和谐发展,为每一个五彩的生命奠基;以"办儿童喜欢的学校,办国际水准的学校,办有鲜明个性化教育特质的学校"为办学目标,以"诚毅博正"为校训,以"民主、合作、责任、进取"为核心价值观;以"自由、自治、自主之底色,自新、自信、自立之气质"为校风,以"敬业厚生、修德砺能"为教风,以"立志、向上、坚毅地学,自觉、惜时、快乐地学,创新、求索、广博地学"为学风;学生树立

"正行、好学、乐玩、善交"的学子形象,教师具有仁爱、高雅、智慧、健康的气质;在教师精神层面,传承和弘扬奉献精神——在付出中感受快乐,于平凡中创造非凡;培育和造就学术精神——问题意识、批判思维、持续研究、独立人格,这是凤凰人的不懈追求。凤凰小学的四件关键小事是隐性文化的最好阐述,其中的"轻声教育"取得良好成效,被国内多家媒体争相报道。

(二)学校课程的培育

学校课程是根据国家的教育方针和地方的教育要求,由学校针对本校的环境因素和学生学习的实际需求进行编制、改造、实施、评价的课程;是以发展学生个性、开发潜能、培养创新精神和实践能力为目标,充分体现学校特色的个性化整合型课程;是为塑造新生代儿童未来人格而设计的蓝图。其宗旨在于促进学校的发展,有利于学生更好地成长。同时,学校课程建设必须适应新课程改革发展需要,为促进师生发展服务,与学校办学宗旨紧密结合,是国家课程计划的重要补充形式,是校本课程开发的一个重要阵地。实施全景立体育人的课程体系,也是办学思想的实践途径。

国内外关于人才培养目标的研究主要聚焦于核心素养。2006年,欧盟发布了八项核心素养,并建议各成员国将其作为推进终身学习和教育与培训改革的参照标准。芬兰从2012年起对国家课程进行改革,2014年颁布《国家基础教育核心课程2014》,提出了七大核心素养,并基于核心素养建构了课程体系。七大核心素养包括:多元读写能力、信息通信技术能力、照顾自己与管理日常生活、思考与学会学习、文化素养与互动表达、职业能力与创业素养和参与构建可持续发展的未来。研究发现,芬兰的七大核心素养可分为"人与工具""人与自己"和"人与社会"三大方面,以此为基础"垂直连贯、水平统整"地建构课程体系。垂直方向上,核心素养的描述细致到每一学段;水平方向上,核心素养与各个学科的内容领域紧密相连,并通过教学目标将核心素养落实到具体的教学上。

杭州市凤凰小学在开足开全各项国家课程之余,积极探索学校课程体系,为塑造儿童美好而完整的人格建构课程群。"凤凰六院",课程理念先进、结构合理、设置科学,正处于稳步实施和完善中。全景立体育人的课程指导体系,突出课程的全素养、时空的全覆盖、育人的全参与。基于课表形态创生的"启蒙·启志·启程"三项月课程群、"馆学·生存·学农·学军"四项周课程、三四年级学生免试生周课程和校园六节的日课程实施已成系列,尝试走班教学多样态实施,凸显学生自主选择和分层教学。由校课程发展研究院进行整体架构,以基础性课程实施为重点,着力拓展性课程和研究性课程的开发和创新。以塔式结构实施学生个性化成长的"玩转体艺"拓展性课程,赋予时间以品质的四点钟学生托管"凤凰之星才艺坊"课程等,影响全省各地。学校紧随课改的步伐,勇立课改潮头,还推行具有全科视野的"一月在研究"的特色课程,借鉴上海市研究性课程的实施模式,吸取国外全科主题学习的特点,每周二下午用一小时的长课形式,在3~6年级以年级走班、性别走班、教师走班、导师带学员的多样方式开展教学实践,突出学生创新能力和综合实践素养的提升。由悦读探究、经典诵读、持续默读、微信听读构成的"4K4H6M阅读课程群",结合了亲子阅读、书籍漂流、校园童书节和书角评比等多样化的阅读形式。具有国际视野的"国际理解教育课程"和"国际交流课程群"多次开展活动。国际象棋、围棋、桥牌和形体组成的校本体育课程群,逐渐形成"把体育带回家"的独特教学主张,从体育兴趣到体育特长,从体育特长到体育专长,甚至化为儿童一生秉持的体育志趣。在运动、实践、阅读、公民、艺术和智能六个方面逐步形成学校特色课程。凤凰小学一年接待全国近20个省份近百批次的考察、挂职锻炼等团体,其中有80次以上的考察团特别要求学习学校的课程改革经验。缪华良校长是国内课程改革方面的知名专家,先后指导过省内外100多所学校的课改方案,赴全国20多个省份讲学指导,其课程研究、校本教研、中小学教学改革研究等方面的学术成果在全国具有影响力。

同时,凤凰小学倡导的"四为建构"成为创享学习的主阵地。"四为"即为学而设、为学而教、为学而融、为学而评。从学习设计优化、学教方式改变、学习空间扩容、学习评价转向四个维度,指向学生素养形成的深度学习真正发生的新课堂探索。"四为建构"是对传统课堂的突围,坚持学生立场,让以学习为中心的教学大有可为,指向学生4C素养、学科素养和跨学科素养的发展,打造常态好课堂,营造课堂学习新生态。基于创享学习"四为"教学实施,指向多维素养发展,培养学生的实践创新能力,以浓厚的展示分享交流氛围,促进学生形成反思改进的习惯,培育"正行、好学、乐玩、善交"的理想学子。为了打造高质量的创享学习,学校不断提升教师的教育教学研究能力,注重教学目标的精准定位,教学内容的整合优化,教学过程的预设、生成和反馈,全方位锤炼教师专业素养,尤其是提升育人能力,成为学生的"人师"。

（三）校园生活的养成

校园生活作为教育的重要范畴和不可或缺的部分,是学生心灵成长的家园,应积极地为儿童提供适合的土壤和氛围。校园生活应该具有一个个生动而又丰富的场景,让学生快乐学习、尽情享受童年的乐趣,教师勤勉工作,充分享受职业的尊严和幸福。杭州市凤凰小学基于培养完整的人,促进儿童人格健康和谐发展,以课程发展研究院为载体,结合第一课堂在教室学习、第二课堂在兴趣扬长、第三课堂在校外研学及第四课堂走向世界的生活视野,构建"公民、阅读、运动、艺术、实践、智能"六维立体生活体系,共享有滋有味的校园新生活。

杭州市凤凰小学自2017年创建以来,秉持"有滋有味"的办学理念,着力打造适宜儿童成长的校园生活,注重文化内涵发展,挖掘"梧桐树""金凤凰"两个特殊元素,采撷"凤栖梧桐"美好寓意,使校园成为学生诗意栖息的地方。学校还提出了"自由选择、自主探索、自治管理"校园新生活主张。校园新生活是新时代基于育人方式改进的学校发展新样态。它基于"学校与社会同步、学习与生活融合、现实与未来对接"的设计理念,从多重空间创生、多样载体创设、多元评价创建三条路径开展,指向公民养成、劳动创造、生涯启蒙的实践探索,促进以"正行、好学、乐玩、善交"为特征的儿童人格发展和完善,让儿童在校园享有愉悦的童年生活,激发学生的生命活力,实现育人方式的转变,形成学校发展新样态。"三创"促"三自"的校园新生活,促进了凤凰小学育人方式的转型,为培养美好而完整的儿童助力,提升了儿童校园生活幸福感。

二、立足现在:培育全面而有个性的儿童

进入 21 世纪以来,美国政界、商界、教育界都在谈论一个共同的话题:美国的每个孩子要想成为合格的公民、劳动者或者领导者,就需要 21 世纪的知识与技能。但是学校所学习的内容和 21 世纪的生活与工作所需的知识与技能之间存在很深的鸿沟,因此,有必要重新建构基础教育体系,于是美国教育部和相关机构联合提出了"21 世纪技能"构想,其主要思想是:在总结经验教训的基础上,美国的学校需要整合核心课程和批判性思维与问题解决(critical thinking and problem solving)、交流合作(communication, collaboration)、创造与创新(creativity and innovation),使教室环境接近真实世界的环境。如图 1-1 所示,"21 世纪技能"分为两个部分,一部分是图中"彩虹"部分的学生学习结果方面的内容,另一部分是图中"底座"部分的支持系统。

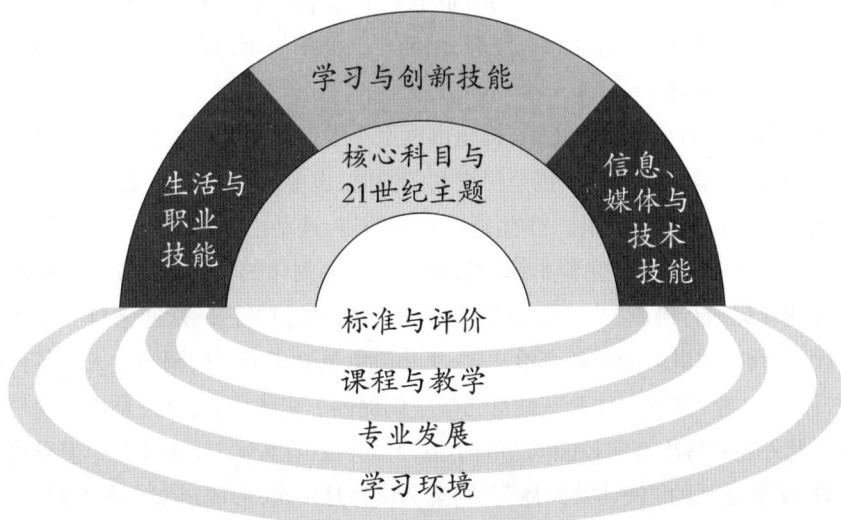

图 1-1 21 世纪技能

　　一个国家现代化的成败和进程的快慢,除了取决于公民有强烈的民族责任心,充分履行自己的职责,决策理性科学外,国民素质的现代化程度高也是确保现代化循着健康理性的轨道向前发展的前提。公民意识和现代文明素养不是生而有之,其培育和形成需要借助教育的力量。教育的落脚点是培育具有全面而有个性的现代公民。杭州市凤凰小学提出的吸引教育,就特别注重人格独立的现代公民和个性独特的现代儿童的养成。

　　(一)人格独立的现代公民

　　公民教育已成为世界各国纷纷关注的全球性问题,其中各国教育共同关注的课题就是对青少年公民意识的培养。公民意识的培养是需要在后天的教育和实践中获得的。学校就是培养公民意识的最佳场所。它承担着传播公民知识、培育公民意识、张扬公民权利、呼唤公民责任等重要任务,并具有不可替代的地位和作用。在国际上,很多国家将道德价值和公民责任感的培养纳入21世纪的教育报告中,其中一些国家将公民意识作为生存能力的重要内容。英国将培养公民的权责意识作为公民教育的目标,要求公民更好地参与社区活动,了解国家地方设立的民主机构,并有意识地关注全球事务和议题;美国在参与意识、社会责任和必备的道德品质方面对青少年进行培养;韩国公民教育的目标是促进每一个公民形成完美的品格;20世纪末,日本通过题为《关于面向21世纪我国教育发展的方向》咨询报告,其公民教育目标着眼于对主体性的培养,培养公民能够成为对国际社会有所贡献并得到各国人民信赖的日本人。"国际21世纪教育委员会"发表了《学习:内在的财富》的报告,指出实现个人发展和建设个人与集体、国家之间良好关系的最好手段就是教育,并且十分强调关于公民素质的培养。在国内,"十一五"期间引进"中美合作公民教育项目",首批五省市试验区分别是:上海、云南、山东、江苏、山西。上海第一师范附属小学的"小公民教育"也取得一定成效。

　　为培养学生的小主人翁意识,杭州市凤凰小学设立了"梧桐小镇"服务日,以小镇社区为载体,学生在享受小镇公民权利的同时,也要承担小镇公民的义务,营造以服务他人为快乐的校园文化。学生通过竞聘演讲,选举小镇镇长,设立若干干事,每班推荐一位代言人,不断完善小镇的管理制度。序列化的"小镇六节",实施以学生为主体的课程运行机制,儿童就是节日主角;学校大门常打开,欢迎来自五湖四海的参访团,校园参观讲解的任务交给学生,小小讲解员真正成了校园的主人。各种体验日、校园节日、学习中心、体验基地都为学生们提供了实践机会,公民意识体现得淋漓尽致。此外还有解决真实校园问题的小镇圆桌会议,在校园"微社会"中倡导建立自治管理、多样交往的"伙伴共同体"。圆桌会议每月一次,形成定期会商机制,每次都有明确的主题,例如:校园"拾"景我命名、校园十事我行动和我的校园十建议等。

现代公民还需要有国际视野,杭州市凤凰小学不仅重视传统文化的继承,更加注重培养学生的国际视野。学校先后开设了阅读、国际象棋等校本必修课程。自 2017 年开始,学校研发启志课程群,课程中设立了专项主题活动,如六年级学生的"我 @ 世界"。学校组织了形式多样的国际交流活动,与国外的学校建立友好学校关系。2017 年 9 月,学校部分学生参加了区里的 STEM 融合课程学习,外教老师全程用英语教学,让孩子们或说、或画、或写、或玩,了解美国的地域文化,给学生们打开了"世界之门"。学校的"校园悦耕园智能灌溉"学习项目在 STEM 教育与项目式学习国际学术研讨会中获一等奖,撰写的 STEM 案例获区、市一等奖,举办的线上课例节——从 PBL 走向 CBL,吸引十万多线上观众。学校所倡导的 STEM 融合课程学习在省、市、区具有一定影响力。学校开设国际理解校本课程,使学生通过学习,加深对我国传统节日的理解,树立文化自信,在戏剧表演、角色体验中获得并提高语言的运用实践能力,培养交流与合作的能力,感知礼仪规范,塑造更具国际性的儿童气质。

学校实施的"轻声教育"取得良好的实践成效,国家、省、市级媒体都进行过报道。"轻声教育"并非要求学生都要轻声说话,而是将说话声音音量分级,分别用于不同的场合,即不同的场合控制不同的说话音量。比如,专注倾听、就餐、集会及公共空间等,要0级音量静无声;课堂上同桌交流,或课间两人交流用1级音量悄悄说……推行"轻声教育",最大的益处就是能够使学生明白,不要让自己的说话声打扰到别人。这恰恰是一个人文明素质的体现。人不仅需要学会"有话好好说",学会有效表达,也需要把握好说话的音量,张弛有度、收放自如。缺乏规则意识和边界意识,心中只有自己却没有考虑他人,势必导致一些应该安静的场所变得喧闹嘈杂。"轻声教育"的教育理念和方式值得推广和借鉴。当"轻声教育"越来越普遍,未来的社会秩序和公民素养也将更值得期待。

(二)个性独特的现代儿童

每个儿童生活的环境是不一样的,他们的天赋秉性是独特的,他们的知识背景、认知方式、学习需求等诸多方面都存在差异。我们要尊重儿童的独特禀赋,尊重儿童的个性和特点,尊重他们独特的品质和禀赋,在教学中发现儿童、激发个性潜能,形成个性特长,促进儿童健康和谐地发展。顾明远先生指出:"个性化教育就是培养学生个性发展的教育。"即在教育中要以学生为主体,以满足学生个性化发展、多样化学习方式为着眼点,尊重差异,注重不同学生间独特的学习方式,为学生提供适合个性发展的学习指导、教学方式和丰富的教育资源。

杭州市凤凰小学的办学定位在于除了办儿童喜欢的学校,办国际水准的学校,更要办有鲜明个性化教育特质的学校。未来教育有多种可能性,关注学生的个性发展是人们对美好教育的真切诉求,要让每个儿童能展示自己的风采,感受到自身的价值,体验成功的快乐。为此,凤凰小学创造性地提出金字塔式结构的三级体艺课程实施新机制:课程普及、社团培趣、坊赛提优。将基础性课程中的体艺类学科教学进行全面普及,尊重儿童的兴趣爱好,唤醒儿童的天赋。开设各类以社团形式实施的拓展性课程,给予学生自由选择权利。大部分学生参加学校教师执教的普及型社团,20%的学生由学校提名选择参加特长型的校级社团学习,少数特别冒尖的学生可由学校与家长协商,周五下午外出尝试精英型学习模式。由外聘专业教师打造学校国际象棋特色校本课程。基于"办国际水准的学校"的目标,开设十余个"凤凰之星"才艺坊,外聘教师执教形体课,与第三方合作组建管弦乐社团等。以志趣式的组合,集结优秀教师和学生,进行深入的体艺研究和学习。积极参加各级各类艺术比赛,以比赛促发展。近年内获得3项及以上团体荣誉,5项及以上个人荣誉。

　　凤凰小学鼓励儿童有个性地发展。校本化的综合素质报告单,从学业水平、表现性和发展性三个维度对学生进行全面评价。学业水平评价的标准是统一的,是所有学生都要共同参与的评价内容。而发展性评价中的玩转体艺、课外阅读、劳动实践、校外研学、志愿服务等板块可以由学生按照兴趣爱好进行自由选择,且选择的空间和范围比较大,在基本素养达成的基础上让学生的个性得以充分发展。学校实施个性化的"一生一课表、'一生'一课程",培育在校选课程、长大选人生的个性化儿童。首先,教师精心指导艺术、体育、劳动、悦读等自由自主的个人微课程,从生涯规划启蒙借鉴到个别化的自设课程规划能力培养,指导每位儿童一人一课程的规划设计,建立一生一课表。其次,从体育、艺术2+1的角度去帮助儿童选好自己终身相伴的兴趣爱好,从而实现"一生"一课程的价值追求。最后,通过线上交流、线下指导、互联学习等方式强化指导与督评,不断在过程中帮助儿童、鼓励儿童坚持规划设计的有序实施,最终达到目标。

三、着眼未来:五育融合育人

　　教育领域正在经历一场深层次变革,人工智能正在重塑教育的新样态。2018年,教育部出台了《教育信息化2.0行动计划》,致力于全面提升教育信息化发展水平,以教育信息化全面推动教育现代化,开启智能时代教育的新征程。人工智能与教育的融合,开启智能教育时代,教师的教学方式在各个方面发生了前所未有的变革。科技革命引发工业革命,工业革命倒逼教育变革,同时人工智能与教育深度融合也是教育自身实现现代化的诉求。第四次产业革命兴起,人工智能推动产业变革、技术更新、岗位更迭,将会淘汰大量传统劳动力,同时对新型劳动力的需求不断提升。教育作为培养人的活动,肩负重任,人工智能亟须与教育深度融合,培育"人工智能时代的原住民",即小时候和智能机器玩耍,长大后能和智能机器一起高效工作、和谐共处的人。人工智能时代需要具备学习能力、沟通能力和创新能力，能够与人工智能系统协作的创新型、智能型人才。目前，人工智能技术逐渐运用于教学领域，教育智能测评系统、教育机器人、智能教育平台等新的人工智能教育应运而生。新形势下，亟须超越技术理性，回归教育育人本质，推动人工智能与教育深度融合，培育人工智能时代所需人才，实现教育现代化，在满足经济社会发展的同时，最终实现人的全面发展。

（一）信息技术能力的提升

着力提升儿童的信息技术能力，才能让他们在未来灵活自如地运用各种信息技术手段。拥有一定的信息技术能力是现代儿童适应智能时代的必备素养，为未来而学，旨在儿童在智能时代能更好地学习、工作与生活。人工智能时代，网络就是学习，终端就是课堂，各种信息技术手段可以为学生个性化成长带来很大便利。杭州市凤凰小学开足国家课程之余，有 3D 打印、编程、机器人和航模等社团等供学生选择。

（二）自主学习能力的养成

学生要能自觉学习，要有自主的活动，要增加社会实践活动。对不同的学生要有不同的要求，要允许学生有不同的规格，不能千人一面、万人"一刀切"。正如袁振国教授所说的，"自由选择课程，给学生更多成长的渠道；多元化评价，让学生特点成为亮点；主动性教学，让学生的自主学习、合作探究、自我展示发生；自主性活动，开展社团活动，进行更具有互动性的'人的教育活动'"。为此，凤凰小学设立了智能书柜、实施一生一课程等，引导学生自觉、惜时、快乐地学。

（三）实践创新能力的培养

创新是民族进步的灵魂、经济竞争的核心。当今社会的竞争，与其说是人才的竞争，不如说是人的创新能力的竞争。为培养适应新时代发展需要的具有创新创造能力的高素质人才，教育应重视儿童的创新意识、创新精神。为此，凤凰小学建设了区域学习中心——儿童创造力学习中心，以及梧桐花事、项目化学习等实践性课程，意在引导学生创新、求索、广博地学习。

第二章

阐释：吸引教育的
理论架构

　　纵观国内外办学成效显著的学校，都有明晰的办学理念，将理念贯彻之，践行之，一代一代地坚持实践，反思完善，物化提炼，学思践悟，逐渐形成学校独有的办学特色和品牌。杭州市凤凰小学亦是如此，在打造中国新样态学校的过程中，提出了吸引教育实践构想，并以此作为学校办学的方向，在教育教学、教师发展、学校治理等方面进行实践探索。

第一节 解读:吸引教育的要义与价值定位

吸引教育需要因地、因人、因时制宜。本章从理论与实践、校本定义和价值取向三个维度,对吸引教育的内涵特质展开本源性思考和地域性探索。

一、吸引教育之理论与实践

吸引教育是一种旨在探索面向 21 世纪学校教育的新型教育理论。其主旨是通过热忱的吸引或召唤,在所有人类值得努力的领域激发并实现人们的潜能。这是一种基于人本主义心理学思想和社会民主化实践的人本主义教育观念,倡导把学校建成最吸引人的地方。它强调学校教育的民主化定向、人际交往的情绪吸引、自我意识的积极建构。

（一）吸引教育的理论来源

吸引教育的理论基础来源于三个方面。一是行为动机的人本主义分析。在人本主义心理学看来,人的所有行为都是个体认识世界的一种机能。吸引教育以人本主义心理学的方式来理解人的行为,强调每个人都是自己的有意识的代理人,而且在通常情况下对自己的行为负责。二是自我观念理论。自我观念理论指出,自我观念是一种调节变量,它在人的心理活动中起着认知、过滤、行为启动和生活目标设立等作用。自我观念的组成成分主要是社会性的,是通过与人以及与人相关的情境、事件、政策、过程等相互作用而形成的。三是民主化实践。民主化实践的基础是开放、自由、平等的对话。在一个多元化的社会中,只有通过这种持续的交往过程,人们才能够有效地处理各自知觉世界、自我观念、文化背景等方面的差异,学会相互尊重,进而发展、维持共同的价值观念和社会责任感。吸引教育将民主化实践视为师生交往的引导目标,希望通过持续对话和相互尊重,实现相互理解、共享生活,并通过发展求同存异、设身处地的社会交往能力,形成人们的社会责任感。

（二）吸引教育的实践探寻

吸引教育理论自 1978 年问世以来,几经充实与发展,引起了国内外教育界人士的广泛关注。乔建中和朱小曼认为,在吸引教育中,教育者的良好姿态由四个要素构成。一是信任。学校要创设一种信任的气氛,使学生处处感受到教师的热情和关怀。二是尊重。尊重意味着把人看作是有独特价值、有能力、有自我指导力量的行为主体。

学校中的一切活动都必须以尊重的方式实施。三是乐观。对吸引教育来说,乐观是人发展向上的基础。四是意图。教育意图越明确,教育者的行为就越讲究方式和方法。

以浙江省南海实验学校为例,为促使学校不断增加生源、提高办学品位、增强吸引力而实施吸引教育,使教育过程能为人的发展展示一个充满希望的前景,为人的潜能发挥提供一套激励机制,其吸引教育强调五个要素:打造富有吸引力的课堂教学,充满"愉悦和兴趣";打造富有吸引力的班级团队,充满"欢乐和向往";打造富有吸引力的组织团队,充满"合作与创新";打造富有吸引力的学习生活,充满"阳光和健康";打造富有吸引力的育人环境,充满"温馨和尊重"。

又如杭州市萧山区第二中等职业学校,该校以吸引教育为支点撬动班集体建设,通过搭建"目标引领人、环境熏陶人、制度悦纳人、组织感召人、评价激励人、课堂提升人、生活滋润人"七大路径,让学生置身于"情感有归宿、行为有约束、学习有动力、生涯有设计、深造有潜力、生活有品味"的班级中,以保证他们的个性得以健康、和谐地发展。

更多的教育者试图将吸引教育的理念渗透于某一教育领域或学科教学。以桂林市育才小学为例,该校大力倡导吸引教育,使其作为一种理念、一种激励、一种唤醒,用吸引教育的新理念拓展未成年人思想道德建设工作的新途径,以"做一个有道德的人"主题实践活动为切入点,以"学做现代文明人,争当育才小能人"为路径,构建出学校大德育体系:校园文化吸引,德育无声胜有声;校本课程吸引,让孩子散发光彩;综合实践活动吸引,培养优秀学生。将德育融于生活,融于学习,融于对孩子习惯的培养,让学生自主发展,取得了可喜的成效。

张霞儿在《吸引教育和语文教育》一文中认为,吸引教育走进语文势在必行。张扬学生个性,提高语文综合素养,具体从以下几方面着手:开发利用课程资源,优化语文学习环境;追寻班级集体引力,建构合作学习模式;体验积累运用语文,全面提高语文素养。邵醉娣在数学教学中尝试以激发学生兴趣为手段实施吸引教育,从而激发学生学习动机,在提高课堂教学效率方面取得了较好的效果。赵梁军则开展了吸引教育在自然科学教学中的初步尝试。叶晓燕认为,作为影响吸引教育的关键因素之一的教师个体,要努力把自己培养成最具魅力的个人。

综上所述,吸引教育得到专家学者、教育同人的广泛认同。实践也证明吸引教育的适用范围广泛,不仅适用于微观的一门具体学科的教学,也适用于宏观的一所学校的教育;不仅中小学义务教育阶段适用,职业教育、高等教育也同样适用。吸引教育遵循"以生为本"的理念,使得教育教学更具向心性,更有吸引力,实践成效更显著。上述理论和实践研究为杭州市凤凰小学的吸引教育校本实践提供了参考样本,也引发了其对吸引教育新的思考和探索。

吸引教育是一个抽象的育人理念，对于学生尤其是以形象思维占主导优势的小学生而言，探寻与学校育人目标相匹配的育人意象很重要，使儿童觉得形象可感、心向往之，旨在探寻与学校育人目标相匹配的实施新路径也很重要，让儿童由衷地感到学习是有滋有味、有挑战的。

吸引教育是一个学习共同体凝聚与完善的过程。需秉持全纳教育的理念，以平等尊重为基础，鼓励个性化扬长发展，打破各种壁垒和束缚，营造乐学、好学、善学的氛围，打造多样、多重、多维的学习共同体，最终指向学生未来生活所需具备的新素养、新能力的培育。

吸引教育是一种美好的教育愿景，从广义的教育来看，吸引教育不仅吸引学生，助力其成长，也吸引教师，成就其发展，最终形成教学相长的教育绿色生态。从某种意义上来说，有吸引力的教师对吸引教育的达成有着举足轻重的作用。从目前已有的研究来看，关于教育中的重要因素之一"教师"的研究甚少。杭州市凤凰小学高度重视教师发展，在教育实践中凸显教师对吸引教育的推动力，填补目前此方面研究的空白。

二、吸引教育之校本定义

杭州市凤凰小学有着独特的地理位置：背依凤凰山，是南宋古都所在；学校位于凤凰北苑小区内，凤凰小学的得名也就顺理成章。凤凰小学的学生即是"凤凰学子"，对此全体学生、教师、家长都有高度的认同感。

凤凰小学有着独特的校园文化：采撷"凤栖梧桐"的美好寓意，将校园打造成一个青青梧桐小镇。凤凰是传说中的神鸟，非梧桐不栖，自带圣洁、高贵之气节。"梧桐树"与"金凤凰"构成了一对相互吸引的关系。

凤凰小学的吸引教育始终以育人为使命，培育如凤凰一般刚毅自信、品性高洁、志向高远的新时代阳光少年。变革封闭、枯燥的传统校园生活，倡导学习与生活相融，希冀每个凤凰学子亲历体验"自由、自治、自主"的校园新生活，在梧桐校园中有滋有味地享有愉悦的童年生活。

如何让吸引教育理念有效落地，需遵循儿童的身心特点和认识规律，经过实践探索和反复论证，凤凰小学将吸引教育的内涵用四对关键词进行校本化的阐释，即：读懂与发现、信任与尊重、唤醒与激活、愉悦与创新。

（一）读懂与发现：吸引教育的实现起点

"读懂"有多元解读：读懂学生，了解学生的真实起点、真实诉求、真实差异等；读懂学习，谙熟学习内容、学习规律、学习方式等；读懂成长，走近学生内心，转变固有思维，努力实现与学生的同频共振，潜移默化地对其人生观、世界观、价值观进行渗透、引领。读懂是基础,唯有走近之,读懂之,方能有所发现。何谓"发现"?词典中的解释,意为经过研究、探索等,看到或找到前人没有看到或找到的事物或规律。简言之,即"看到""找到"抑或是"发觉"。"发现"同样有多元解读:有教师的发现,更有学生的发现,发现是师生皆应具备的重要品质。有课前自主学习中的发现,还有课中探究学习中的发现,更有课后拓展学习中的发现,"发现"贯穿学习始终。有基于书本中的发现,也有基于生活中的发现,发现是没有边界的。可能发现有价值的内容,也可能发现错谬的内容,教师和学生在教与学的过程中都有可能走弯路,要允许试错,包容发现的正确与错误,保护敢于发现的敏感触角。

每个人都是鲜活的个体,吸引教育要关注全体,读懂和发现不同的学生,尤其是要关注弱势群体和边缘学生,努力地将其吸引过来。因此教师要自觉自发地观察,主动热情地沟通,准确及时记录不同学生的需求和困惑,真正做到眼中有学生。时时处处去读懂和发现,不仅在学习开始前,学习之中、学习之后更需要有读懂和发现的意识,做好个别化辅导和有效跟进,让不同能力层级的学生都得到关注和发展,让课堂上没有发表的观点也能得到肯定,让学生心中的疑惑有表达的渠道,进而标记下一阶段学习的真实起点。

（二）信任与尊重:吸引教育的情感基调

信任往往会产生美好境界,人与动物之间如此,人与人之间更是如此。芬兰基础教育"优质均衡"是世界公认的,其成功的重要因素之一是高度信任的社会大环境。信任会催生内心的安全感,马斯洛需求层次理论强调每个人都有安全需求和尊重需求。吸引教育以人本主义心理学为基础,践行民主化实践,倡导唯有信任和尊重才能实现开放的、自由的、平等的对话。信任他人、被他人信任,尊重他人、被他人尊重,是吸引教育的情感基调。信任与尊重无形中使人与人之间的距离更亲近,沟通更顺畅,互动更自如,让人人敢于发声,让学习真正发生。信任与尊重能最大程度激发师生的主观能动性,进而产生学习后的成就感,即自我实现的需求。

正所谓:亲其师,信其道。无论是师生之间、生生之间还是家校之间都需要建立相互信任和尊重的情感基础。反观目前的基础教育现状,不可避免地存在部分师生之间的敌对情绪,生生之间的冷眼旁观,家校之间的关系紧张等令人担忧的现象,这些都是直接导致学校教育低效甚至无效的重要因素。秉持美好教育的初心,肩负立德树人的使命和担当,吸引教育倡导做有温度的教育,信任让每个人敢于畅所欲言,让学习真实发生,在安全的氛围中自信学习。对别人尊重但不盲从,每个人都有自己独立的思考和理性的判断,接纳多元的观点,包容不同的声音。

（三）唤醒与激活:吸引教育的关键触点

吸引教育坚信所有人都具有未开发的潜能,人的潜能能够因特别设计的教育场所、教育政策、教育程序以及有目的的吸引者而得到最佳的实现。学生的无限潜能等待被热忱地吸引和召唤，在教育教学中应该将"唤醒"与"激活"作为吸引教育的关键触点。"唤醒"即叫醒、使醒悟，而"激活"则是指刺激机体内某种物质，使其活跃地发挥作用。唤醒和激活讲究最佳时机与方式。教育教学过程中，需要注意创设唤醒的氛围，使学生融入学习情境；创新唤醒的路径，运用多元方法因人而异；找准激活的节点，避免一刀切。激活键可以是教师按下的，也可以是学习伙伴按下的，更有甚者是学习者自己按下的，这也是学习的理想境界——顿悟。

"唤醒"犹如春风化雨，润物无声，需要一定的策略，需要一定的时间，更多的需要唤醒学生的学习自主性、能动性。某种意义上来说，吸引教育是一种慢教育。教师要放慢脚步，等待时机渐渐成熟，适时地"激活"，而非直截了当地告诉学生答案，让其生硬地记住即可。教师要转变角色，以观察者、协同者、点拨者的身份，注重陪伴、倾听，适时地引导和帮助学生。

（四）愉悦与创新：吸引教育的价值追求

纵观当下普遍存在的简单机械、枯燥乏味的教学方式，让学习变得毫无吸引力，甚至被学生视作沉重的负担，学习被动，效率低下，情感体验不佳，此类现状亟待改观。吸引教育倡导学习犹如一场未知的旅行，使学习者充满了对未知的渴望、发现后的欣喜、创新后的愉悦。"愉悦"即愉快而喜悦。"创新"的字面意思是抛开旧的，创造新的，富有想象力和创造力。唯有不断地学习才会有创新。学习实现的创造与创新，可能是一个作品，一项发明，抑或是一种新观念或新想法。因为学习产生的特有的愉悦感，让学习变成学生满怀期待的事情，学习并快乐着。愉悦的感受让学生对学习"乐此不疲"，创新的实践让学生明白知识的"无穷力量"。学习中的愉悦与创新使得学生对后续的学习产生新的期待和不竭动力，进而形成一个良性循环。愉快而有意义的学习是对"为什么而读书"的一种朴素而真挚的回答。保持愉悦的情感体验和乐于创新的意识是吸引教育的价值追求。

三、吸引教育之价值取向

打造吸引教育，犹如营造一个学习磁场，是一个动态的过程。根据不同的地域、校情、学段、班情、学情等，因校制宜，忌千校一面、千人一面。每所学校都要挖掘自身特质和历史底蕴，与吸引教育自然、巧妙地联结起来，适性的教育才是最好的。

（一）秉持以生为本

无论何种先进的教育，何种适性的理念，最终都应指向学生的人格健康和谐发展。吸引教育始终坚持以生为本的价值导向，面向全体学生，关注每一位学生；因材施教，发展学生的个性，注重每一位学生的生命成长；悦纳、包容、尊重每一个学生。

通过环境营造、课程建设、师资配备、课堂变革、评价完善等可操作的实践路径,创新"立德树人、五育融合"的育人实践机制,助力每一位学生全面而有个性地健康成长,为每一个五彩的生命奠基。

（二）实现教学相长

吸引教育不仅指向学生的成长,还指向校园内的另一个重要人群——教师。教师发展是学生成长的重要支撑,注重教师的师德境界修炼、专业能力锤炼、教育主张提炼,让最优秀的人去培养更优秀的人。教师在实现育人价值的同时,也实现自我的成长,在教学实践中反思历练,在教师研训中学习迭代,在专家引领中提升境界。吸引教育让磁场中的所有人都有所发展,真正实现教学相长的美好初衷。

（三）打造教育共同体

吸引教育的外围是没有边界的,以开放的姿态吸纳利于教育的多样资源。在凤凰小学,除了班级内自然形成的同桌两人间的邻里式学习共同体,常用的四人小组式学习共同体外,还建立了以假日小队形式走出班级、校园的多人组合学习共同体,另外不可忽视的还有班级和任课教师之间固有的学习共同体。为了与每个学生背后的家庭携手互助,利用好家长的资源,凤凰小学还成立了正源家长学校,加强协同,形成合力。此外,学校还与兄弟姐妹学校相互借鉴,携手共进;与高等研究院校建立交流与合作,借力高校,上挂下联,将理论与实践有机结合。通过以上这些举措,凤凰小学打造学校与家庭、兄弟学校、高等院校之间多重、多维、多元的教育共同体,增强了吸引教育的磁场效应。

吸引教育是对教育本质的不懈追寻,是新时代美好教育的创造性实践,在已有的研究和实践的基础上,凤凰小学进一步明确了吸引教育的校本内涵和价值取向,不断实践、反思、再实践,形成可借鉴、可操作的运行机制,致力于开创梧桐树学校品牌,锻造立德树人的凤凰样本。

第二节　设计:吸引教育的顶层架构

吸引教育需要自上而下进行科学的顶层架构。本章节就凤凰小学的办学美好愿景、吸引教育的育人目标定位,以及吸引教育的实践路径这三个方面分别予以阐述,并着重对学校设计吸引教育的顶层架构时进行的创新和实施过程中采取的操作原则进行介绍。

一、凤凰小学的办学美好愿景

2017年8月，顺应集团内独立办学的趋势，杭州市凤凰小学应运而生，隶属杭师附小教育集团，于传承中不断创新，于谋划中精准定位，在已有的教育实践基础之上，提出了吸引教育的新方向，从学校教育教学、教师发展、学校治理等各个方面完善吸引教育的顶层架构。

凤凰小学传承杭师附小教育集团"有滋有味"的办学理念，以"办一所儿童喜欢、有国际水准和鲜明个性化教育特质的学校"为办学目标，明确以"办梧桐树学习品牌，创一流中国新样态学校"为发展方向，向着美好教育的愿景，与时俱进不断创新，聚焦学校新生活教育的实践，提出"自由、自主、自治"的梧桐校园新生活主张和"自新、自信、自立"的凤凰涅槃核心价值观，倡导"像种树一样做教育"，打造"有人性、有故事、有温度、有美感"的梧桐树教育新品牌，实践杭州市上城区美好教育的新样本，搭建稳固的铁三角，旨在让正源家长有滋有味地助力，正德教师有滋有味地发展，正行学子有滋有味地成长。

（一）办儿童喜欢的学校

小学是基础教育的起始阶段，也是学生从幼儿向青少年转变的关键时期。众所周知，学习是一场马拉松，而小学则是每个学生学习生涯的起点，应遵循"首因效应"的原理，努力让儿童从一开始就喜欢学校，进而爱上学习。基于这样的思考，凤凰小学的办学愿景的首要维度就是办儿童喜欢的学校，坚持"儿童立场"，从硬件设施配备到学习软件开发，都依照儿童的视角、儿童的心理、儿童的特点去思考、改进和完善，使学校成为学习的天堂、玩耍的乐园，成为学生向往的地方，对学生产生强大的吸引力。

（二）办国际水准的学校

人工智能、大数据、AI时代的到来，倒逼学校教育必须打开校门，联通世界，拥抱变化。今日的教育是为培养未来的地球公民。凤凰小学办学愿景的第二维度就是要办具有国际水准的学校。学校坚持开放办学的理念，立足当下，放眼未来，既以开放的姿态，吸引业界同人、国际专家走进来，交流切磋，也创设机会走出去，与国外的学校进行合作交流。学生是如此，教师亦是如此，眼界和格局往往决定了教育的站位和达到的高度。

（三）办鲜明个性化教育的学校

如果学校是一块磁石，那么学生是一枚枚大小不同、形状各异的螺丝钉。我们要让几百甚至上千枚螺丝钉被牢牢地吸住，除了要增强自身的引力之外，还要去努力发现每个学生的特质，找准磁极，贴近学生，方可实现吸引的效应。因此，凤凰小学的办学定位,除了办儿童喜欢的学校,办国际水准的学校,更要办有鲜明个性化教育特质的学校。未来教育有多种可能性,但关注学生的个性发展是大势所趋,也是人们对美好教育的真实诉求,成就学生成为独一无二的自己。

二、吸引教育的育人目标定位

无论何种教育都是为了更好地育人,育人目标的科学制定尤为重要。凤凰小学从国际视野、国家意志、办学愿景、学生需求等多维度综合考量,科学且全面地确定吸引教育的育人目标,用凝练的语言描绘出理想学子的形象,既通俗易懂又深入人心。学校的育人目标得到全体学生、教师、家长的高度认可,以目标为导向,全体凤凰人形成合力并为之不懈奋斗。

（一）接轨国际 4C 素养

基于办国际水准学校的愿景,着眼未来地球公民的培养,凤凰小学的育人目标对标国际 4C 素养,即:批判性思维(critical thinking)、沟通能力(communication skills)、团队协作(collaboration)、创造与创新(creativity and innovation)。对于小学生而言,着力培养其伙伴合作能力、沟通交往能力、创造意识和批判性思维,是指向未来生活所需的基本能力和未来从事各种职业必备的基本素养。教育的本质就在于育人,要把学生培养成充满自信的人,主动学习的人,积极向上的人,心系家国的人,培育全面发展且具有鲜明个性特质的人。

（二）对标中国学生发展核心素养

作为教育者,既要放眼世界,也要扎根中国大地办教育。因此,学校的育人目标除了对标国际 4C 素养,还必须准确对标中国学生发展核心素养。从"社会参与、自主发展、文化修养"三个方面,"社会责任、国家认同、国际理解、人文底蕴、科学精神、审美情趣、身心健康、学会学习、实践创新"九个维度,在不同的教育阶段有所侧重,逐步达成育人目标。凤凰小学作为一所现代化都市中心城区的公办学校,学生培育目标与城市发展进程、经济发展水平、地域特色文化相匹配。学校通过各种有效举措,变知识简单习得为文化内涵修养提升,由内而外地改变学生的气质,正所谓腹有诗书气自华;变被动的学习为主动的探究,重视学生自主发展的意愿和能力;变"一心只读圣贤书"为以小主人翁姿态,关心时事,融入社会,积极参与。

（三）确立凤凰学子形象

凤凰小学从国际视野,到国家意志,再到学校定位,顶层思考培养怎样的凤凰学子。为落实立德树人的根本任务,遵循小学生的身心特点和具体校情,凤凰小学提出了理想学生形象,概括为"正行、好学、乐玩、善交"。这八个字的育人目标,全面发展,内涵丰富,每字既可独立拆解,又可合词成意。育人目标中,以"正行"为统领,为根基,体现德育为先、立德树人的根本要求。

1. 正行

所谓正者正心,公正无私之心。行得正,做得正,堂堂正正。正行从字面上理解是正确的行为规范,指向道德层面。《易经》说:"蒙以养正,圣功也。"《汉书·天文志》记载:"夫历者,正行也。"陶行知先生的教育主张:"行是知之始,知是行之成。"究其本质指向学习方式的转变,形成对国家政治制度、核心价值理念、民族文化传统等方面的理解、认同和遵从,体现为自尊自律、诚实守信、文明礼貌、宽和待人、孝亲敬长、有感恩之心。

2. 好学

《论语》云:"敏而好学,不耻下问,是以谓之文也。"此"好"乃是"喜好",乐于学习,喜欢学习,是那种兴趣浓厚的发愤学习。具体体现为崇尚真知,能够提出问题,勇于探索,乐学善学,有积极的学习态度和浓厚的学习兴趣;有良好的学习习惯,能自主学习,具有终身学习的意识等,主动适应"互联网+"等社会信息化趋势。

3. 乐玩

乐玩,是指学校秉承对学习的一贯追求,让学生学得有滋有味、基础扎实,玩得有名堂、有益身心,突出健康和美育。健康既包含身体健康,也直指心理健康,两者缺一不可。让学生有良好的心理品质,自信自爱,坚韧乐观,积极交往,有效互动,建立和维持良好的人际关系,具有安全意识与自我保护能力,掌握适合自身的运动方法和技能,养成健康的行为习惯和生活方式等。美育则涵盖美术、美学、美的形体、美的心灵、艺术修养,等等,其目的是让人更优雅、更淡定、更从容,具有健康的审美价值取向,最终外显为人的一种气质。

4. 善交

善交,是指学生具有开放的心态,尊重差异,注重合作,积极参与多元文化交流,能理解、尊重和包容文化的多样性和差异性,具有家国情怀等。如《后汉书·方术列传上》所描述的"弟子历",称其"清白有节,博学善交"。善交者性格开朗、内心开阔。"善"同"擅",即为"擅长"。学校教会学生擅长交往,学会选择。学生在交往、交流中发展情商,完善人格。

三、吸引教育的实践路径

凤凰小学为了更有效地达成吸引教育的育人目标,依循其内涵规律:读懂与发现、信任与尊重、激活与唤醒、愉悦与创新,从教育硬件配备到软件的打造完善,从教育大环境到学习微生态的营造,从教师专业到学生素养的发展,从课程体系到素养评价的建构,通过七条实践路径全方位推进实施吸引教育,培养德智体美劳全面发展且有鲜明个性特质的未来社会公民。这七条实践路径即:梧桐小镇童年味道、有滋有味校园生活、五育融合课程设计、创享学习课堂实现、别样气质品性养成、素养立意评价改革、卓越工程教师培养。(如图 2-1 所示)

图 2-1　吸引教育的实践路径架构

(一) 七条实践路径的具体阐述

下面,我们对吸引教育的七条实践路径分别予以阐述。

1. 梧桐小镇:吸引教育的童年味道

学校不是钢筋水泥组合而成的冰冷建筑,也不是以知识学习为单一目的的功能性场所,一所好学校不在于外观的豪华和气派,关键是对儿童有吸引力。凤凰小学努力让儿童在学校享有愉悦的童年生活,将学校打造成青青梧桐小镇,使学校充满三种味道:儿童味、现代味、浸润味。

一是梧桐校园的儿童味。在校园里凸显游戏精神、探究意味、色彩装扮、亲近体验、民主意识、书香味道的独特标识。学生随处可与伙伴嬉戏探究,随处可惬意地阅读交流,随处可进行实践体验。无论是建筑的整体风格、童趣的软包设计、鲜亮的色彩选择,还是有滋有味的氛围营造都是为了更贴近儿童,学校真正为儿童而设,构建"吸引教育"理念下的理想校园新形态。

二是特色空间的现代味。基于科学的教育规律和最新的脑科学研究,针对学生学习专注力、想象力和创造力不同程度缺失的现状,凤凰小学精心打造儿童专注力学习中心、儿童想象力学习中心和儿童创造力学习中心多重学习空间。这些学习中心凸显选择性，不同需求、不同年段的学生都可以有不同的选择；对标未来，颠覆了传统课堂的整齐划一、一对一讲授式的学习方式，更多以实践探究、游戏体验、互动交往的形式开展深度学习，指向未来社会必备能力和素养培育，让校园充满现代化气息。

三是隐性文化的浸润味。现实生活中，很少有人在画廊里大声喧哗，或者在图书馆里追逐打闹，大家会自觉自发地驻足欣赏画作，安静地徜徉书海，不需要专人提醒。这就是公共场合约定俗成的隐性文化。凤凰小学亦是如此，在梧桐小镇中也浸润着师生共同倡导的隐性文化。如：六级音量图、行走教育儿歌、出操儿歌等，用可视化的方式促使儿童逐步养成现代社会的文明素养。又如"作业即作品"的生本理念已经深入人心，各学科、各年级教师都将此融入教育教学中。从班级内展示墙到学校里的展示廊再到学校公众号的专栏，随处都可见学生的"作品"，以文字、音响、色彩、立体造型等多种形式展示，不求作品的精致程度和难度系数，而是着力体现对每个学生学习成果的尊重和欣赏。以小见大的细节管理，特质鲜明的校园建设，现代与传统的有机交融，中华文化的植根教育，在潜移默化中涵养渗透。

2. 有滋有味：吸引教育的校园生活

吸引教育倡导学校和社会同步、学习和生活融合、现实与未来对接。通过传习校训的"四学"：农学、武学、毅学、博学周课程，乐玩校园的"六节"：童棋节、童书节、童健节、童艺节、童贸节、童创节，塑造风貌的"三全"：全科阅读、全境表达、全塑运动，构建"公民、阅读、运动、艺术、实践、智能"六维立体生活体系，共享有滋有味的吸引教育校园新生活。

共建"公民生活"：在校园生活中融入团队，学会合作，懂得感恩；热爱劳动，热爱生活，合理规划；增强生活自理能力，懂得自我保护，关爱珍视生命；从着装打扮、言谈举止、待人接物的细节渗透未来社会公民的标准，自觉践行社会主义核心价值观，养正气，树正行，勇担当。共处"阅读生活"：教师带头阅读，通过量身定制阅读书单、凤凰讲坛分享阅读心得等形式开展专业化阅读，丰厚积淀。加快"悦读探究"课程落地进程，辅以晨间诵读、午间持续默读、微信听读等多时段多形式的课外阅读，营造书香校园，提升数字时代师生的阅读素养。共度"运动生活"：融入创意体育理念，利用上下午体育大课间，开展丰富多样的体育游戏，保证儿童在校体育锻炼时间不少于1小时。以"把体育带回家"课题为引领，营造亲子运动的氛围。让阳光照进孩子的内心，积聚正能量拥有阳光心态，在交往中学习控制情绪，约束自我行为，锤炼意志品质，让"乐运动"成为一种习惯和常态，增强学生体质。共享"艺术生活"：学校开设各类拓展课程，打造多种才艺类精品坊社，定期开展社团活动，提升儿童艺术素养。基于学校"办国际水准学校"的目标，开设凤凰之星才艺坊，外聘教师执教形体课，与第三方合作组建管弦乐社团。积极参加各级各类艺术比赛,注重学生个性发展和多样展示。共创"实践生活":增设馆学周,利用学校周边的"第二课堂"资源,走出校园,拓展学习的外延。通过童游节、童创节等节日课程走进自然、学以致用,开展丰富多彩的实践体验活动。设计1—6年级有梯度、有序列的综合实践主题探究活动,尝试多样走班、走校、走社会的学习活动,让自主合作探究成为学习常态。共居"智能生活":实现无线网络校园全覆盖,每个教室现代化教学设施配备达100%,实现教学技术智能化。开发智慧助学APP,借助该平台,实现网络自主选课、师生互动评价、家校时时交流等功能,用现代信息技术丰富学习和交流多样方式,提升儿童信息素养。

3. 五育融合:吸引教育的课程设计

凤凰小学倡导像种树一样做教育,观点鲜明地提出"课程因学生而生,课程因教师而长,教师因课程而智,学生因课程而慧"的课程主张,坚持吸引教育的课程哲学和个性化教育的方向,从顶层架构"凤凰六院"课程体系,即瑞德院、文馨院、少科院、博物院、体学院、艺学院,对应校园新生活的六个维度。以基础性课程校本化实施为重点,深化满足选择性教育的拓展课程研究,探索指向未来发展的研究性课程,通过三类课程体系的架构和实施,顺应学生成长规律,促进学生全面而有个性地发展,力求课程育人。

学校与时俱进,锐意创新,着眼于学生未来发展的核心素养,研发具有本校特色的新型课程,不断生发、完善梧桐树学校课程体系。新型课程是相对于原有的常规课程(如道德与法治、语文、数学、英语、科学)而言的。既有的课程是基于国家课程标准,且有配套统一教材的基础性课程,老师角色定位往往是课程的实施者;新型课程则需经历从无到有,从雏形到完善的过程,老师不仅仅是课程的实施者,更是课程的研发者和评价者。学校的新型课程研究,立足学生素养发展和教师专业发展的双视角,期许梧桐树课程根深叶茂,不断生发新枝丫,以课程促师生的再发展,促学校美好教育的再推进。

在新型课程的研发形成机制方面,学校高度重视,成立课程发展研究院来统领学校的课程建设,整体架构新型课程体系。学校组织骨干教师,聘请资深专家,致力于新型课程的研发。为了让课程真正落地,学校重新架构管理部门,专设课程与教学中心这一管理机构,实现课程与教学的无缝对接,努力让课程植根于课堂。在课程研发过程中,引入项目化工作机制,学年初申报,分重点项目和自主申报项目,请专家进行审核和论证,并设立校长统筹奖进行项目考核奖励。每个项目组组员为4~5人,致力于精品课程的打造,形成良性的竞争机制,激发教师的参与热情。此外,还通过与第三方合作获得专业助力。如学校与北师大心理研究所合作进行儿童阅读素养监测的实证研究,研制专业的评价量表,建立数据库和常模,进行儿童阅读分项目测评。与北师大教育测量与评估中心合作,运用新工具、新技术助力学校"玩转体艺"拓展性课程评价,借助第三方资源,以大数据为支撑,进行更为专业的课程评价,以科学评价不断完善新型课程的建设。

目前学校处于实施阶段的新型课程有 10 余个,所涉及的范围比较广泛,不仅有拓展性课程和研究性课程,还有对基础性课程的补充完善和校本化开发,共分为四类新型课程。第一类是指向学生基础性学习生长的新型课程。学校始终坚持开足、开齐、开好每一门基础性课程,在国家课程的基础上巧做加法,将体育 1+N、语文 +、数学 4+1 等自主研发的新型课程作为基础性课程的有益补充和拓展。第二类是指向学生经历和体验不断丰富的新型课程。这些新型课程除了纳入学年课表保障其实施外,学校还开创性研制了个性化月课表、周课表、日课表,使每位凤凰学子都能亲历和体验三个特别的月课程、四个难忘的周课程、六个盼望的日课程。这些定制式课表保障了新型课程的实施,丰富充实着学生的经历和体验。第三类是指向学生个性特长发展的新型课程。没有哪个学生不喜欢玩,但要玩出点名堂来。为此,学校遵循让儿童天赋自由发展的理念,创新金字塔式课程模式,致力于培养儿童体育、艺术类的兴趣爱好、拓展个性特长发展的新型课程研发与实施。第四类是指向学生适应未来发展的新型课程。未来已来,学校培养的是未来社会所需要的人才。未来的地球小公民懂得恰适的选择、合理的规划很重要,综合所学的知识和本领解决现实问题的能力不可或缺。未来的社会是开放而包容的,放眼世界,学会尊重理解他人并保有民族的自信也是重要的课题。指向学科融合的 4K4H6M 凤凰新读写课程群、指向全境融合的凤凰之声全境表达课程群、指向五育融合的凤凰新体育塔式结构课程群,是基于儿童视角、立足素养发展、着眼未来视野,为凤凰学子量身打造的新型课程。

4. 创享学习:吸引教育的课堂实现

基于重知识本位轻素养发展,多千人一面、少创生分享的课堂现状,凤凰小学积极探索创享学习的课堂新样态。

首先,培育面向未来的关键性素养。随着《中国学生发展核心素养》的正式出台,学教方式的变革是教师必须面对的实际问题。教师要变授人以鱼为授人以渔,激发学习动力,保持学习毅力,提升学习能力;要从"育分"到"育人",尤其是要培育学生未来发展必备的关键素养。

其次,打造面向人人的常态好课堂。2019 年 6 月,中共中央国务院印发《关于深化教育教学改革全面提高义务教育质量的意见》,提出"强化课堂主阵地作用,切实提高课堂教学质量"。为此,学校统筹制订教学计划,精准学习目标,优化教学结构,完善学习评价,关注学生好学、乐学的情意态度养成,打造面向人人的常态好课堂,力求轻负高质。

再次,回归课堂原点,探寻课堂学习本质。学校的"四为建构:素养导向下基于创享的小学生学习改进研究"在2020年浙江省教育科学规划课题中成功立项,由省级规划课题引领,以研究的姿态探寻课堂学习的本质。吸引教育顺应儿童的学习天性,坚持儿童视角和立场,让儿童成为儿童,让课堂成就儿童。构建师生互为主体的课堂环境,变革学教方式,活化教学资源,打造以学为中心的高效课堂——创享学习。创享学习具有"四为"新结构,即:为学而设,大单元整合;为学而教,大板块推进;为学而融,大情境创生;为学而评,大数据支持。合理设计挑战情境,鼓励学生主动探究。不断整合教学内容,弹性设计全科学习。创享学习价值取向有三重:一是实现学生素养新发展。基于创享学习的教学实施,指向学生基本知识、关键能力、价值观念多维目标发展,培育实践创新能力,营造浓厚的展示分享交流氛围,形成反思改进的习惯,培育"正行、好学、乐玩、善交"的理想学子。二是促进教师专业新提升。不断提升教师的教育教学研究能力,包括教学目标的精准定位,教学内容的整合优化,教学过程的预设、生成和反馈。从预设到生成,从讲授到对话,从控制到开放,不断锤炼教师专业素养,尤其是提升育人能力,成为学生的"人师"。三是打造课堂学习新样态。向课堂35分钟要质量,打造有吸引力的课堂。从"创智"到"创享",从"共性"到"个性",以"四为建构"为路径,营造课堂学习新文化,打造有安全感、收获感、成就感的学习共同体。

5. 别样气质:吸引教育的品性养成

《尔雅·释鸟》中记载,凤凰是一种鸟类,性格高洁,非晨露不饮,非嫩竹不食,非千年梧桐不栖。"金凤凰"则是深入凤凰小学师生内心的美好意象,潜移默化中指引每个学生修炼别样的气质,即凤凰学子的"识别码"——诚毅博正。

好习惯奠定人生基石。校园生活中每天发生的事情林林总总,不能眉毛胡子一把抓,为了让习惯真正有效养成,要抓重点,讲究少而精。学校以现代文明修养为导向,以关键小事为抓手,将理想中的校园文明和现实中的学生行为两者之间进行比照,印证知行合一、细节养成的重要性。遵循好习惯养成的教育规律,以校园日常行为养成教育为实践路径,确立关键小事:微笑问好、垃圾分类、文明行走、防近控肥。着力落实关键小事的三个化:可视化、儿歌化、视频化;评价关键小事的三个性:及时性、明细性、激励性。通过养成好习惯,形成金凤凰气质学子良好风貌、梧桐校园新环境良好风貌和金凤凰育人团队良好风貌。

仪式感留下凤凰烙印。校园生活不是枯燥地重复昨天的故事,吸引教育对平平淡淡说"不",凸显仪式感的重要性和育人价值。通过难忘的金凤凰开学典礼、金凤凰诚信考场、金凤凰散学典礼、金凤凰三启月课程、金凤凰晨会展示等仪式感满满的活动，让每个学生都浸润其中，让每场活动都触动心弦，让每个学生都有自信发声的渠道，让每个学生都有个性展示的平台。用别样的方式看效果，旨在提升感受性，增加刺激性，突破常规性。

荣耀时刻淬炼高雅气质。校园生活不是淡而无味，学校在关键节点打造荣耀高光时刻，对普普通通说"不"，让每个学生都能享受峰值体验，都能拥有荣耀时刻。推行"卡证章"一体化评价：设计聚焦育人目标的雏凤卡、突显过程性的学习履历证、展现优秀成就的金勋章，关注每一个学生，关注每一个阶段，同时兼顾个体和学段的差异，全方位地引领和记录学生的成长。鼓励学生在课余生活中"搞事情"，组成自发性的团队，合作学习与展示，最大限度地激发每个学生的主观能动性。

6. 素养立意：吸引教育的评价改革

破解评价瓶颈。评价一直是教育的难点，为更好地突破这一瓶颈，凤凰小学追溯教育评价研究的历程，深度剖析评价的误区：素养能力缺位、教师主体缺漏、结果过程缺失、分数工具缺乏。如何破局？从唯分数的评价走向 4C 素养发展的评价。

创新评价实践。一是创新校本化综合素质报告单。归类统整指向全域的评价内容，与校园生活相融合，与课程设置相整合，与能力发展相结合；多维评价指向有效的评价工具，合理设计量规，科学把控比例，规范评定流程；个性彰显指向开放的评价形式，创设不一样的档案袋，个性化的指导语，无标准的自填栏。二是创新校本化的学业评价实践。通过一套评价准则、三项评价内容、三种评价方法完善学生学业评价的校本设计，构建基于课程标准的达成评价、基于能力发展的分项评价、基于学习过程的表现评价，从三个维度完善学生学业评价的校本实施。倡导以 4C 素养为导向，以真实情境为依托，以学科融合为基点，实施校本特色项目学评。三是创新科学的信息处理方式。数据驱动从基于经验走向基于数据，工具研制从自主开发走向专业研制，结果应用从横向反馈走向纵向发展。

集聚评价效应。基于完整的人，基于发展的人，基于独特的人，让立德树人校本实践显成效。利用过程评价的自我觉醒和学习评价的自我转型促教学改进转变行为。从散点无序到精准施策，从制度约束到机制自觉，建立吸引教育的绿色评价管理的新范式。

7. 卓越工程：吸引教育的教师培养

凤凰小学自创办以来，一直致力于教师的专业发展，坚信教师的发展关系着一所学校的发展，教师的发展与学生发展相辅相成，互为促进。

建立双师型卓越教师培养机制。以双师型卓越教师工程为路径，持续推进教师内涵发展和专业提升。除了既有的师带徒、名师工作坊、特级教师工作室等常见的教师研训方式之外，还积极探索与高校合作助力教师专业发展的新路径，努力打造一支热衷科研、充满活力、善于学习的研究型教师队伍,并将此作为学校的办学特色加以建设。创新"四股水"专业发展路径:接上"长流水",承担高校师范生教育实习的跟岗式合作;拧开"自来水",建立高校师训研究机构任务的接单式合作;架起"直引水",开展高校研究机构支持的项目式合作;接通"清泉水",引入高校教授深度介入的常驻式合作。通过以上四种与高校的合作方式,探寻教师研训的新路径,建立完善教师成长的新型伙伴共同体,促进凤凰教师有滋有味的专业发展。确立正德教师新标准,推行"五星"正德教师评选。遵循教师全人发展的理念,从做表率、会合作、善学习、乐生活四个维度,用三级指标细化教师发展指数,所有教师共同制定之,贯彻之。坚持打造卓越教师培养工程,以教师的高素养促进学生的新发展。

探索研究型学术专业发展之路。学校不断探索学术凤凰新路径,确立学术凤凰的定位。坚持追求两种精神——在付出中感受快乐、于平凡中创造非凡的奉献精神,重视问题意识、批判思维、持续研究、独立人格的学术精神。努力形成一个样式——通过上挂与下联,以省、市、区三级课题为引领,开展教育教学研究,在凤凰智库的支持下,稳步推进项目化机制的实践。

(二)七条路径的相互关系

梧桐小镇童年味道、有滋有味校园生活、五育融合课程设计、创享学习课堂实现、别样气质品性养成、素养立意评价改革、卓越工程教师培养,这七条路径构成"七维一体"的育人体系,相对独立,又互为关联,是不可分割的整体。

1. 显性与隐性交融

成功的教育是多重因素共同影响的结果。在吸引教育的整体架构中,有显性的做法,如梧桐小镇童年味道、五育融合课程设计、创享学习课堂实现、卓越工程教师培养。从学校大环境的营造到六年课程的系统设计,从优秀教师队伍的发展完善到有吸引力课堂的打造,都是看得见的显性育人因素。与此同时,也有隐性的路径设计,如有滋有味校园生活、别样气质品性养成、素养立意评价改革等。吸引教育不能局限于单纯的知识学习,更要融教育于校园生活,用有滋有味的校园生活吸引学生,让学校成为学的乐园,玩的天堂。常规的学校教育更侧重于显性的教育,往往流于形式化,让教育的实效事倍功半。吸引教育兼顾显性和隐性双重教育因素,两者共同作用于凤凰学子,全方位助力其健康成长。

2. 动态与静态交融

吸引教育的七条路径有静态和动态之分,但又不能截然分开。以五育融合课程设计为例,基础性课程都是相对静态且稳定的——使用国家统一教材、有稳定的课程实施安排,但随着时代的发展、社会的变迁,教学不能唯教材论,需融入新的素材,灵活运用新的教育资源。凤凰小学除了基础性课程之外,还有拓展性课程和研究性课程。在三类课程的研发和实施中,梧桐树课程在不断地生发新型课程。因此五育融合的课程设计本身是动态和静态的有机融合。同理,梧桐小镇童年味道、有滋有味校园生活、创享学习课堂实现、别样气质品性养成、素养立意评价改革、卓越工程教师培养也是在动态和静态中寻求一种平衡。

3. 当下与未来交融

今日的基础教育是为培养未来的社会公民。吸引教育注重当下与未来的对接,立足当下,放眼未来。大处着眼,小处着手,方能内化于心,外化于行。五育融合课程设计、创享学习课堂实现扎根当下的校园生活,但实践目标指向未来的别样气质、品性养成和未来生活必备素养培育。育人非一日之功,忌急功近利,尤其是良好习惯的养成和素养能力的培育,需要日积月累,需要持之以恒。金凤凰的高贵气质需要时间打磨,在知识文化积累、阅人阅事经历、内心情感丰盈的过程中蜕变。这种变化并非三年五载就能完成的,因为习惯和素养的形成是个动态变化的过程。没有当下的育人课程的系统设计,没有五育融合的育人实践,就没有伴随学生一生持久而优良的习惯和素养养成。正确处理好当下教育和未来生活的关系,方能坚守吸引教育的初心和方向。

4. 共性与个性交融

每个学生都是独一无二的个体,且受家庭教育和社会环境的影响,一个模子并不适合所有学生。因此吸引教育的七条路径共同作用于每个学生,在指向"正行、好学、乐玩、善交"的凤凰学子共性的同时,鼓励学生有个性地发展。以素养立意评价改革为例,研制校本化的综合素质报告单,从学业水平、表现性和发展性三个维度对学生进行全面评价。学业水平评价的标准是统一的,是所有学生都要共同参与的评价内容,而发展性评价中的玩转体艺、才艺坊、课外阅读、劳动实践、校外研学、志愿服务等板块,可以由学生按照兴趣爱好进行自由选择,且选择的空间和范围比较大,在基本素养达成的基础上让学生的个性得以充分发展。发展性评价忌一刀切。又如有滋有味校园生活,每个学生可以在梧桐小镇中体验校园新生活,有的活动可以浅尝辄止,而自己特别感兴趣的活动,则可以有选择性地深入体验和展示专长。喜爱绘画的同学可以利用金凤凰画廊举办个人画展,喜爱演奏的同学则可以在金凤凰舞台进行才艺表演,自然而然地吸引有相同爱好的人来切磋,但学校不会勉强所有同学都要去开个人画展或公开表演,而是遵从学生的内心,使其在梧桐小镇中自由快乐地生长。

(三)吸引教育的操作策略

吸引教育的内涵:读懂与发现、信任与尊重、唤醒与激活、愉悦与创新,四对关键词相对独立又相互关联,需要在不同的学习进程中有所侧重。为此,我们在吸引教育的实践推进中,提出了四条操作策略,即开放性、渐进性、交互性、发展性。

1. 开放性让吸引教育有无限可能

首先,吸引教育于学生的学习过程是开放的。"读懂与发现、信任与尊重、唤醒与激活、愉悦与创新",这八个关键词,既可以独立成词,也可以前后加定语或补语,进行延展和扩充,极具开放性。凤凰小学的教学打破学科的壁垒,打破时空的界限,灵活转换教与学的角色,借助多种媒介和人工智能,线上线下相结合,相较传统固有的教学模式有很多的突破,更开放、更包容、更大气。其次,吸引教育于学校的发展实践也是开放的。凤凰小学一直秉持开放办学的理念,自2017年8月集团内独立办学至今,每年约有50个参访团来校观摩交流;吸引16个海内外的学校签约合作,密切沟通,相互切磋,共同发展;吸引杭州师范大学应届毕业生来学校见习、实习,上好岗前的重要一课;与浙江外国语学院教育学院教师发展学校博士点签约,引博士进校驻点,浓厚学术研究氛围;与华东师范大学合作开展"五育融合"项目研究;与北京师范大学合作开展评价项目研究等。因为开放,教育资源不断丰富,教育路径不断拓宽,教育对象不断扩大。以凤凰小学为圆心,吸引来自四面八方的志同道合的高校专家、教育同人、兄弟学校,共筑坚实的教育研究共同体。

2. 渐进性让吸引教育有章法可循

"读懂与发现、信任与尊重、唤醒与激活、愉悦与创新",有内在的序列,不能随意更换。从读懂到发现,从信任到尊重,从唤醒到激活,从愉悦到创新,循序渐进,步步深入,不断走向学习的深处。读懂、发现、唤醒、激活、创新这五个动词侧重学习方式和策略,而信任、尊重、愉悦,侧重学习中产生的情感体验。学习是在不断地实践、体验过程中建构的,有研究证实,积极、正向的情感体验有助于提升学习实效。吸引教育最终要回归课堂,回归生活,如何让不同学科的任课教师、每个教职工,甚至是卫生保健教师、图书管理教师都能成为吸引教育的育人者?如何让校园中的一草一木、一亭一桥、一山一水、一人一事都成为鲜活的育人资源?必须建立吸引教育的实施机制,让教师有章法可循。当然,因为学科不同、内容不同、目标不同,可在吸引教育的内涵特质的基础上进行变化和创新,以更好地适应不同班级和学生的实际需求,更好达成育人目的。

3. 交互性让吸引教育有多向可生

"读懂与发现、信任与尊重、唤醒与激活、愉悦与创新",都有极强的交互性,这种交互发生在学生与教师之间,学生与学生之间,教材与师生之间,环境与学生之间,旧知与新知之间……改变安静听课、埋头做题、唯分数论英雄的被动机械式学习,在吸引教育的实施过程中凸显多向交互性。从学生视角出发:倡导师生交流、生生互动、人机交互,与环境的交融,与内心真实自我的对话,与未来理想自我的呼应。从教师视角出发:倡导教师对学习资源深度了解,读懂学习材料,发现其蕴藏的教育价值;教师与学生深度交流,相互信任和尊重,真正读懂学生的需求,发现教育的契机,适时地唤醒和激活。教师与同事、同行、专家深度交流,他山之石可以攻玉,唯有不断地交流学习才能更新育人理念,锤炼育人能力,提升育人站位和预见。从学校的视角出发:横向地看,积极与区内外、国内外的兄弟学校保持密切互动;纵向地看,积极与幼儿园、中学、职业院校、高等院校、研究机构,以及青少年活动中心、社区等保持密切互动,构建一个完整的终身教育体系。

4. 发展性让吸引教育未来可期

"读懂与发现、信任与尊重、唤醒与激活、愉悦与创新",忌急功近利,须遵循脑科学和心理学的规律。"读懂—发现—唤醒—激活—创新"形成学习实践链,同时伴随"信任—尊重—愉悦"情感体验链强力支撑,双学习链相辅相成,犹如 DNA 的双螺旋结构。以终为始,双螺旋结构的学习链不断变化和发展,使学习不断再生发,再生长。科技日新月异,时代瞬息万变,倒逼吸引教育与时俱进。吸引教育的育人内容要求发展,今日的学习是为学生未来生活奠基,要有预见性和前瞻性。吸引教育的育人者也要求发展,凤凰小学高度重视教师的发展与提升,丰厚本体性知识,提升教育教学水平,熟谙班集体建设的策略,尤其是不断发展教师育人能力和艺术。没有一种教育理念或教育教法是完美无瑕的,再加之未来的诸多不确定性,因此吸引教育必须用发展的眼光看待之,用辩证的眼光审视之。着眼未来,教未来的社会公民,为未来美好生活而教。

第三章

校园：洋溢童年味道
的梧桐小镇

　　从一个小学生背着书包，跨进学校大门的那一刻起，校园将陪伴他度过整整六年，成为他生活、学习的主要场所。校园对于儿童的成长具有十分重要的作用。基于这种思考，吸引教育努力打造一个洋溢着童年味道的校园，并以凤凰小学的校名引申出"梧桐小镇"，吸引孩子们在这里栖息，体验成长的愉悦，成为永久的童年记忆。

第一节　馨悦：校园空间的儿童味

朱永新教授在《理想的学校》一文中，提炼出"理想的学校"的六个标准，分别是：有特色，有品位，有出色的校长，有活力的教师，有好习惯的学生，有面向全体学生的课程体系。其中，关于"有品位"，朱教授做出如下描述："学校里的每一个细节、每一个建筑，每一处绿化都应该精雕细刻。细节有时更能反映品位，校园应该围绕学生展开一系列布置……只有学生才能把学校装点得生机盎然。"学校是一个充满故事的地方，校园中的学生是一个个故事的主角。在凤凰小学打造的"馨悦"校园里，目之所及，那道最迷人的风景线就是学生，他们中的每一个都能在这里以自己喜欢的方式，经历个性化成长之路。

一、吸引教育的理想校园形态

凤凰小学传承了杭师附小和秋涛路小学的百年历史，同时又以一种独特的文化诠释对教育的理解。学校位置得天独厚，距离南宋皇城遗址凤凰山不远，毗邻浙江母亲河钱塘江，紧依杭州城市新中心——钱江新城。在杭州拥江发展的背景下，学校所处的这块地域日新月异，周边写字楼、住宅林立，贯通城市南北的秋石高架就位于两个校区相隔的秋涛路上方，交通便利。

凤凰小学秋涛校区的校舍最早建设于 20 世纪 80 年代，可容纳 18 个班。钱江校区于 2008 年交付使用，规划为 18 个班。在凤凰小学创建之初，将秋涛校区定位为低段部，安排一、二年级学生就读；钱江校区定位为中高段部，安排三至六年级学生就读。分年段的校区，在校园文化的创建上更易凸显特质。梧桐小镇校园文化的核心词"馨悦"就此而来。"馨"即散播很远的香气，"悦"指高兴、愉快，通过"馨悦"一词，想表达的就是梧桐小镇要成为吸引孩子的校园、学园、乐园，在这里每一个孩子都将体验成长的快乐。围绕着"馨悦"，学校用心打造每一个角落。作为学生成长中最重要的环境，校园就是一个小社会，环境育人理念也因此而起。学校应该是一个令人向往的地方，是承载学生美好童年的处所，让校园充满儿童味，让学生能在这里找到归属感、获得感和幸福感，是学校教育成功的关键。

凤凰小学给予校园一个非常亲切的名字——梧桐小镇。名字的背后，蕴含的是学校的育人观。传统学校重视的是传授知识文化，在凤凰小学，除此之外，还重视能力素养的培养,人与人之间交往的锻炼,各种生活技能的掌握……学校不是象牙塔,学校学习的就是以后生活中所需要的一切。要构建一个理想校园,它必须具有这样的特质——儿童喜欢和向往,仅是一个有趣的名字还远远不够。

二、"馨悦"校园的识别标识

走进凤凰小学,一眼看去并没有什么特别,和一般的城市学校差不多。教学楼、校园、运动场,这些常规的设施并不能带来视觉上的新鲜感。但是走上一圈后,你就会发现"馨悦"校园很不一样,因为在这里表达了一种细腻的情感,是对儿童的读懂发现、信任尊重,以及希望带给他们的唤醒激活和愉悦创新。校园的每个角落,都是孩子的"领地",每个角落都藏着吸引孩子的独特味道,你能从校园的细节之中,感受到童年生活所有的美好滋味。

（一）游戏精神:延续童年的快乐

学生是校园的主角,在学校管理和校园建设中就需要一种共情意识:读懂儿童,理解儿童,尊重儿童。学校必须认识到"玩,是儿童的天性;游戏,是儿童精神的一种表达"。尽管在校园中的儿童被称为"学生",但是他们依然需要游戏,教育者必须认识到通过游戏来挖掘儿童潜能的重要性。如果忽视"玩"的重要性,"学"亦有限,游戏就是儿童生命的一部分。

儿童游戏不单纯是一种活动形式,其蕴含的游戏精神从某种意义上来讲是一种成长精神。比如,玩游戏就必须遵循游戏的规则,在游戏过程中,参与的伙伴会制定规则、遵守规则,于无形中培养了规则意识。同时,游戏也是儿童社会化的一种途径。游戏中的角色扮演,让儿童有了更为丰富的社会体验。游戏还让孩子具备自由和创新的精神,以游戏激发他们的创造力、想象力。小学阶段的学生往往是边玩边学,如果让他们一本正经地坐在教室里,循规蹈矩地上课、学习,那是违反其天性的。

"馨悦"校园要培育学生的游戏精神,就需要为学生创设一个开放的空间,让学生能玩起来。作为市中心地段的学校,场地问题如何解决?虽然没有足够的可以让身体自由驰骋的场所,但让心灵放飞的空间依然可以广阔。巧做空间文章,不但让学生有得玩,还要玩出名堂。

国际象棋是凤凰小学的一门普及型特色课程。学生从一年级就开始学下国际象棋。学校从课程普及开始,去发现学生在这一方面的天赋。到三年级后,学校开设专门的社团让学生继续深入学习。下国际象棋是需要同伴参与的,而且初学本领的这段时间,正是对下棋充满好奇和兴趣的时候,那么在教室之外还有地方能让他们玩起来吗?为满足学生"玩"的需求,在想下棋的时候就可以随心所欲邀上好友杀上一盘,学校特意布置了"悦弈角"——在校园一角摆设了黑白棋盘。午间时分,喜欢下棋的孩子都会聚在这里，围坐一起，下棋、观棋。"悦弈角"为志趣相投的孩子增添了校园生活的乐趣。凤凰校园就是这样变得好玩起来。

游戏精神还让校园空间产生更多的可能性，即使是一个小小的休憩场所，稍加变化也可以变成游戏的栖息地。在秋涛校区，有一个有趣的"车站"，其实就是安放在操场周边的几张小椅子，供孩子们课间休息用。后来，学校将这几张椅子设计成一个车站站台，在椅子背后画上"校园拾景"的路线图，这里就成为"热门景点"。学生还把这里当成了"过家家"的乐园，独创了属于他们自己的游戏，乐在其中。

儿童应该充满游戏精神，游戏能让孩子找到愉悦自在的感觉，在这种感觉下，更能激发出孩子无穷的潜力。理解游戏内涵，理解玩耍意义，用心去设计，再小的天地也能玩出大名堂，这样的学校才能成为有吸引力的乐园。

（二）探究意味：体验发现的乐趣

儿童天生对未知的世界充满好奇，这份好奇为他们带来不可思议的勇气，创造无法想象的奇迹。好奇心，是学习过程中重要的驱动力。在探究性学习时，学生的好奇心可以得到发挥，触发真正的学习。随着全社会对学生创造力培养日益关注，思考创造力从何而来是教育的一个重要课题。以往的研究充分表明，探究的过程就是创造力产生的过程。探究必须源于学生真实的生活，来自生活中的真实问题，而不是教师强加于学生的。探究精神的培育，首先要让学生热爱生活，关注身边的事物，有敏锐的观察力。探究离不开真实的情境，只有突破教室的空间局限，才让校园的各个角落都能触发好奇，使学生充满期待。

【案例3-1】探究绿皮火车

2015年，秋涛校区在招生过程中遇到了一件麻烦事：不少家长在参观完校园后，提出了意见。因为他们发现，在学校围墙外不到百米的位置有铁轨，每天上课时间还定时有火车开过。由此，形形色色的质疑、担心接踵而来，招生工作遇到了不小的阻力。后来学校特意设置了隔音装置，试图将声音的干扰降到最低。缪华良校长就任后，一天，他惊喜地发现围墙外的铁轨上驶来一辆绿皮火车，居然可以这么近距离地看到火车。他连忙问老师："是不是有孩子经常会站在窗口望火车？"经他一提醒，老师们发现的确如此，不少学生下课时，就喜欢趴在走廊上看火车。在出行都是高铁、动车的时代，绿皮火车让学生觉得格外珍贵，所以当他们听到火车驶来的声音时，他们都会迫不及待地等候着。

在缪校长看来，这绿皮火车不但不应该成为家长的一种担心，还应该作为学校特殊的教育资源。于是，他请学校后勤人员将靠近铁路一侧的围墙修葺一新，然后请美术老师在围墙上绘制了一列绿皮火车，还在这一段围墙上凿了洞，在洞上装上了可以望远的凸透镜。学生透过它，能清清楚楚地看到火车在铁轨上飞驰而过的样子。自此以后,这面绘着绿皮火车,还能看到火车驰过的围墙,就在秋涛校园里"火"了。学生们对此自豪极了,因为这是其他学校没有的独特风景。从此,一年年的新生入学,家长再也没有因为火车而提意见了。

这个案例是发生在校园里的真实故事。此后,学校由一场家校风波,因势利导,开设了一个特殊的社团"正诚铁道社",学生们一起研究火车发展史,了解它的前世今生……学校换一种发现的视角,将不利因素化为得天独厚的资源,将原来避之不及的干扰,变成触发探究性学习的亮点。学校善于发现,学生就有发现探究的智慧。

（三）色彩装扮:拥有阳光的心境

如果来到凤凰小学,问问学生和老师校园是什么颜色的? 他们一定会告诉你两种色彩——"凤凰橙"和"梧桐绿"。这两种色彩的名字个性十足,源自学校的校徽。

凤凰小学的标识图案取自"凤栖梧桐"的古老传说。梧桐乃灵树,凤凰心怀宇宙,择木而栖,高贵气质,寓意明晰。校徽图形似一棵大树,指学校秉持"像种树一样"做教育的思想,坚持百年树人,育人为本,细心呵护着每一位学生的成长。橙色的凤凰,绿色的梧桐,就衍生出"凤凰橙""梧桐绿"的独特色彩。橙色明艳夺目,绿色蕴含生命,图形和色彩的结合给人一种意味深长的感觉,指向学校"有滋有味"的办学理念。凤凰飞舞的弧形和梧桐树干留白而形似的山峰,意指学校坐落在钱塘江畔、凤凰山麓、南宋皇城遗址附近,古都气质,江潮奔涌,山水相拥,也印证了凤凰学子"凌羽飞天,石赤不夺"的核心价值与精神追求。

儿童思维需要具象。在他们的头脑中,校园如果有一个鲜明的图案,其魅力在无形中就会增加。充满儿童味的校园,需要一个具象的标识来体现办学理念和育人思想。它承载着一所学校的文化内涵,是凝聚人心的有效载体,是培育校园文化的有效途径,也是学校办学思想、人才目标、办学特色的结晶和积淀。这种精神文化,是学校文化建设的核心和灵魂,对于激励师生奋发向上,形成优良的学风和校风有着极其重要的作用。

走进凤凰小学的大门,橙色的凤凰和绿色的梧桐作为学校的标志性符号,对凤凰小学师生来说,就是一种精神的追求。凤凰的高贵气质,梧桐的中空笔直,通过具象的传递,让"正行、好学、乐玩、善交"的学子形象鲜明地得以展现。

"凤凰橙"和"梧桐绿",表达的是一种育人态度和为之努力的承诺。学生在校园里看到这两种色彩,会想起自己的责任;在教师的眼里,这色彩就是育人的理想;家长所感受的,则是对未来的期许……

（四）亲近体验:与自然无缝对接

教育和体验之间的关系密不可分,其重要性越来越被人们所重视。在学校教育活动中强调体验,反映了对人本主义的尊重。体验过程更多的是来自学生个体参与,和被动的接受性学习完全不一样,学生会以不一样的状态全身心投入其中。

大自然是儿童最好的老师,如果能让儿童在自然真实的环境中学习,调动起各种感官,经历真实难忘的学习过程,这样的学习就更具有意义。凤凰小学作为一所城市中心的小学,如何利用有限的空间和场地,为学生提供与自然亲密接触的机会?

【案例3-2】盆景校园里的大名堂

凤凰小学校园里的绿化面积不大,但只要充分发挥这些绿地作用,就能使它不仅仅用于观赏,还能给学生带来更多发现自然的惊喜,学校为此想出了特别的办法。

缪校长带领后勤人员,仔仔细细地将校园走了一遍又一遍,边走边详细记录下学校各个角落种植的植物。通过调研发现,学校里大多是常绿植物,一年四季变化不大。如果要让学生发现植物生长的奥秘,品种的选择可以大做文章。于是,学校重新对植物的种植进行规划,挪移了一部分树木,在校园最显眼的地方种植了橘子树、梨树、枇杷树、桃树、柚子树……春季,各色花卉竞相绽放,待繁花谢尽,累累的果实再一次让校园充满生机。这些果树,引发学生对自然界的好奇,果实沉甸甸地挂在枝头,落在地上,直观地展示了生命的奇妙。春华秋实,不再是停留在语文书上生硬的词语,而是在校园季节轮转中最美的风景。这样的体验,是学生们在课堂上无法获得的。

为了让学生有更丰富的与自然接触的机会,在劳动中真正体会生命的意义,学校在操场外侧开辟出一块菜地,取名"悦耕园"。悦耕园,就是让学生在这方土地中,感受劳动和发现的快乐。虽然城里的学生不事农活,但是有组织学习的能力。他们成立志同道合的假日小队,找来有经验的大朋友,然后像模像样地开始农作。他们利用周末时间,在菜园里侍弄作物;放学后定时浇水,观察植物的长势;悦耕园里发生的趣事,成为他们最感兴趣的话题,并用心地以文字记录自己的劳动、庄稼的故事……做足场地文章,为校园环境赋予更多内容,拉近学生与自然的距离。

儿童天生具有一双会发现的眼睛,天生具有无限的创造能力。在真实的大自然里,在劳动的过程中,他们品味付出的艰涩和收获的甜蜜,不仅拥有了丰富的体验,也更懂得感恩生活。

(五)民主意识:形式与内容并重

现代学校教育中,如何向学生进行公民权利和义务的知识普及,以及如何培养适应民主生活的公民一直是个热点问题。培养未来合格的小公民,是教育人职责所在。杜威说:"民主主义不仅是一种政府形式,它首先是一种联合生活的方式,是一种共同交流经验的方式。"民主是生活的方式,它的养成依赖于教育。平等意识、公共意识和参与意识,需要从小熏陶渗透。

在学校中培养小公民,其实并不如想象中那么容易。校园里,学生大多数的学习活动在教室内进行,教师角色对形成学生独立自主的意识有一定束缚。要让学生摆脱依赖,明确主人翁的责任,在公民教育的实践中,不妨通过创造有仪式感的环境入手。校园环境的建设,可以融入这样的民主意识。环境的归属感是打破角色意识的关键。培养学生的民主意识,要让学生感受到学校是自己的,自己是学校的主人。基于这样的理念,校园的风景有了不一样的精彩,不仅变得有故事、有温度、有人性、有美感,还使学生有了归属感。比如,大队部的小镇圆桌会提议:校园"拾"景我命名。一经提出就得到全体学生的积极响应,大家热情高涨,运用最美的辞藻给最爱的校园一角取个好听的名字。通过海选的方式确定大家公认的校园"拾"景,全体参与的过程,就是民主意识的积累。

学校大门常打开,欢迎来自五湖四海、国内外的参访团。2018—2019年期间,有近百批次,4000余人次教育同人来凤凰小学参观。接待来宾时,介绍校园是必不可少的环节。学校成立礼仪队,将讲解任务交给学生。这是一支有梯队建设的队伍,既有高年级的队干部,也有低年级的小朋友。通过这样的机制告诉学生,每一个人都是学校的小主人,每一个人都有宣传学校的责任。金凤凰礼仪队如雨后春笋般成长起来。为了让更多学生有参与的机会,礼仪队通过自主申报、岗前培训、实战演练、分批上岗等流程,已经先后吸纳近百人。这些学生与嘉宾自信、自如地沟通交流,得到参访团极高的评价。讲解过程中宾主之间的互动,触发了学生的主体意识。

培养学生主人翁意识的场所,在校园里还有很多。例如,操场上的升旗台,每到集会、出操,就是高光的舞台。周一集会30分钟,主持、指挥、光荣小旗手、国旗下讲话,一个班级所有的学生都有机会走上主席台,从一年级到六年级轮番上阵。别看一年级的小同学站上台一脸稚嫩,一出声丝毫不怯场。这样的亮相不仅是一种表演,更是作为学校一员民主与责任的体现。

民主意识的培养不能停留在简单说教,通过创设环境,让民主意识的培养具有仪式感,让学生不由自主地产生当家做主的责任心、参事议事的主动性。

（六）书香味道:最是悠远的芬芳

阅读,是一个人受益终身的好习惯。在儿童时期培养学生浓厚的阅读兴趣和良好的阅读习惯,是凤凰小学自学校创办开始一直在坚持研究的课题。学校的"4K4H6M"阅读课程得到国内不少专家、同行的关注。除课程保障外,在校园文化建设中,注重书香文化的营造,利用环境因素去培养阅读兴趣和习惯,让学生爱上阅读,就要从时间和空间上做足功夫。

【案例3-3】漂流书屋

和一般学校不同,在凤凰小学借阅书籍,不用去图书馆。敞开式的阅览架、漂流书屋、电子借阅柜,只要想阅读,随时随地都能找到自己心仪的书。

放学后家长未能按时来接孩子的情况时常会有,好动的学生在校门内的空地上奔跑,存在安全隐患。值日老师和保安反复提醒,也不见效,毕竟喜欢跑动这是孩子的天性。怎么能让孩子静下来呢？学校买来两个漂流书屋,吸引了孩子的注意力。从漂流书屋里选一本自己心爱的书,坐在一边的长椅上,有滋有味地阅读。渐渐地,漂流书屋周围就成了约定俗成的等候区。漂流书屋,不仅给孩子的课余生活带来很多乐趣,也让等待的时光变得美好而充实,发挥出一种使人安静阅读的能量。

学校阅读环境的打造就是想让学生随时随地能有书看,能享受到阅读的快乐。钱江校区的一楼大厅,在2019年新添置了两台电子借阅柜。这套先进的设备,不仅能够进行借阅管理,还能统计出哪些书是孩子最喜欢的,实现通过大数据对学生阅读热点进行研究。

走进每个班级的教室,浓浓的书香味扑面而来。每个班级的图书角都像一个小小图书馆。每到中午时分,整个校园里就静悄悄的,这让来访的客人都感到很奇怪,因为往往午休时校园里声音分贝是最高的。透过教室的窗口,就能发现原因,每一个教室里的每一个孩子,都手捧自己喜爱的读物,在静静地阅读。

阅读,是凤凰小学一道别具韵味的校园风景。菁菁校园中,捧着书本享受美好校园时光的画面,不正是理想的学校最动人的镜头吗？

三、"馨悦"校园的升级设想

2020年,凤凰小学迎来了校园改建提升的契机——位于新工社区内的秋涛校区进行全面改建,改建后的校园使用面积更大,通过建筑和环境对校园文化的表达也更鲜明。

在占地5214平方米的秋涛校区改造设计过程中,改建工作组先后参观了10多所国内外不同类型的学校,有民办学校,也有公办学校,既有国内的知名学校,又有英国剑桥的公学、私学。在借鉴这些特色学校的设计理念的基础上,凤凰小学明确以打造凤凰气质学子、国际化学校为目标,以五育融合理论为支撑,彻底颠覆了工业化、常规化校园初始设计意图,创设了全新的四个空间:凤凰气息的想象力空间,无处不在的运动空间,随时随地的阅读空间,屋顶农作物劳作空间。四维空间让静止的校园建筑为五育融合的儿童成长助力。

打造凤凰气息的想象力空间:一只展翅飞翔的凤凰雕塑,一棵高大的中国梧桐树,分别矗立在校门两边,教学楼外立面以凤凰橙、梧桐绿为主色调,让校园景观与学生的思维空间发生碰撞,让"凤栖梧桐"的远古神话在凤凰校园里重现。同时运用5G网络与AI系统,实现整个校园的一体化、精细化、智慧化管理。人脸识别的校园门禁系统,具有电子支付、通话、感应功能的学生智能手环,办公室电子门禁系统,校园电子围栏,班级电子班牌,远程直播课堂,让智慧校园融入凤凰学子的每一个学习环节中,让学生的想象力与数字时代有机结合,激发学生的学习兴趣、创新意识,练就凤凰气质的新人,为"德"助力。

打造无处不在的运动空间:将景观绿化和沙坑、攀岩、秋千等校园运动区域结合起来,打造一条充满惊险刺激和无穷乐趣的丛林探险长廊,让低年级的学生在校园里就可以与大自然亲密接触,锻炼体质,磨炼毅力,为"体"助力。

打造随时随地的阅读空间:走廊里的流动书屋,卡座式的交流小空间,加上敞开式的图书室,没有阻隔的书架让学生对书籍触手可及,随时借阅,自由阅读,自主归还。再配合高低错落有致的木阶梯、布艺沙发、小舞台,让学生可以在此阅读之外,还可以举办小型的读书会、小型的队活动,为"智"助力。

打造屋顶农作物劳动空间:主屋顶设计成现代化的种植园,利用雨水收集、滴灌技术,帮助学生树立节约能源意识。让师生、家长一起参与农田耕作,这不仅仅是身体力行的体力劳动,更是加入了亲子活动、写观察日记、对比研究、摄影、绘画比赛等内容的项目化学习,将劳动教育有机地融入五育之中,为"劳"助力。

五育融合不仅在课堂里,也在校园的每一个角落。五育的实施者不仅是老师,校园的一草一木,每一栋建筑,每一种色彩,都是实施五育融合的"良师益友"。

第二节　特色:学习空间的现代味

学校是一个微型社会的缩影,不应成为传说中的象牙塔。学校环境应该主动对接高速发展的社会环境。在今天的学校教育中,要杜绝故步自封、闭门造车的教育现象,要以开放的姿态,去对接社会的发展。处在科学技术日新月异的 21 世纪,究竟怎样的校园生活是合乎发展趋势,是能被学生所喜爱、向往的? 从学生视角去了解他们的需求和想法,是打造具有时代感、现代味校园的前提。

一、特色学习空间打造的缘起

为了解学生对校园生活的真实诉求,凤凰小学曾在 2018 年对本校 600 名小学生(1—6 年级随机各抽取 100 名学生),进行无记名的校园生活幸福感指数调查,结果幸福感在 90 分以上的占 26.9%,80 分以下的占 44.30%,6.70% 的学生打分低于60 分。该调查虽然不可避免地受个人的"幸福"标准不尽相同等因素的影响,但还是可以从中发现学生校园生活的幸福感明显偏低,而学生渴求幸福的校园生活的诉求却是一致的。如何对现行的小学校园生活进行变革，为提升学生的幸福指数找到一种有效的途径，从而使他们的在校生活变得有滋有味？于是学校根据调查进一步做归因分析。

原因一：学习知识 VS 丰富经历。21世纪，学生在学校所学的知识，在将来生活和工作时极有可能已经更新迭代。在这个知识爆炸、风云巨变的时代，学生最需要的能力是什么？学生在学校最需要学什么？是"4C素养"——批判性思维、沟通能力、团队协作、创造与创新。这些能力不是通过单纯的、间接的书本知识学习所能获得，更多的是需要互动交往、实践体验而习得。审视目前的小学校园生活，不难发现知识的学习过多，而经验的习得过少。

原因二：被动接受 VS 主动选择。现行的课程设置和课堂学习方式，在师生关系上，学生依然处于被动局面，学生主体性得不到充分体现，在"要我学"和"我要学"之间还有不小的距离。打破这样的局面，将学习的选择权交还给学生，需要有丰富的课程内容供学生选择。因此有必要在国家课程基础上，构建形式和内容贴近学生特点的校本课程。

原因三：唯分数 VS 重素养。纵观现行的小学校园生活，往往被知识学习所充斥，为了更便捷地传授知识，灌输式的课堂教学屡见不鲜。学生犹如知识的容器，抑或是做题的机器，片面追求考试得分。如何从"育分"到"育人"，从"唯分数"到"重素养"，变单一的"知识传授"为培养"完整的人"，是摆在我们面前亟待解决的重要课题。

校园生活的幸福感来自学校创设的育人空间。空间本身就是具有教育意义的，让空间成为教育者的角色，以空间创设来促成教育目标的实现，并为学生个性化学习提供多样选择。在理想的学习空间中，学生既有紧张的学习，又有愉快的生活；既有表达个人意见的空间，又有开放交流的平台；既有自主发展的选择，又有相互合作的机会，幸福感自然而然就获得提升。

由空间打造增强学生幸福感，前提是在这个空间里学生能得到他们成长过程中最迫切需要的东西。以空间做文章，为学生提供一个理想的学习场所，这就是学校打造特色空间的初衷。从环境创造开始，在学习过程中丰富经历、主动选择，实现素养的发展，一个充满现代味的校园空间可以为实现这样的目标提供更多可能性。

二、特色学习空间的定位

通常学校设置专用教室，是为了更好地针对学科特点开展教学，在教室功能定位上强化学科性。凤凰小学负一楼的专用教室区域，却有四个与众不同的名字：儿童专注力学习中心、儿童想象力学习中心、儿童创造力学习中心、儿童实践力学习中心。这种去学科专业化，针对学生能力发展设置的专用教室区域，是学校的大胆创新。它不仅是教室名字的改变,最重要的变化还是空间里课程内容的全新设计以及学教方式的转变。从能力培养的角度,去设置教室环境,去架构课程内容,去实施开展教学,这样的尝试,将育人目标更清晰地融入学校教育,取得更直接有效的育人效果。

(一)儿童专注力学习中心:培养最重要的学习品质

对于学生而言,学习始终是他们生活中最为重要的内容。而学习品质的培养则远比知识、技能的掌握更为重要,会为学生一生的发展奠定良好的基础。

1. 专注力培养为好习惯奠基

儿童学习时的专注力是否持久是重要的学习品质之一,是儿童智力发育和有效学习不可或缺的因素。医学研究表明,儿童的专注力和其年龄有关,在小学阶段,儿童的专注力一般为 20~25 分钟。教师在课堂教学中观察发现,就同一年龄段学生,个体间的专注力有明显差异。每一个班级都会有几个总也闲不住的学生,就是因为专注力不能持久所造成的好动。

在分析影响儿童专注力的主要原因时,除生理和心理问题外,习惯养成和环境因素也是原因之一。专注力培养的重要时间段是新生入校以后。在这段时间里,寻求有效的方式,尽可能地结合习惯培养,从环境营造入手,来提升学生的专注力品质。这样一方面可以做好幼小衔接的过渡,另一方面也是为未来的学习打下基础。

2. 校本课程 + 特色空间模式

在一年级学生入校后,班主任和任课老师会有意识地将专注力的培养和学习习惯的培养结合起来。课堂教学中,教师会针对专注力培养设计教学活动。此外,学校通过开设专门的课程来实施专注力培养,创新性地利用"特色空间 + 校本课程"模式来为低年级学生专注力发展增效。

进行专注力培养,要尽可能减少外部干扰因素,让学习任务单一,但还要能引发学生的兴趣。如果依靠外部因素的改变去保持持续的专注力和学习兴趣,那么训练意义就会削弱。应通过对学生内在需求的激发,促使他们保持持续、稳定的学习状态。

凤凰小学依托校本课程,选定适合于进行专注力培养的内容。让学生能静下来,在参与这项学习时,产生足够的兴趣持续。学校设立的专注力学习中心有针对低年级和中年级的三门课程:国际象棋、围棋和桥牌。这三门课全部排进课表,每周一次,人人参与,正是考虑到专注力培养是每个学生所必需的,这将为每个学生学习品质的改变带来极大的推动作用。同时,开设了低年级的书法社团,以不同的课程内容来丰富训练途径。

专注力学习中心依托课程建设,同时也兼顾环境营造。为保证学习效果,学校在不宽裕的场地中,特别安排了两间专用教室,作为国际象棋、围棋和桥牌的教室。在这两间教室中,设置学生对弈的桌椅,布置简洁,突出主题,到位的环境布置让学生在参与活动时能够更为投入。两间教室的选址也经过精心考虑，它们位于学校下沉式广场的专用教室区域，环境安静，没有噪声干扰。选择此处作为专注力学习中心，就是考虑到环境因素对于专注力的影响比较大，对最后课程实施的效果很重要。在中午、放学后的时间段，这里又成为国际象棋、围棋和桥牌社团活动的专用场地。一室多用，将空间的作用最大化。

校园环境建设上需要有前瞻性，功能教室不能仅仅按照学科去设计，还需要从学生能力培养发展的角度去思考，使专用教室不仅能承担学科教学的任务，还能起到专项能力的培养功能。

（二）儿童想象力学习中心：发展最具关键作用的学习能力

教育进展国际评估组织对全球 21 个国家进行的调查显示：中国孩子的计算能力排名世界第一，想象力和创造力排名靠后。同时，美国一个权威咨询机构调查结果表明：孩子 1 岁时，想象力、创造力高达 96%，可在上学以后发生逆转。10 岁时，孩子的想象力、创造力只剩下 4%。建立想象力学习中心就是要借助学校教育的优势，来改变这种状况。

1. 想象力培养迸发思维火花

人的想象力越强，思维能力就越强，想象力对于思维的发展起到关键性的作用。儿童进入小学后的这段时间是想象力高速发展时期。皮亚杰说过："儿童的幻想与想象力的游戏对他们的认知发展而言是必不可少的。"在小学阶段通过想象力的培养，能促进儿童逻辑思维能力的发展。因此要牢牢把握想象力发展的黄金时段，为学生思维发展中关键能力的形成打下基础。

想象力对每个人未来的发展具有重要意义。在小学阶段的学科知识学习过程中，想象力也不可或缺。同样的学习内容，学生之间的理解和掌握差异不大，其背后原因就是想象力的缺乏。想象力可以优化学生的学习方法，提高学习质量。在想象力推动下，和学科学习评价息息相关的逻辑思维和记忆力，也能不断得到发展。

2. 专用教室 + 特色空间模式

以教师讲授为主的传统教学模式，以及大量书面作业的束缚等不利因素，对学生想象力发展造成不小的阻碍。去改变这种现状，让学习过程少一点外力束缚，多一点内生空间，成为学校积极推动学生想象力发展的初衷。让孩子在教室内外，拥有能进行天马行空想象的场所，在无拘无束的环境下能放飞思想。我们必须认识到，这样的想法在传统教室里实现的可能会比较小。

教学中，教师大多会关注培养学生的逻辑思维能力、记忆能力，学校的课程、评价等都凸显这些能力培养的重要性，而对想象力的培养似乎就没有那么明确的方向和目标。尽管它在每一门学科的课程标准的描述中都出现过，但到操作层面却普遍缺乏具体的方法和评价指导。

想象力是学生终身受用的一种思维能力,它不仅关系到学生的创新能力,还会给学生带来愉悦的情绪。学校成立儿童想象力学习中心,是希望通过一定的途径,借助专门课程促进学生想象力的发展。学校的想象力学习中心,依托美术,扩大到各个学科。这个中心三间相连的美术教室,风格各异,功能不同,之所以将它们全部连在一起,是因为这样的设计既方便教学管理、教师交流,从学生发展的角度看,又能充分地发挥美术学科对于想象力培养的优势。

儿童想象力学习中心,以美术学科为突破,和学生想象力发展的特点有密切关系。美术学科可以从视觉上让学生形成丰富的表象,表象积累的同时,学生的观察能力得以发展,这对想象力的发展起到推动的作用。美术学科普遍受到学生的欢迎,学生乐于参与,在作品创作中不受拘束,放松身心,也利于想象力的激发。美术学科的评价中,教师常常会使用描述性评价,这对学生充满激励。在想象力激发的过程中,能通过教师的鼓励让学生增强信心,获得成就感。

在想象力学习中心的墙壁上,会挂上每节课所有学生的作品,每一个学生的每一个奇特的想法,在这里都会得到尊重。教师还会采用不同的表现方式,让学生来表达自己头脑中的无限创意。这是一个绝对开放的空间,没有各种量化的评价标准,消除学生的顾虑,有利于真实的自我表达。在这样的情境下,想象力天马行空无拘无束,真正让孩子在想象的过程中得到了快乐。

(三)儿童实践力学习中心:聪明长在手上

实践是人们能动地改造和探索现实世界一切客观物质的社会性活动。实践、思维和认识是统一的整体,是相互交融的主体日常行为,对于儿童的成长来说,实践能力具有十分重要的意义。

1. 劳动成就一生幸福

2020年3月,中共中央、国务院印发《关于全面加强新时代大中小学劳动教育的意见》,强调劳动教育是中国特色社会主义教育制度的重要内容,要全面贯彻党的教育方针,坚持立德树人,把劳动教育纳入人才培养全过程。在劳动教育中把握育人导向,遵循教育规律,创新体制机制,注重教育实效,实现知行合一,促进学生形成正确的世界观、人生观和价值观。

凤凰小学从2018年就提出"聪明长在手上"的劳动教育主张。苏霍姆林斯基说过"儿童的智慧在他的手指尖",通过基本的劳动训练,可以让儿童的双手和大脑协调发展。劳动能促进手脑并用,因为在解决生活劳动问题时,往往需要动脑子、想窍门。人类的许多创造性发明都是在劳动中发现的,劳动创造了人类。

为此,学校成立区级儿童实践力学习中心,旨在培养学生的劳动能力。该中心不仅是本校学生的学习新空间,也对外校学生开放,实现教育资源利用最大化。实践力学习中心采用课程先行的思路,成立研发团队,重点打造新劳动教育课程群和全科主题学习课程群,研制选择式的课程菜单。

2. 联结生活 + 特色空间模式

劳动实践于儿童成长的意义不可小觑。学校几易其稿,修订完善《聪明长在手上——新劳动教育课程方案》,通过班级、基地、家庭、社区等四个层面的劳动实践体验,整体建构新劳动教育课程群。培养劳动观念,磨炼意志品质,从而实现以劳树德、以劳增智、以劳长技、以劳强体、以劳益美、以劳创新的育人价值。

校内基地劳动展开探索,分年段研发指向基地体验的新劳动教育课程群,分别为向阳小葵园课程、拼搭小车间课程、创意实验室课程。由浅入深、循序渐进开展自主合作探究式的实践体验活动,让学生亲近自然,对接生活,勇于创新,品味劳动中酸甜苦辣的各种滋味,努力做独立自主的人。(如图 3-1 所示)

向阳小葵园
葵园共规划
葵园共养护
葵园共分享
第一学段

拼搭小车间
把玩机车
重接管道
维修电器
第二学段

创意实验室
桥梁设计
节水发明
教室改造
第三学段

图 3-1　新劳动教育课程群

如何让学校的有限空间最大限度地发挥育人功能?学校将空间进行二度科学规划和环境优化,儿童实践力学习中心应运而生。钱江校区地下一层(原地下停车库)改造成"六室",即:水电拼装室、机车模具室、木艺制作室、园艺养护室、工程设计室、创意实验室。每个室再进行空间细分:设计区、材料区、创作区、展示区。其目的是改变碎片化、浅表式的学习现状,鼓励学生创新思维发展,提倡探究式学习。同时将学校操场边闲置的一块草地改造成了"向阳小葵园",成为亲近自然的劳动实践基地。室内、室外两个实践力学习中心,为新劳动教育课程群和全科主题学习课程群落地提供了强有力的保障。

实践力学习中心专设多个小车间,让学生通过动手实践,掌握简单机械原理和操作。例如1号体验区主题为"把玩机车":置办一台废旧的汽车,向学生展示内部构造,如发动机、后备厢等。参观把玩熟悉而陌生的汽车,学生兴致勃勃。高年级的学生可以尝试几人合作给汽车换备胎。如何使用千斤顶,如何拧螺帽,这样的活动任务,有一定的难度,但又是生活实用技能。老师为学生提供操作流程图,让他们反复摸索,成功后即可获得相应的积分。2 号体验区主题为"重接管道":家里的水管漏了怎么办? 怎样寻找匹配的型号? 重接管道,需要反复尝试方能成功。不仅男生积极性很高,女生也不甘示弱。3 号体验区主题为"维修电器":灯泡坏了,不用担心,电器维修体验区非常接地气,讲究生活中真实问题的解决。在实践力学习中心,学习自立,勇于尝试,自主探究,生活中的小事自己做。

(四)儿童创造力学习中心:培育最有未来性的学习能力

是否具有创造力,是区分人才的重要标志。在未来社会,创新意识和创造能力,会成为一个人的核心竞争力。

1. 具有未来视野的创造力培养

具有"创新思想"或"创新精神"是创新人才的基本内涵。从小培养创新能力、创新意识,对未来社会发展具有重要意义。

创造力,是未来生活的必备能力,也将成为人才的核心竞争力。着眼未来,从小学阶段起,重视对学生创造力的培养是具有战略眼光的。

2. 社团文化 + 项目式 + 特色空间模式

在创造力培养的过程中选择合适的实践活动,有助于学生发现问题、提出问题并解决问题,而这几方面正是创造力的重要组成部分。合作学习的方式对创造力的培养特别是对于创造性思维的发展和创造性人格的形成,有积极的意义。实践与合作,需要空间的保障。

学校在进行创造力培养的过程中,既兼顾全体又突出自主的个性选择,依托"创造力学习中心",为不同层面的学生提供学习支持。"创造力学习中心"不仅提供了各种设备,还配备专业的教师,有校内科技老师,也有外聘专业导师,给予学生技术指导方面的支持。

针对创造力培养的社团内容丰富,提供给学生各种选择。例如:微电影制作、创客马拉松、手机应用程序开发、Scratch 语言趣味编程、计算机三维设计、DI 创新思维、FLL 机器人工程挑战、虚拟机器人等等。这些最新"玩法",能牢牢吸引住学生,在"高精尖"的游戏里,使自己的创造力得到最大限度的发挥。这些社团,聚集着有共同兴趣爱好的学生,相互之间围绕共同话题展开思维的交流,创造力在实践和交流中不断得到激发。

除社团形式,学校还推出 STEM 教育的项目式学习,来积极发展学生的创造力。项目式学习是学校构建"创享学习"新模式的一种重要教学方式,在三到六年级全面铺开,是一种常态化的学习方式。在儿童创造力学习中心,为学生开展项目式学习创造了一个专门的空间。

开展项目式学习，需要空间的支持。相应的场所是帮助学生学习、发展的空间，在这里有展开创造力学习所必需的硬件设备。这个空间的设计，也被安排成"多组圆桌式"，利于激发创造性，便于相互交流。同时，导师制的教师指导方式，为个性化学习提供更多的可能性。学生结伴而来，以项目开展合作学习，教师以"导学""助学"的身份参与到学生的自主学习过程中。这种学习方式，完全不同于平时讲授型的课堂，自由的活动空间为各种创意的诞生创造了理想条件。

创造力的培养，除了校内学习空间保障外，还做到了校外空间延伸。学校积极地组织学生参与各类赛事活动。2019年12月，学校STEM项目式学习组导师支超瑱，组员604班汤卓臣、505班叶正浩和506班徐弩，应邀参加第四届STEM教育与项目式学习国际学术研讨会暨2019年度项目式学习优秀项目展评活动，经过前期材料评审和现场项目展示，学校的"校园农耕区智能灌溉系统研究"项目在48个优秀项目中脱颖而出，荣获一等奖。此外，在省、市、区的各类科技创新比赛中，学校的社团成员也收获颇丰。创造力的学习过程，不仅让学生的思维得到发展，同样也让他们在校园的空间里感受到成长的幸福滋味。

三、特色空间的教育价值

儿童专注力学习中心、儿童想象力学习中心、儿童实践力学习中心和儿童创造力学习中心，这四大中心为学生开辟的是一片能实现自我发展价值和意义的场所。现代味的空间，必须遵循以人为本的理念。

在现代味的特色空间里，经历体验放在首位。校园生活要有崭新局面，就需重视学生的各种体验。特色空间不同于普通的学科专用教室，空间打造就是为了充分调动学生的参与性。

在现代味的特色空间里，将学习的自主权还给学生。特色空间里实施的校本课程，让学生对于学什么、怎么学，有了自主选择的权利。打破班级授课的诸多限制，灵活的合作交流方式增强了学习同伴间的互动互助。学生的身份在合作、竞争中产生更多变化。

在现代味的特色空间里，重视个性和素养发展，注重培养专注力、想象力、创造力、实践力等这些对学生的发展具有关键意义的能力。放眼未来，从校园起步。

第三节　文化:隐性空间的浸润味

　　学校隐性文化是指学校中客观存在的、常常以潜移默化的方式对学生的全面发展产生实际影响的各种因素。从概念的解释看,学校隐性文化的重要性不言而喻。作为一所有故事的学校,凤凰小学的办学顶层思想中一直有清晰的目标和方向。这种无形的、宝贵的精神力量,是驱动学校不断发展,教师、学生和家长形成凝聚力的重要因素。在这一篇章,将针对学校隐性文化如何作用于学生的发展进行重点分析。

　　一般来说,校园隐性文化包含办学思想、管理理念、学校精神、校风、班风、学风等。在凤凰小学的学校隐性文化中,不仅是对学生、教师,还是对家长群体,都有引领的目标。学校要肩负起育人的使命,如果不将培养怎么样的人这个概念想清楚,不将打造一支怎样的教师队伍的命题解决好,不考虑如何形成教育合力,办学的方向就会迷失,学校发展就会陷入僵局。在凤凰小学创校之初,围绕顶层思想设计,几易其稿,将办学方向明确了,后续的办学行动都是围绕办学方向汇集力量、聚焦目标。

　　学校的隐性文化经过文字的表述,从字面解读意义清楚明确,但要将其内涵达到对师生产生潜移默化的影响,就要做好融合,将隐性文化融入学校的课程、融入学校的环境。用文字表达的精神思想,要借助不同的形式和途径,才能真正内化为学生、教师的行为、品质,隐性文化才会发挥其巨大教育意义,完成其育人使命。校风校训,绝不能仅仅成为挂在学校显眼处的一句话。它一定是你在校园中时时刻刻可以感受到的文化氛围。学生文明有礼的样子,教师兢兢业业的身影,课堂中思维碰撞的热闹,校园中享受学习的快乐……这美好的校园场景,展现了学校的精神风貌。

　　学校办学思想顶层设计包括办学宗旨、理念、目标,还有校训、共同价值观、师生发展目标、学校风貌、教师精神,以及学校主要教育概念。以上都是学校隐性文化的组成部分,一条条、一项项和学校的各项工作、活动结合起来,思想的活力和生命力才得以体现。

　　怎样将隐性文化的影响力变得直接、有效,需要寻求必要的方法和途径,特别是高深、抽象的文化概念,如何能让学生理解、认同,这需要花大力气去解决隐性文化存在的距离感。隐性文化如何落地,如何变成师生风貌、校园景象,是学校文化建设的核心课题。

　　校园中的隐性文化无处不在,隐性文化对于一个人的影响不容小觑。为学生打上未来底色的隐性校园文化，既要外显扩大影响力，又要内化成为学生的精神。学校顶层设计是一所学校最为珍贵的精神财富，并且是可不断流传、不断发扬，是学校发展壮大过程中的灵魂。当学校在文化、精神等方面有所提炼，目标不断清晰之后，就需要在学校管理、课程设置、师生发展、环境营造等各个方面都将顶层设计进行融入，保持学校由内而外的一致与和谐。

凤凰小学在建校不久，就牢牢把握顶层设计，千方百计地通过各种渠道将顶层设计的思想变成实实在在的行动，直观可视，清晰可辨。在短短的三年时间里，凤凰小学迅速发展，特别是办学文化得到众多同行的认可，很大原因是学校隐性文化投射出独树一帜的教育思想。在学校管理中，将隐性文化巧妙地融合于环境育人，让学生成为学校文化的代言人，在校园文化创生的道路上将继续坚定不移地发扬凤凰特色，让校园洋溢着童年味道，成为孩子终生难忘的"梧桐小镇"。

一、标准可视化的儿童视角

校园中，学生的行为表现是学校文化的重要部分。学生良好、得体的行为举止，是外界对一所学校的校风重要的评价标准之一。每一所学校都有自己的校规，这是以成人化的语言文字表述，期望学生达到某一种境界或者标准。无论从理解层面，还是达成的实际性，对学生而言都是有距离感的。要消除这种距离感，就需要以儿童视角进行构建。在隐性文化的建设中，儿童视角可以说是成败关键。以生为本，是学校教育中重要的理念。

曾经有段时间，凤凰小学"控音量"行动引起了省内外很多媒体的关注。这源自学校公众号推出的一篇"凤凰说"——《"轻声细语"控音量》。

"安静是一种礼貌。不管是什么声音，哪怕是音乐，当别人不需要它的时候，就是一种噪声。安静是一种习惯。自觉保持公共场所的安静是良好的习惯，能形成良好的品行，会对你的人生起到良好的影响。安静是一种修养。在公共场合制造噪声影响他人的人，应受到谴责。一个有修养的人，会懂得克制自己。安静是一种文化。经验告诉我们，在一个非常干净的场所，你不会忍心随地吐痰；在一个非常安静的场所，你不会忍心制造大的声响，来引起别人不必要的注意。古人说：静以修身、静心求学、宁静致远。这些无不说明：祥和安静的环境，沉心静气的心境，对于修身、求学的重要作用。"这段由缪华良校长亲自撰稿的"凤凰说"，开启了学校"控音量"行动。

为了让学生能理解并执行"控音量"行动，仅靠"说理"还不够，还需要以儿童的视角，将行动的标准直观地呈现给学生。于是，通过语文教研组老师的智慧创作，控音量行动应运而生。"0级音量，静无声；1级音量，悄悄说；2级音量，小声说；3级音量，平常说；4级音量，大声说；5级音量，放声说。"简单明了的6句话，学生就能清楚音量大小大概是怎么回事。音量教育是让学生明白不同场合使用不同的音量。考虑到学生的特点,在班级环境布置中,要在最显眼的位置用各种学生喜闻乐见的形式将这首儿歌可视化。日常管理中,老师随时根据可视化的音量图,来让学生思考某一刻该用几级音量。以这样的方式,控音量入了学生的心,将要求实实在在地落到学生行动中去。将标准以形象、直观的方式让学生时时见面、常常想起,最后才能内化为行动。

如何在短时间内推进文化、制度的形成,必须使用能吸引儿童的方式。首先要让学生觉得有趣,其次要能使学生记得住,最后要让学生常常挂在嘴边,帮助行为习惯的养成。将刚性要求,以儿童化的语言进行阐述,通过口诀、童谣、充满趣味的图示予以呈现,冰冷的制度立刻就鲜活起来。儿童行为习惯的养成,是一个反复的过程,这期间需要统一、明确的标准,各个方面围绕目标形成合力。要求什么,就评价什么,而且这些内容还得让学生看得见、听得懂。用好儿童视角,还要了解在习惯养成过程中难点所在,有针对性地找到解决的方案。儿童好胜心强,善于模仿,在意评价,但同时行为容易反复。尊重他们的心智特点,在给出标准以后,先让学生认同、理解,再通过日常的细水长流进行夯实。

在校园里,童趣的提醒和提示,是为校园的小主人而设。在小公民培养的过程中,以这样的方式进行引导,充满了善意,可以让每一个孩子都确信自己能做得更好。

二、"作业即作品"的生本理念

在《第二次教育革命是否可能——人本主义的回答》一书中,提到了一个新的教育概念——展示。这个词包含了展示主体试图与特定对象交流、共享,以及期盼回应、关注、鉴赏、评价等内容。因此,完整的教育过程就应该是学生获取和展示有机统一的过程。学校提出"作业即作品"生本理念也源于此。这样的展示过程有助于促进学生个性发展,激发每一个学生潜能,让学生通过"作品"获得一种自信感和成功感。与此同时,还有利于分享学生之间的合作成果,促进学生合作学习的深度发展。"作业即作品"将校风中"自由、自治、自主"的核心概念以外显的展示方式进行宣扬。渐渐地,"作业即作品"也成为学校独特文化的一部分,教师和学生对于"自我表达"和"自我展示"形成默契,学校的每一面墙都可以为学生自己而发声。

学校最早的"作业即作品"展示是从美术学科开始的,美术学科作业的特点使其的确适合作为"作品"呈现。从作业呈现中,能看出不同学生的学习梯度和差异性,通过陈列展示,互为补充、互相阐释,别具一格。作业展示不仅让每一位学生都能看到自己的学习成果,得到学习的成就感,也能让学生在同龄人的美术作品表达中,找到灵感和改进的方法。美术课堂中"作业即作品"的观念,在教学中获得了良好的效果后,语、数、英、科、体艺等学科也纷纷效仿,为学生创造了展示自己学习成果的平台空间,将学生的作品上墙,让学生看到自己的闪光点。这种赏识教育和成功教育,有效激励了学生的学习热情。

"作业即作品"的理念是希望每个孩子的作业都能够展示出来,能够跟其他同学去分享,跟每个同伴去分享;作业在分享中就慢慢地形成了作品意识,学习过程的自主性得到提升。原来的作业批改,老师只给学生一个评分,仅单一地体现成绩的好差和水平的高低。通过学生课堂作业布展的方式,让每个孩子都成为评判者、欣赏者,经历一次成功作业的体验。

作业布展鼓励学生敢于表达不一样的自我,通过创造力的提升,让学生的思维能力得到提升。人人有展示,人人可分享。通过校园作品张贴、微博和家校群分享,也让家长看到学生学习的成长与收获。当来访的客人在校园里看到学生的各种作品时,通过参观者的口口相传,或媒体转发等,都会增大孩子们的创作动力。学生在这些颂扬中,实现了作品价值的提升,并能因此感受到更多的学习乐趣和成就感。

"作业即作品"不仅展示了学生的学习过程和成果,关键是通过这一行为,将展示的方式作为个性化评价的抓手,彰显了每个学生的特色。"作业即作品"所构建的风景直观呈现在原本静默的墙面上,以学生作品的演绎实现了学校特色文化的营造、环境的熏陶。

三、 以小见大的细节管理

细节决定成败,细节让教育生动。在充满儿童味的校园里,关注行为细节是一种育人的态度,也是一种文化。细节管理是一种重要的校园隐性文化。校园育人的氛围,正是从这些细微之处折射出来。教育的品质,最终会从细微之处体现出决定性的差异。在成长期的儿童,来到学校,一切都是新鲜未知的。因之前存在的家庭差异,在很多方面需要建立统一的、明确的规范。在学校,学知识和学做人相比,后者更为重要,这才是决定一个人发展潜力的重要因素。重视细节管理,成为凤凰小学隐性文化浸润的途径之一。

一年级孩子懵懵懂懂进入校园,所接触的校园文化对其习惯养成起到举足轻重的作用,培养"正行"学子,就要从此刻启动。关注行为习惯中的细节,从关键小事入手去养成习惯、塑造品质,感受独特的"凤凰文化"。

环境有助于习惯养成,大环境有了,习惯的形成只是时间问题。自学生走进校门的第一天起,他面对的是一个全新的开始,小学校园对学生独立生活能力提出新的要求。入小学就像迈上一个台阶,如何让学生能具备这些能力,顺利地迈出这一步？从学校隐性文化入手,从细节入手,去营造一种特别的习惯养成文化,是凤凰小学在学生行为习惯教育过程中所特别关注的。一个书包,一个抽屉……一些细小得不能再细小的地方都可以做足文章。有一段时间,缪校长亲自站在校门口,学生的书包他一一看过:有没有按照课表整理教材,有没有分类整理书包……坚持了一段时间后,进校的学生个个都可以自信地展示自己整理得井井有条的书包。

语文统编教材一年级下册有一篇课文《文具的家》,讲述一个丢三落四的小姑娘常常找不到自己的物品,后来妈妈告诉她要及时帮助文具回家。所以,教室内的抽屉是否整洁,教室外的书包柜文具是否摆放整齐,去专用教室上课前能否清理桌面……这些都是真正需要教给学生的细节。有一次,一批省教育厅的领导来到凤凰小学,当走过一个空无一人的教室时驻足很久。是什么吸引了他们?原来这个教室里的学生们去上体育课了,但在离开教室前,他们将外套统一披挂在椅背上,把红领巾郑重其事地叠好,整整齐齐地放在桌子上,展现了良好的素养。学校没有食堂,一直由营养午餐公司配餐。从学生入校的第一天起,班主任就会手把手地教学生用餐以后的餐具摆放。排队、整理餐盒、放置餐盒,每一个步骤老师都会一一示范。一个月下来,一年级就餐后的餐盒摆放就像午餐刚刚送来时一样整齐,走廊地面也整洁如常。好习惯就是这样养成的。

学校是处于市中心的热点学校,场地小,学生多,如果不养成好习惯,开展体育活动就会有很大的安全隐患。来过凤凰小学的人,一定会被大课间的景象所震撼:30个班级,1000多个学生,在200米跑道的操场上跑起来,队伍整齐有序,就像笔直的长龙,有节奏地来回延伸。这一幕的形成并不简单,每天通过体育教师、学生干部的点评反馈,日复一日,学生清楚自己该怎么做,怎么做才是合乎标准的,课间跑操的要求标准成为每一个学生的习惯,锻炼时的精神面貌自然而然就形成了。

细节管理,要有敏锐的发现,也要有对学生成长关键因素准确的把握。学校的细节管理已经成为一种常态,关键小事,反复抓,抓反复。不要小看学校门口的问早礼、看到来宾的热情问候,这些看上去微小的细节,其实就是全校上下一心合力促成的。我们所从事的是为学生未来发展打下底色的工作,在意细节品质,折射出学校办学的顶层思想。

四、中华文化的融合根植

立德树人,要加强对学生中国传统文化的培育。中国传统文化的教育是一种浸润,是一种潜移默化的影响。学校可以从多维度来弘扬中华传统文化,将爱国主义情怀根植于每一个学生的心中。凤凰小学来源于杭师附小和秋涛路小学,它们有百年左右的历史,文化底蕴深厚,因此凤凰小学在建立时,将此作为宝贵的精神财富加以继承和发展。学校所处的地理位置,极具杭州特色,邻近南宋皇城和母亲河钱塘江,距离西湖景区也不远,这些得天独厚的条件,使得学校在文化营造上突出传统的古朴风韵。

从课程的维度来建设文化,一方面要利用好教材中的相关内容,同时还需要通过特色课程来助力。在传统文化的教育中,只有热爱自己祖国的传统文化,才能激发起作为中华儿女的自豪。文化的熏陶从何而来,没有概念化的口号,但是继承优秀传统文化的血脉却深深根植于校园。

学校的儿童阅读课程,在每一个年段的一级书目中都会安排一本和传统文化相关的共读书目,由语文教师在课堂上指导学生共同品读。同时,每个班级都有班本材料。每天晨诵时间时,语文教师会根据课标、教材,以及班级学生的实际情况来选择经典传统的诗词、文言文等内容,让学生一起诵读。传统文化就是这样融入学生的日常,在不知不觉中渗入学生思维,丰盈他们的语言。

除文学方面,中国的传统文化博大精深,包罗万象。学校要想方设法在课程的推进中,去体现这样的元素,让中国味道浓一点,让学生在传统文化的浸润下真正激发对祖国的热爱之情。在开设社团时也充分考虑了这一点,学校利用教师资源,开设诗词楹联社。对联是日常可见的,但是学生对其中的奥妙却并不明了。在社团导师唐金梅老师的带领下,学生从吟诵入手,经过一段时间的学习,还像模像样地完成了不少作品,刊登在专业杂志上。这样的成就感不断激发学生对传统文化的浓厚兴趣。再如舞蹈社团,不仅让学生感受到古典舞的优美,还把中国舞作为学校国际课程的内容,成为中外文化交流的保留节目,通过这样的方式提高学生对于传统文化的自豪感。还有美术学科开设的中国版画社,从一块普普通通的木板,绘制画稿,上色,再到一刀一刀刻出线条,在时间的流逝中,积淀的不仅是审美、文化的情结,还有文化背后一种工匠精神的奠基。

隐性文化的浸润看似无痕,但展现的是让人为之一震的力量。年轻的校舞蹈队独立创编了一支具有凤凰特色、充满中国传统文化韵味的舞蹈——《彩鸾清音》。凤凰又名五色彩鸾,为华夏传说中的神鸟,喜沐浴阳光,盘旋飞翔。诗云"雏凤清于老凤声",雏凤欲振翅,直冲九霄外,正是小凤凰们浴火成长、清鸣起舞的生动写照。这支舞以诗喻舞,充分挖掘"凤凰"这一具象的深刻含义,小小凤凰大大力量,努力挣扎拼命展翅,这是砥砺超越自我的追求,展翅于历史,涌动于血液,绽放在每一个舞姿,历久而弥新。凤凰理想,凤凰活力,凤凰展翅,舞蹈社团的队员以身体语言表达凤凰学子的追求。

在凤凰小学进行中国传统文化的熏陶,不仅是为了让学生们了解、认识祖国历史文化,还希望学生们能从多维度文化营造的环境中,去经历真实的学习过程,从学习中去感受作为中国人的自豪,同时继承和发扬优秀的传统文化。学校希望将优秀文化的传承融合在课程与活动中,无时不在,无处不在,真正成为校园生活的一部分。

五、主题鲜明的班级文化

班级文化是校园文化的一部分,每一个班级,每一个教室,它的文化是否和学校统一、协调,也直接关系文化育人的效果。班级文化与学校文化之间的关系,相互作用影响。如果班级文化建设能紧扣学校文化的基本要素,两者和谐融洽,就会有利于文化影响力的传播。在班级文化的建设上,凤凰小学有自己独到的思考。

(一)具象提炼,彰显班级精神文化

小学阶段的儿童形象思维强,如果将一些硬性的要求以文字方式呈现,不如赋予一个个生动形象的符号以含义,这样更易于学生的理解接受。学校每个班级都有自己专属的一个具象,这是班主任、学生和家长一起反复商讨决定的。从提炼形成的过程看,就是班级中的每一分子对共同目标的理解认同。当具象确定后,赋予其更为丰富的含义,使其成为班级成员共同的精神象征。

如图 3-2 中这只展翅欲飞的雄鹰,就是 402 班在班级规划中提出的具象——"飞鹰"。鹰的形象上,体现班级发展个性化特点。进入中高年级,班级同学雄心勃勃,雏鹰已然长大,更宽广的天地等待着同学们展翅腾飞,搏击长空。"鹰"的锐气,表达了师生的共同目标。

图 3-2   402 班的班级形象

（二）一图读懂，班级发展规划先行

学校发展有三年规划，一个班级在小学阶段有六年时间，这样算来也有两个发展周期。从进校到中年级，从中年级过渡到高年级，班级建设和学生成长都要经历完全不同的发展过程。给班级做规划，就是让学生有目标意识，在目标驱动下，使行为实践有更为清晰的方向感。

规划是一种抽象、理想的事物，不要说对小学生，就是对成人而言也不是一眼就能看明白的。怎样让每一位师生熟记文字冗长的规划？采用图示法是最直接的。所以，凤凰小学变抽象为直观，采用了"一图读懂"的图谱方式。图谱版本的班级规划，有目标、有途径，用简要的文字准确传递规划的关键词。（如图 3-3 所示）

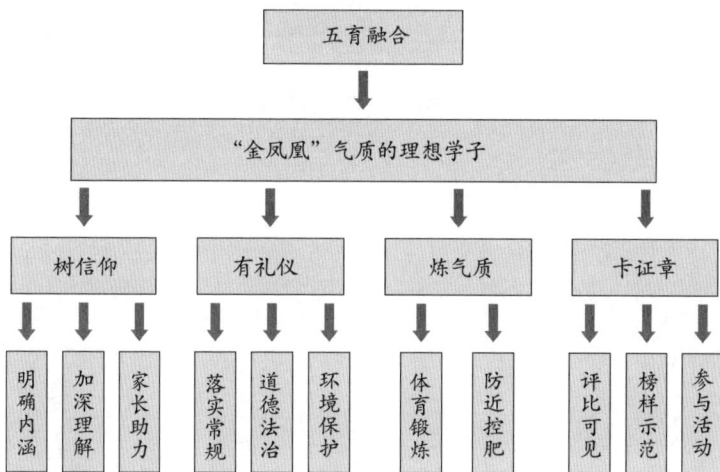

图 3-3　班级规划图

在凤凰小学，每个班都有一张属于自己的规划图谱，是最重要的班级文化，班级管理、文化营造等都是从这张规划图衍生出来的。规划图谱，不是班级环境的一种外在装饰，而是班级发展之路的导图。班级规划，是凤凰小学独特而重要的文化形式，它可见又内隐，为 36 个班级个性而有序地发展提供有力保障。

（三）阅读环境，举足轻重的班级文化

在全校推行儿童阅读课程，课程的实施环境因素不可或缺，最为息息相关的就是班级教室。阅读文化需要课程的顶层设计，但要使其真正能落地，成为浸润心灵的文化，就需要在教室里做文章。

怎样才能让学生读更多的书，读更好的书？在快餐文化盛行的今天，如何让学生感受书本的魅力？最直截了当的方式，就是让学生从阅读中得到快乐。教室里，书架是个特殊的文化元素。班级中的漂流书，是每位学生的心头好。大家年龄相仿、阅读水平差异不大,由漂流书组成班级书架受到学生们的欢迎。

借阅规则的遵守,也是阅读文化的一种。相比较于学校图书室,班级书架的使用频率会更高。根据部分班级不完全统计,每周学生人均在班级书架中借阅 5 次。做个爱书人,班级书架的借阅规则细致入微。例如:阅览前要洗手,书要及时放回原位,发现破损和管理员一起处理;不独占书籍,有序借阅……看上去有点琐碎,甚至"小题大做"的规则,却让"书是神圣的"观念植入学生心底。

阅读既是一种个性化行为,也可以成为人与人之间相互交流的话题。在班级书架文化建立时,共享是一种文化,交流也是一种文化。利用班级书架,创生一种共读文化,让个性化的阅读因为交流空间的产生,而变得更为有趣。

第四章

课程：实现五育融合的基石

　　教育是有目的、有计划地培养人的活动，而要实现立德树人的教育根本任务，课程是基石。正是通过课程，体现党和国家的教育方针、教育目标和教育内容，并成为学校教育教学活动的基本依据。综观世界各国的教育改革，可以清晰地看到，最为汹涌澎湃的就是课程改革。以课程改革为突破口，推动教育思想的更新、教育制度的变革以及教学方法的转型。因此，研究教育改革，就不能不研究课程改革。凤凰小学在实施吸引教育的过程中，也同样把课程建设作为一个重点所在，通过对课程的顶层设计，努力落实五育融合、整体育人。

第一节　设计：立足成长需求的课程规划

课程是实现育人目标的基础。从一定意义上说，学校课程的顶层设计，决定了学校教育的价值指向。因此，凤凰小学依据吸引教育的价值定位，对学校的课程进行了顶层设计。

一、梧桐树课程解读

基于校名与具象设计，凤凰小学将学校的课程命名为梧桐树课程，寓意为吸引凤凰学子前来栖息生长。

（一）课程的含义

在我国，早在唐代就出现了课程一词，唐朝孔颖达为《诗经·小雅》中"奕奕寝庙，君子作之"所做的注疏中就曾说："以教护课程，必君子监之，乃得依法制也。"当然，古人所说的课程跟今天所说的课程有一定的区别。当前，我国教育界普遍认为，从狭义上说，课程是指一门学科；而从广义上说，课程是所有学科的总和，进而认为是学校一切教育活动的总和。

对课程的认识是一个动态发展的过程，经过漫长的课程建设实践而逐步提升。从新中国成立初期学习苏联教育开始，在我国长期实行的集中管理体制的背景下，不少人已经习惯于把课程当成为教学制订的一种"计划"文件。这是在特殊历史条件下产生的一种观念，是典型的"小"课程观。20世纪80年代中期以来的课程改革，已经使得我国课程管理体制从"中央集权"逐步向中央、地方和学校的"三级分权"转变。在这种背景下，国内外课程实践的发展和课程研究的理性认识成果，不断地丰富着教育者的认识，这种认识要求建立起崭新的大课程观。

首先，课程本质上是一种教育进程，课程作为教育进程包含着教学进程，教学的实践就是课程实施的主要形式。其次，在课程结构上，课程应该包含学科课程和活动课程、显性课程和隐性课程。第三，在课程研究的范围中，课程应该包括课程目标、课程结构、课程标准、教学过程、课程资源与教材、课程评价及课程的组织、实施与管理等。第四，在课程资源的物化表现形式方面，课程包括课程原理、课程计划、课程标准、课本教学指南、教师指导、补充材料、多媒体课件等。第五，在实践中，课程具体表现为课程方案、课程计划、课程标准、教材及其和学生相关的一切教育教学活动。课程作为知识的载体，为促进人的发展服务，为人的终身发展打基础。学校对于课程的思考和探索都是在这一大课程观的关照下进行的。将课程置于这一广阔的视角和系统的思考中，也让教育者对于全球视野下的基础教育课程改革有了更近距离的观察和考量。

（二）对课程的不同理解

教育界对"课程观"的理解不一，探索不止。如果用一句话表达自己的课程观，每个人的答案不尽相同。课程即学程。宋代朱熹在《朱子全书·论学》中多次提及课程，如"宽着期限，紧着课程"，"小立课程，大作工夫"等。虽然他对这里的"课程"没有明确界定，但含义是很清楚的，即指功课及其进程。课程即教程。近代，由于班级授课制的施行，赫尔巴特学派"五段教学法"的引入，人们开始关注教学的程序及设计，于是课程的含义从"学程"变成了"教程"。课程即知识。该观点倾向于课程是既定的、先验的、静态的；课程是外在于学习者的，并且是凌驾于学习者之上的。课程即教材。这种观点的代表人物是夸美纽斯，是一种以学科为中心的教育目的观的体现。教材取向以知识体系为基点，认为课程内容就是学生要学习的知识，而知识的载体就是教材。课程即活动。代表人物是杜威，强调以活动为取向的课程，注意课程与社会生活的联系，重视学生在学习中的主动性。课程即经验。代表人物是泰勒，认为教育的基本手段是提供学习经验，而不是向学生展示各种事物。这种观点强调学生是主动参与者，学生是学习活动的主体，学习的质和量决定于学生而不是课程，强调学生与外部环境的相互作用。

教育界对课程的探索和思考从未停歇，每所学校都应做校本化的课程观思考。杭州市凤凰小学有明确的课程观：课程是基于对话的经验。这种对话是多向互动生成的，有学生与知识、教材、编者静态的对话，也有学生与自我、同伴、教师的动态对话；有学生与当下的现实世界的对话，也有学生与将来的未知世界的对话。学校始终坚持让学生站在课程的中央。

（三）对梧桐树课程的理解

课程是一所学校最为稳定的、核心的基石，它是学生素养发展的主载体，亦是教师专业发展的新路径。凤凰小学深化课改的步伐从未停歇，梧桐树课程在不断生长、完善之中。梧桐树课程的主张——课程因学生而生，课程因教师而长，教师因课程而智，学生因课程而慧。立足学生素养发展和教师专业发展的双视角，以课程为载体促进学生和教师有滋有味共成长。梧桐树课程的哲学——坚持吸引教育的课程哲学，像种树一样做教育。关注学生人格健康和谐发展，摒弃"只见森林不见树"的观念，梧桐小镇没有两棵完全一样的梧桐树，每个学生都是独特的鲜活的生命。学校坚持个性化教育的方向，为每一个五彩的生命奠基。

二、梧桐树课程的设计路径

根据教育部《关于全面深化课程改革 落实立德树人根本任务的意见》的指导思想,遵循教育规律和学生成长规律,强化选择性教育思想,加强课程建设,落实立德树人根本任务,促进学生全面而有个性地发展。凤凰小学对梧桐树课程进行顶层思考和系统设计,主要路径如下。

路径一:以课程开发研究院为载体,人人参与共同研发课程

开创一种课程就是开创学校的未来。凤栖梧桐,梧桐树课程于"小凤凰"的成长来说,可谓意义非凡。因此学校于2008年钱江校区落成时便设立课程开发研究院,由专人担任院长,外聘资深专家担当课程顾问,建立和完善研究院运行机制,使其发挥源源不竭的新动能。教师不应仅仅是课程的实施者,每个教师只有深度参与到课程的研发、实施、评价这个完整的闭环中,才能知其然更知其所以然,进而更好地将梧桐树课程根植于课堂,惠泽滋养每个学生。基于以上的思考,学校倡导人人都是课程研究者的理念。教师更新课程理念,树立主人翁意识,积极主动参与课程研发,在课程实施过程中有意识地发现课程的优缺点,强化课程评价的意识,不断完善已有课程。变被动的"教书匠"为主动的"研发者",优化学生"学"的同时也优化教师的"教"。从关注教师的课程执行能力到聚焦师生的学习经历和体验,提升学习力,达到"教学相长"的美好初衷。

路径二:以项目化团队运作为机制,人尽其才不断丰盈课程

每个教师不一定是全才,但在某一方面一定有自己的优势,多元智能理论同样适用于教师的专业发展。我们从"公民生活、阅读生活、运动生活、艺术生活、实践生活和智能生活"六个维度,整体构建有滋有味的校园新生活体系,据此设立六个院:瑞德院、文馨院、体学院、艺学院、博物院、少科院。每个教师根据自己的所长,自由选择相应的课程分院,参与课程的研发。以学校的"悦读探究"课程研发为例,语文老师纷纷加入该项目组,不少英语、科学等其他学科的老师也主动加入,多学科教师异质组合,拓宽了阅读的视野,古今中外,天文地理,每个人都能发挥所长,为该课程的成功研发贡献智慧,很好地体现了全科阅读的理念。项目化的课程团队研究往往呈现短、频、快的特点,组合方式也比较机动灵活。每学年伊始,学校都会立足学校发展的实际,发布若干课程研发的指南,教师可以自主申报,由研发负责人招募组员,用一学年的时间,进行项目研发,最后汇报研究成果,请专家进行可行性论证,有实践价值的课程即可进入下一个实施运行阶段。这样的运行机制已经成为常态。学校自主研发的生涯启蒙课程"逐梦未来"获得了杭州市精品课程,免试生课程"我@钱塘江"入选杭州市精品课程、浙江省精品课程。

路径三：以第三方购买服务为支持，巧妙借力逐步优化课程

学校秉持"让天赋自由"的理念，坚持开放办学的原则，根据实际需求，与第三方合作，引进优质的课程资源，丰厚梧桐课程内涵，提升梧桐课程品质。以"悦读探究"课程为例，运用项目化运作的方式完成了课程开发、课程的教材修订，但是实施后效果如何呢？第二轮应该如何优化？与第三方合作显得很有必要。学校与北京师范大学专家团队合作，借用高校专业的测评工具，对全校学生进行阅读素养专项测评。结果显示，凤凰小学学生的测评综合指数高于北京市同龄学生的常模数据。专家们见证了"悦读探究"课程的实施成效，同时也给予了学校专业的改进建议，为后续课程再实施明晰了方向。又如为了让凤凰之星才艺坊课程再上一个新台阶，学校与专业机构合作，打造了一支凤凰管弦乐队，每周都有专业的教师在既定的时间免费对有兴趣专长的学生进行指导，本校教师协同管理和辅导，让更多学生能够发光发亮。小凤凰们已经成功举办了音乐会，登上了浙江卫视春晚的舞台。短短一两年时间能够出此成效，正是得益于学校课程设计的新路径。

三、梧桐树课程的内容架构

梧桐树课程体系是以"主干＆枝干"共生为方向，进行顶层架构的。如果说基础性课程是主干，那么拓展性课程则为枝干，两者共生共荣，构建了枝繁叶茂的梧桐树课程。

（一）课程背景

独立办学新契机。杭州市凤凰小学坐落于凤凰山麓、钱塘江畔，山水相拥。它创建于 2017 年 8 月，属于杭州师范大学第一附属小学教育集团，最早可以追溯到 1906 年的杭州府官立初等小学堂，悠悠百十年，栉风沐雨，凝聚了深厚的人文和历史底蕴。学校秉持"有滋有味"的办学理念，提出"办一所儿童喜欢的学校，办国际水准的学校，办有鲜明个性化教育特质的学校"的美好愿景；以人格教育为宗旨，倡导"自由、自治、自主"的教育主张，围绕"三自"校园的办学方向，希冀儿童在学校继续愉悦的童年生活，体现童年味道的办学情怀和校园特性。

凤凰学子新内涵。学校遵循中国学生发展核心素养中"社会参与、自主发展、文化修养"的三个方面，以及"社会责任、国家认同、国际理解、人文底蕴、科学精神、审美情趣、身心健康、学会学习、实践创新"的九个维度，顶层思考要培养怎样的凤凰学子的核心使命，落实立德树人的根本任务，紧贴小学生身心特点和学校的实际校情，提出了理想学生形象，概括为"正行、好学、乐玩、善交"八个字育人目标。全面发展，内涵丰富，每字既可独立拆解，又可合词成意。

立德树人新载体。学校根据教育部《关于全面深化课程改革落实立德树人根本

任务的意见》的指导思想,以课程发展研究院为载体,顶层架构凤凰六院课程,即瑞德院、文馨院、体学院、艺学院、博物院、少科院。涵盖现代儿童生活的六个维度:公民生活、阅读生活、运动生活、艺术生活、实践生活和智能生活,整体构建有滋有味的校园新生活体系。

(二)课程目标

其一,创办"好学校"。围绕"师生人格健康和谐发展,为每一个五彩的生命奠基"办学宗旨,构建具有学校特色的凤凰六院课程体系,助力学生健康成长,关注学生个性发展。通过全体教师、学生以及家长的助力,致力于"办国际水准,办学生喜欢,办鲜明的个性化教育特质"的好学校,从而实现学校的育人目标。

其二,培育"好学子"。在吸引教育的课程哲学和学生理想形象的指引下,致力于培养"正行、好学、乐玩、善交"的凤凰学子,让学生有滋有味地成长。

其三,打造"好课堂"。依据浙江省教育厅下发的《关于深化义务教育课程改革的指导意见》和"九大核心素养"的指标,遵循多维度多样化的生活需求,整体构建有滋有味的校园新生活体系。深化课堂实践研究,促进课程整合实施,努力提高信息技术与课程融合能力,转变学习方式,着力打造凤凰好课堂,让学生在浸润式的课程文化中,促进课程实施的有效性。

其四,成就"好教师"。在课程建设与实施的过程中,不断提升教师的专业素养,转变教育观念,坚定献身教育的信念,有滋有味地发展。自觉发扬和传承"在付出中感受快乐,于平凡中创造非凡"的教师精神,做大气、高雅、智慧、健康的凤凰好教师。

(三)课程架构

梧桐树课程以教育部《义务教育课程设置实验方案》《义务教育课程标准》,浙江省教育厅《关于深化义务教育课程改革的指导意见》为依据,根据"九大核心素养"培育的需要,分为基础性课程和拓展性课程,完善了原有的学校课程体系,致力于凤凰理想学生目标达成。(如图4-1所示)

图4-1　杭州市凤凰小学课程图谱

（四）课程结构

梧桐树课程以课表具体化的方式进行统整,通过选择性引进,碎片化整理,校本化开发,适时性整合,以学年课程整体规划,丰富学校课程设置,优化课程结构,在融合中提升课程品质。（如图 4-2 所示）

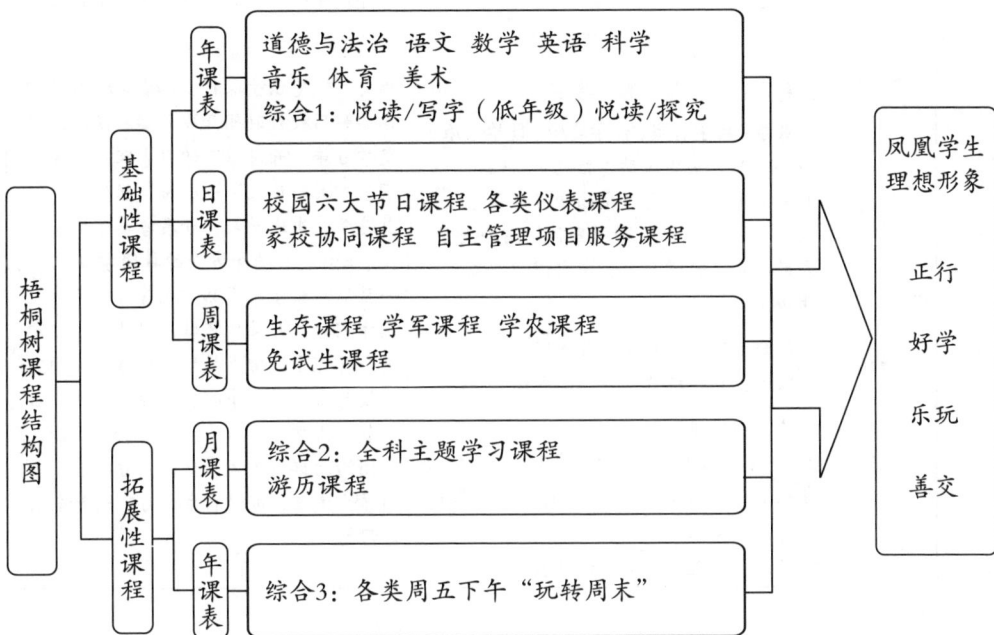

图 4-2　杭州市凤凰小学梧桐树课程结构图

基础类课程是指面向全体学生开设国家规定的统一学习内容,由道德与法治、语文、数学、英语、科学、音乐、体育、美术、综合实践活动等课程组成。同时开设一定数量的校本课程、区域地方课程,如学校六大节日课程,三类仪式课程,体育类的国际象棋、桥牌课程等,艺术类的外教形体课程等,体现上城区地方课程特色的有生存、学军、学农等各为期一周的课程等。

而拓展性课程是指根据学生的核心素养培养目标、年龄特点、个性特长等,将课程按一日、一周、一月和一学年,细化整合为日课表、周课表、月课表和学年课表,由教务处进行统一要求和规划,将碎片化的课程内容进行系统化的整理,明确课程目标、教学内容、组织实施和教学要求,同时突出兴趣性、活动性、层次性和选择性,满足学生的个性化学习需求而设计的课程。（如表 4-1 所示）

表 4-1　杭州市凤凰小学课程内容

六院课程	基础性课程	拓展性课程
瑞德院	1. 道德与法治 2. 地方与校本：启志课程群、校园六节；生存课程一周（四年级）、学军课程一周（五年级）	家校协同课程，自主管理项目服务课程，武威军事社、雅言礼仪社、雄辩律师社、孝悌儒学社、正义检庭社等6个社团
文馨院	1. 语文、英语 2. 校本：悦绘与悦探、书法	相关年级免试生课程，各类科技活动，各类利用校外时间开展的实践活动、探究学习等，开设以下学习内容：1. 周五下午"玩转体艺"一小时，通过全员网上选课，走班学习，开展各类艺体、科技、文学、数理等方面的社团学习。2. 周一至周四放学后高品质托管——凤凰之星才艺坊，开展体艺类、科技类、文学类、资优生益智类等校队训练。3. 构建学校想象力学习中心、专注力学习中心和创造力学习中心，通过相应的课程群、社团活动群等方式，体现课程融合，着力学生成长，驱动自主学习，培养未来学习力
少科院	1. 数学（数学游戏、数学实验、数学思维）、科学、综合实践活动（信息） 2. 地方与校本：全科主题学习课程（三至六年级以一个月为学程开展16个自选式的项目主题学习），学农课程一周（六年级）	
博物院	1. 综合实践、美术（部分内容） 2. 校本：馆学课程一周（三年级）	
体学院	1. 体育与健康 2. 校本：国际象棋(一至二年级)、桥牌(五年级)、三球（足球2、排球3、篮球4）	
艺学院	1. 音乐、美术 2. 校本：一至三年级形体外教课程	

第二节　并重：基于两类课程的校本架构

基础性课程和拓展性课程两者缺一不可，相互促进，协同发展。基础性课程是主干，向下扎根，汲取营养，打好根基；拓展性课程是枝干，向上生长，蓬勃发展。

一、基础性课程的校本改造

基础性课程是指为学生继续学习提供基础知识与基本理论，培养学生基本能力与基本素质而设计安排的一组系列课程。基础性课程往往体现国家意志，是每个学生必修的课程，也是每所学校必须保质保量落实好的课程，使学生获得基本素养，为每个学生的终身发展奠定基础。凤凰小学力求夯实基础性课程，立足学科性，凸显通识化。

（一）基本思路：开足开齐开好基础性必修课

首先，开足基础性课程，凸显课程内涵的丰富性。教材是课堂实施的蓝本，但不能唯教材，要活用教材，有意识地对教材进行挖掘和再造，与学生生活相联结，以真实问题为指向，学用结合，适当迁移，让书本的学习变得有趣、有用。充分挖掘课程背后的育人功能和价值，拉近与学生的距离，让基础性课程因为校本化的课程再造而变得更加丰富和生动。

其次，开齐基础性课程，凸显课程门类的全面性。道德与法治、语文、数学、英语、科学、音乐、体育与保健、美术、信息技术、综合实践等各学科各门类的基础性课程开齐，并严格按照国家相关规定贯彻执行。坚持"全人教育"理念，通过小学阶段基础性课程的实施为学生全面发展奠定基础。

再次，开好基础性课程，凸显课程实施的有效性。"橘生淮南则为橘，橘生淮北则为枳"，此理同样适用于基础性课程的校本化实施。"拿来主义"不一定适用于所有地区和学校，要根据不同地区、不同学校、不同学生的需求，确立适应时代需要的课程目标，开发与之相适应的课程资源，形成相对稳定而又灵活的实施机制，不断地自我调节，更新发展。基础性课程的实施以国家教材、学校校情和班级学情为基础，把握好"变"与"不变"的关系，巧妙适恰地进行校本化的课程改造和优化，让基础性课程根植于课堂，生根发芽，茁壮成长。

（二）主要策略：因校制宜 巧做加法

基础性课程不简单等同于国家课程，虽然大部分是国家课程，但绝不仅仅是语数英科音体美，还应因校制宜，积极开发地方课程和校本课程，巧做加法。下面就以凤凰小学的"语文 +""数学 4+1"和"体育 1+N"为例，予以介绍。

1. 语文 +

基于"大语文"的视角，从一篇课文的阅读跨越到一本书的阅读，变浅尝辄止的碎片化阅读为深度浸润式的系统化阅读。凤凰小学通过压缩时间，在上好语文教材内容的前提下，每周挤出一节课的时间，实施阅读探究课程，探索"跨越整本书的阅读学习"。学校成立"悦读"探究专项小组，博观约取，拟定书目，精选了 90 多本书作为悦读探究课程的一级书目。这份书目涵盖了传统文化、中国文学、外国文学、科普、数学和其他几大类，覆盖面很广。一级书目中的每种书在学校图书室都配有40 余本，组成标准移动书箱，供班级教学时循环使用。理念为先，编写《悦读探究》学本，制订了四个板块。第一学段：导读 get 新知识，赏读 get 新感悟，探读 get 新方法，回读 get 新价值。第二、三学段：自读 get 新知识，品读 get 新感悟，深读 get 新方法，广读 get 新价值。注重阅读前的导读、阅读中的指导和阅读后的分享，展开阅读全过程的学习。

2. 数学 4+1

学数学,育思维。为了让学生越学越聪明,学校分三个年段,分设难度梯度,研发"数学游戏、数学实验、数学思维"校本课程。每周 5 节数学课,4 节上教材里的内容,还有 1 节上校本教材。低段是数学游戏;中段是数学实验;高段是数学思维。指向学生高阶思维培育,注重学科知识的迁移与运用。

3. 体育 1+N

无数的教育实践已经验证了运动对学生成长的重要性。凤凰小学基于办国际水准学校的办学目标,开设一门体育健康课程,N 门基于国际化视角的课程,三球(足球、排球、篮球)三棋(围棋、国际象棋、桥牌)。通过丰富多样的体育课程,践行"大健康"的理念。

(三)案例:能动能静 有滋有味

运动让学生的身体更健康,阅读让学生的精神更丰盈。学校深入开展"运动"和"阅读"活动,每节课减少 5 分钟,用于让孩子们运动,一天保证有 2 小时运动时间。

1. 无阅读不凤凰,让孩子"静"下来,指尖上留有书香的味道

凤凰小学作为浙江省树人阅读研究院的阅读示范基地,把阅读当作一件全校积极参与的大事,通过各种措施,不断强化"阅读执行力"。

阅读环境如何打造?借助智能借阅机,孩子们刷脸就能直接借阅,每本书的借阅次数一目了然;每年 10 月,为期一个月的读书节开始了,阅读分享,阅读实践,最后还有阅读推荐;每年坚持发布"凤凰童书榜"。"图书馆的书,不是用来展览的,是用来看的。""在开学典礼时,很多道具,用的都是旧的,学校把这些钱省下来给孩子们买书,为孩子们购书!"学校是这样说的,更是这样做的。除了导读、赏析、深度解读外,学生还能通过汇报、展示的方式来表达"阅读"。学校的下沉式广场,是校园中的剧院。由学生担当设计师,孩子们随时可以把阅读的内容搬上剧场,通过话剧表演来体会人物性格、情节发展、情绪变化、价值理念,让阅读变成了一种可以展现到脑海里、深入到肢体里,并向大家传递的美。

阅读习惯如何养成?正所谓身教重于言教。吃好午饭,所有师生开始进行为时 30 分钟的持续默读。整个校园,处于 0 级音量。在音量分级的导引下,孩子们都能做到不影响他人,共同创造良好的环境。

探索阅读,研究阅读,有阅读理念构建的阅读体系,更有机制的支撑,凤凰小学把阅读落在了实处。

2. 无体育不凤凰,让孩子"动"起来,鼻尖上散发太阳的气息

体育总局、教育部联合发布的《关于深化体教融合 促进青少年健康发展的意见》提出,"帮助学生在体育锻炼中享受乐趣、增强体质、健全人格、锤炼意志"。凤凰

小学是华东师范大学五育融合研究中心全国首批实践联盟校，国家级五育融合创新实验室实践基地。利用好这个"窗口"，学校倡导体教融合，以体树人，构建凤凰大健康课程群。加强新时代育人方式变革的研究，以评价、协同、生态等视角完善五育融合机制，确立以体树人的目标，以体育融五育，形成具有校本特色的五育融合教育。

创新课程思路。以一育融五育，体育成就五育。开设体育节（运动会），通过项目化学习让学生参与运动会、承办运动会，当记者，写报道，做服务，定规则，清场地……促进学生综合素养的发展。注重体育课与劳动、艺术、德育的融合实施，最大限度地突出学生"毅"商发展。

定位课程目标。以新体育为抓手，促进五育融合带动整体办学方向的改革，从而实现以体树人的价值追求，形成中小幼一体化的体育学习助力方式，用新体育实现个性化办学。践行校园运动新生活，彰显"健康第一"的主张，实现"野蛮其体魄"育人为本的理念，形成健康运动生活的人生观。以信息化支撑体育评价改革，激发学生体育兴趣，从而实现体育 N+1 的育人目标，提升体育核心素养的发展。完善学校的课程体系，进一步优化体育课程群的校本化实践。

丰富课程内涵。"凤凰新体育"工程践行"把体育带回家"的教学主张（如图 4-3 所示），将"新体育"设计为威、全、融三个维度（如图 4-4 所示）。

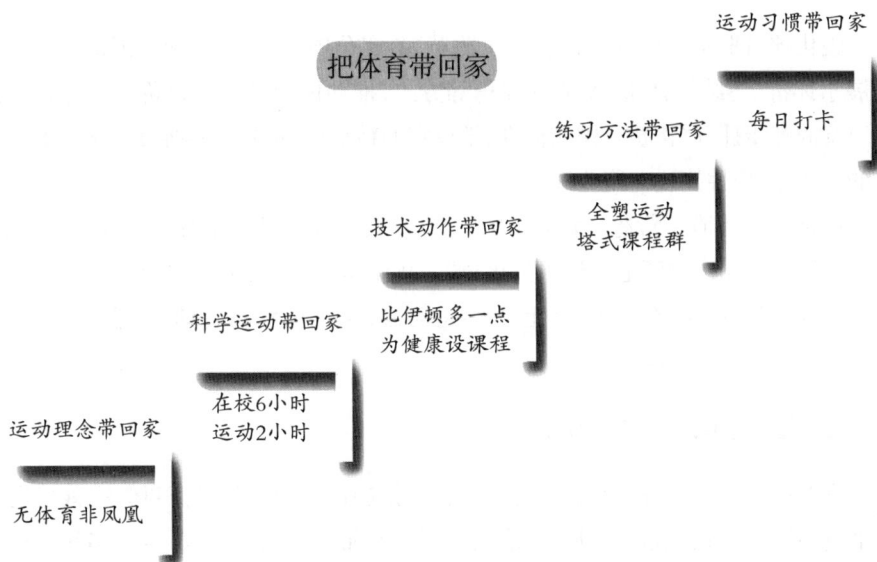

图 4-3　凤凰新体育主张

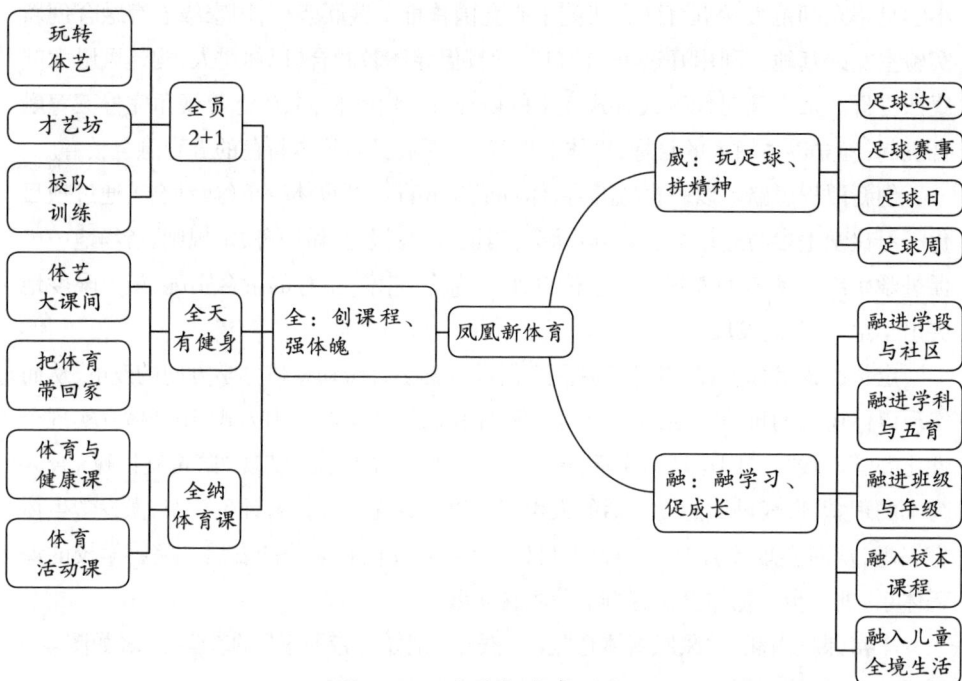

图 4-4　凤凰新体育课程

　　强化评价驱动。建立新体育评价改革,落实分项等级评价,通过形成性评价、过程展示评价、终结性评价、增值性评价等方式,推动体育学科的评价改革先行先试。国家统的齐步评,严格执行国测标准;学校定的精准评,选好内容维度定出标准;学生选的描述评,质性描述并附佐证。

　　优化课程环境。营造体教融合的文化,从硬件和软件两个维度展开。硬环境优化主要指校园文化的营造和班级文化布置,凸显体教融合特色。软环境细分为教师、家庭、社区邻里:教师有意识,有能力,会运动;家校有主张,有行动,爱运动;社区邻里有文化,有温度,重健康。

二、拓展性课程的校本开发

　　贯彻浙江省教育厅《关于建设义务教育拓展性课程的指导意见》,完善建设、有序推进拓展性课程,从普适性、专题性到个性化,形成系列,满足学生的多元选择,突显个性化,实施扬长教育,践行让天赋自由的理念。

　　(一)普适性的拓展性课程建设

　　每周五下午的玩转周末时间,全校学生自由选课,走班学习,全员参与。在学校六院课程:瑞德院、文馨院、体学院、博物院、少科院、艺学院下,分设 20 余个社团供学生选择。零门槛，乐参与，混龄式，教师变身大玩友，在轻松愉悦的氛围中，培养兴趣，发展爱好，玩转周末，校园里洋溢着浓浓的儿童味。（如表 4-2 所示）

表 4-2　凤凰六院群落式社团

院名	社团	院名	社团
凤凰瑞德院	益智侦探社	凤凰博物院	正诚铁道社
	雅言礼仪社	凤凰少科院	慧脑 SIWEI 社
	孝悌儒学社		创智科技社
凤凰文馨院	"古韵诗香"悦读社		正递气象社
	云舒童诗社		潮人数字社
	正心外交社		SOFT 微软社
	正行演讲社		百变实验社
	澎博通讯社	凤凰艺学院	润心朗声园
	古文品读社		丹青小画社
凤凰体学院	健身球类社		养正书法社
	健心桥牌社		星光影视社
	匠心创工坊		星云舞剧社

（二）专题性的拓展性课程建设

3—6 年级每周二开展全科主题学习，践行"一月在研究"的课程理念，拟定《一月在研究：全科主题学习课程纲要》。确立缤纷四季、生活窍门、绿色出行、微观世界4 个课程专题，每个专题之下又细分为 4 个探究主题，例如"缤纷四季"包括：春之花语、夏之江潮、秋之叶脉、冬之冰凌。共计 16 个主题（如图 4-5 所示）。每个年级的学段特点与时令季节、学生能力相匹配。明确每个主题的学习目标，给出活动建议，细分评价星级。成立项目组编制学本，便于学生开展合作探究式的项目化学习。学生可以自主选择探究主题、合作伙伴、合作方式等。凸显全科整合，指向素养提升。以全科主题学习课程群为载体，感受探究的乐趣，同时发展儿童的社会情感技能。

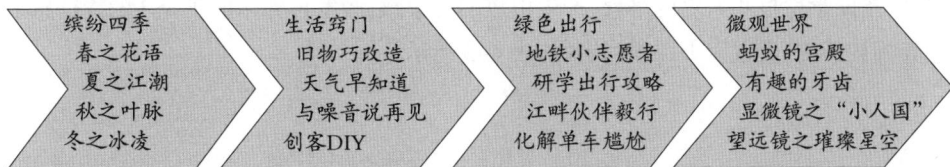

缤纷四季	生活窍门	绿色出行	微观世界
春之花语	旧物巧改造	地铁小志愿者	蚂蚁的宫殿
夏之江潮	天气早知道	研学出行攻略	有趣的牙齿
秋之叶脉	与噪音说再见	江畔伙伴毅行	显微镜之"小人国"
冬之冰凌	创客DIY	化解单车尴尬	望远镜之璀璨星空

图 4-5　全科主题学习课程分类

（三）个性化的拓展性课程建设

每个学生都是独一无二的鲜活生命，学校坚持个性化为学的特色发展方向，以个性化的拓展性课程设置为学生发展助力。

1. 才艺坊课程

为促学生个性扬长发展，学校成立凤凰之星才艺坊，分设诗词楹联坊、创意科技坊、舞墨书香书法社、小手大艺通创坊、棋乐无穷围象社、风火流星排球社等10余个才艺坊。1—6年级的学生根据自己的兴趣选择参加，与兴趣相投的伙伴在一起，不觉辛苦，沉浸其中。才艺坊课程实施的时间在放学后，也解决了部分接送困难家庭的燃眉之急。这种志趣式的组合，使学生的多样需求得到满足，赋予时间以品质，校园生活因此变得有滋有味。

2. 免试生课程

如何更好地实施分层教学？三年级的全科免试生在学期的最后一周可以单独成班，集结品学兼优、全面发展的免试生，建立全新的学习伙伴共同体，体验别样的"山水相拥"免试生课程群。本着"学科整合、能力升级、主题探究、好玩益智"的原则，根据本年段儿童的身心特点，挖掘学校背倚的凤凰山和紧邻的钱塘江文化内涵，开发课程，研制学本，上下两个学期分别就"我@钱塘江"和"我@凤凰山"，整合所学知识，运用所学的能力，开展有滋有味的探究之旅。

"我@钱塘江"课程目标如下：通过联结生活，观看视频等方式，了解母亲河"钱塘江"和交通要道"钱江桥"与杭州人生活密不可分的关系；邀请非遗人士进课堂，讲述钱江桥曾经的故事，感受钱江大桥所承载的深厚历史底蕴，和平年代，不忘历史，享太平盛世，存忧患意识。通过小组合作，搭一搭钱江大桥的造型，3D打印创意钱江桥，了解桥的基本结构和力学原理；利用实物演示、沙盘推演方式，探究钱江潮形成的原因，培养合作探究意识和动手实验能力，感受大自然的神奇和壮美，对大自然常怀好奇之心和敬畏之心。联系学过的课文和相关古诗词、俗语，适度拓展，积累与钱塘江有关的诗词歌赋，丰厚语言的积淀；运用学过的行程和速度问题，估算每天从大桥上过往的车辆，深切地感受钱江桥给江两岸人们的生活带来的便利；通过画一画、唱一唱、跳一跳、看一看、探一探等丰富的课程内容、有趣的课程形式与钱塘江进行亲密接触，指向学生核心素养的培育，产生由衷的自豪感，激发自觉保护钱塘江的责任感。与目标相匹配，设置以下课程内容（如表4-3所示）：

表 4-3 《我 @钱塘江》课程架构

探究主题	探究板块	探究专题	探究内容	探究形式	课时
我@钱塘江	我@钱江桥	有滋有味拼一拼	拼一拼 钱江桥的不同造型	动手操作	2
		有滋有味印一印	印一印 钱江桥的 3D 模型	科技运用	2
		有滋有味坐一坐	坐一坐 钱江桥的大巴专线	观光体验	2
	听"桥"的故事	有滋有味听一听	听一听 钱江桥的故事	静心聆听	1
	算"桥"的数学	有滋有味算一算	算一算 钱江桥的数学题	数学拓展	2
	我@钱江潮	有滋有味诵一诵	诵一诵 钱江潮的诗词楹联	文学赏析	2
		有滋有味寻一寻	寻一寻 钱江校区的潮文化	实地走访	2
		有滋有味探一探	探一探 钱江潮的形成原因	资料搜索	2
	"潮人"舞蹈	有滋有味跳一跳	跳一跳 跟着潮人学探戈	音乐律动	1
	"潮人"书画	有滋有味画一画	画一画 跟着潮人画国画	书画初探	1
	我@钱江潮与桥	有滋有味秀一秀	秀一秀 钱塘江的"潮"与"桥"	合作展示	3

　　"我 @凤凰山"课程目标如下：通过文献搜索、实地走访等途径重温梁祝传奇故事、凤凰山神话故事和催人奋进的抗辽历史故事，探寻南宋书院文化、繁华的大宋文化，感受凤凰山悠久历史和文化底蕴。通过毅行定位凤凰山独特的地理坐标，走进亭台楼阁、南宋遗址、万松书院，揽山河之胜景的万千气象，享百年古都的皇家气派，感叹家乡山河之壮美，潜移默化地在凤凰学子身上烙下"高贵优雅、坚毅不屈、自新向上"的凤凰印象，进而变成凤凰师生共同的气质和追求。与目标相匹配，设置以下课程内容（如表 4-4 所示）：

表 4-4 《我 @凤凰山》课程架构

探究主题	探究板块	探究专题	探究内容	探究形式	课时
我 @ 凤 凰 山	"凤凰"印象	有滋有味比一比	比一比 凤凰山的与众不同	搜索比较	2
		有滋有味吟一吟	吟一吟 凤凰山的诗词歌赋	语文拓展	2
		有滋有味绘一绘	绘一绘 凤凰山的毅行线路	动手绘制	2
	品"山"的楹联	有滋有味品一品	品一品 凤凰山的楹联	文学赏析	1
	听"山"的故事	有滋有味听一听	听一听 凤凰山的故事	静心聆听	1
	"凤凰"毅行	有滋有味识一识	识一识 凤凰山的地貌植被	科学拓展	2
		有滋有味寻一寻	寻一寻 凤凰山的亭台楼阁	实地走访	2
		有滋有味拍一拍	拍一拍 凤凰山的南宋遗址	历史追溯	2
		有滋有味逛一逛	逛一逛 凤凰山的万松书院	重温经典	1
	"凤凰"于飞	有滋有味跳一跳	跳一跳 跟着舞者享律动	音乐律动	1
	文人墨客	有滋有味画一画	画一画 跟着文人画国画	书画初探	2
	"凤凰"烙印	有滋有味晒一晒	晒一晒 凤凰山的新印象	合作展示	3

3. 资优生课程

针对 5—6 年级学有余力的学生,学校专设资优生课程,由缪华良校长亲自授课。基于中小衔接的视角、素养立意的定位、学习力升级意图,精心研制课程,采用线上线下混融式学习。任务驱动,成果导向,资优生班的学生第一课就明确课程目标之一:写自己人生的第一本书。亲历自由选题、罗列提纲、导师引领、中期汇报、校稿修改、印刷"出版"的全过程。持续一年的长任务,考验的是学生学习的主动性、创造性、坚毅性。所幸每个学生都成功"出版"了自己的第一本书,少则两万多字,多则五万余字。孩子们的著作,让各界人士啧啧称奇。(如图 4-6 所示)

图 4-6 校资优生班的学生书稿

三、两类课程的融通整合

学校根据浙江省教育厅的统一规定，设置了基础性课程和拓展性课程，但这两类课程并不是相互孤立存在的，而是互相融通，形成一个完整的课程体系。

（一）两类课程内容的适度衔接

基础性课程和拓展性课程是学校梧桐树课程体系不可分割的重要组成部分，基础性课程犹如主干，而拓展性课程则是枝丫，注意两者的适度衔接。

1. 找到联结点，让学生寻得到路径

梧桐树上的每个分枝处即两者的连接点。要长成参天大树，首先要让主干变得粗壮有力，在适宜的高度适当地伸展枝丫，因此拓展性课程建设要先做加法，再做减法，不断修正，臻于完善。义务教育阶段，基础性课程习得必备素养和基本能力，拓展性课程更多地从体艺方面进行适度拓展，旨在培养学生兴趣，从小受到高雅艺术、阳光运动、益智游戏的熏陶感染。比如凤凰艺学院的"星云舞剧社"在音乐课的基础上进行再发展，肢体表演、题词诵读、道具制作、沟通合作等与美术、舞蹈、语文等学科密切相关。唯有主干源源不断地输送不同的养分，梧桐树才能枝繁叶茂！

2. 实现生长点，让学生摘得到苹果

拓展性课程的目标定位应基于基础性课程又高于基础性课程，让学生跳一跳能摘到金苹果，即实现生长点。学生在自主选择的拓展性课程中，让天赋自由发挥，拥有峰值体验尤为重要。以管弦乐队为例，学生从对小提琴、大提琴、黑管……笨拙地单调地吹，到驾轻就熟，再到组成乐队，成功举办"天之雅作"音乐会，登上浙江卫视的春晚舞台，已经在基础性音乐课的目标能力层级、审美鉴赏素养上大大提升。

（二）两类课程实施方式的互补

基础性课程是以国家既定的教材为主，而拓展性课程可以根据校情和班情因地制宜，合理优化，在实施方式上赋予教师和学生更大的空间。

1. 从课堂走向课外，重迁移运用

学以致用，迁移运用，让两类课程的实施有效互补，相得益彰。如将劳动实践与创意 STEM 相整合，如何节约水资源，将精准科学灌溉的想法变成现实。一位导师带着一群喜欢编程的孩子，研究数月，实现学校悦耕园的滴灌技术，从课堂走向课外，创新创造，让生活更美好。

2. 从书本走向生活，重实践体验

知行合一，沟通合作能力是基础性课程培养的基本能力，例如语文的口语交际，如何与对方说话，用礼貌用语，当对方不同意的时候怎么办？课堂上同学都会讲道理，但在现实的复杂情境里，方能看出学生真实的沟通能力。因此学校在全科主题学习中设置了"我是小小地铁志愿者"主题活动，让学生主动与陌生的乘客进行沟通交流，劝导其文明乘车，为有需要的乘客解决困难。这既是做公益，又是真体验，从书本学习走向社会生活。

（三）两类课程管理的精心安排

一是用心研制好"课程表"。以课表的具体化方式进行统整，细分为年课表、月课表、周课表、日课表，用课表保障课程落地。

年课表：列入面向全体学生开设的国家规定的统一学习内容的基础类课程，如道德与法治、语文、数学、英语、科学、音乐、体育、美术、综合实践活动等课程，以及体育类的国际象棋、桥牌，艺术类的外教形体课程等拓展类课程。开足课程——时间上保证，开齐课程——科目上保证，开好课程——实施上保证。

月课表：体现学校校本特色的一年级启蒙课程、四年级启志课程、六年级启航课程，三类仪式课程均为期一个月，《启蒙·启志·启程：小学生关键发展期成长课程研究》通过月课表来保障，课程纲要、实施方案、小队活动记录单、展示评价都比较完善，且在 2018 杭州市课程专项中成功立项。利用一个月的课程实施完成幼升小、小升初的适应、敏感期的转变、毕业季的过渡。

周课表：体现上城区地方课程特色课程，四个周分别为三年级馆学周、四年级生存周、五年级学军周、六年级学农周。为学生量身定制周课表，确保课程的有效落地，包车将学生带至专门体验基地，有专业人员授课，感受独立自主的集体生活。到了具体的这四周，相应年级的学生将收到周课表，规划好这一周的学习内容。

日课表：开设一定数量的校本课程，梧桐小镇的六大节日课程。即童棋节、童书节、童健节、童艺节、童贸节、童创节，深受学生欢迎。当天按照日课程表实施，学生自己出谋划策，自己设计门票，自导自演，享受自由、自主、自治的校园新生活。

二是精心设计好"作息表"。看似普通的作息表也可以再优化，根据儿童身心特点、年段特点，在课节的时长、长短课设置、分年段作息表等方面实施创新举措。

在课节的时长上，变 40 分钟一节课为 35 分钟，向 35 分钟要质量。课程学习的质量不在于老师讲课的时间，而在于学生听的效率，如果教师能在课上提高学生的参与度，缩短上课时间，提高孩子学习的专注力，肯定对孩子的学习更有益处。此外，还在原有课程安排上，另加了 3 节体育活动课和 1 节全科阅读。这 3 节体育活动课与原来教学大纲内每周 3 节的体育课不同，是以学生的自由活动为主，在老师指导下，学生可以自由选择羽毛球、篮球、足球、排球等等自己喜欢的体育运动。

长短课时授课：打破一刀切的课时切割做法，根据课程内容进行合理的课时设置，将课时调整为 35（1—2 年级）、40、60、70（4—6 年级上午第二三两节连排）分钟的短课、常态课和长课。周五下午采用 60 分钟的大课开展体艺特长类的走班拓展性课程。长短课时灵活实施，让学生潜心学习、自由探究。

分年段作息表是指，凤凰小学分 1—2 年级的秋涛低段部和 3—6 年级的钱江中高段部，不同学段学生的作息规律不尽相同，因此分设不同年段的作息表。错时上下学等人性化设计让校园变得有序而和谐。

第三节　跨界：基于未来视野的新型课程

开创一种课程就是开创学校的未来。基于儿童视角，立足素养发展，着眼未来视野，为学生量身定制三类新型课程，即"4K4H6M 凤凰新读写课程群""凤凰之声全境表达课程群""凤凰新体育塔式结构课程群"。

一、指向学科融合的新型课程——4K4H6M 凤凰新读写课程群

阅读是输入，写作是输出，读写立人，阅读与写作对一个人成长起着至关重要的作用，阅读与写作并进是培养学生语文素养的重要途径。基于这样的认识，杭州市凤凰小学着眼于学生读写素养发展，根据阅读和写作的内在联系，联结学生生活，在原有的悦读探究课程的基础上，深化完善，架构 4K4H6M 凤凰新读写课程群。让"读"与"写"成为学生生活的常态，也成为校园里最美的生态。（如图 4-7 所示）

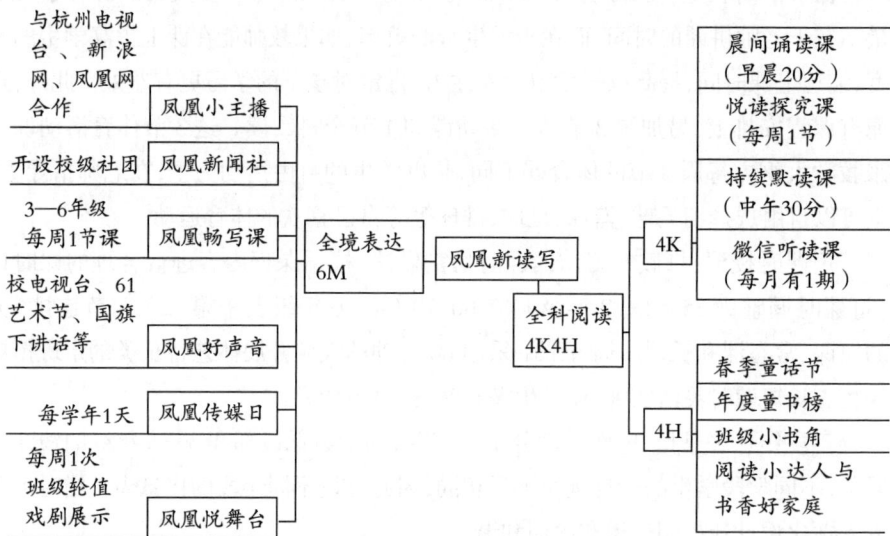

图 4-7 4K4H6M凤凰新读写课程群架构

（一）4K——四类课程的全科阅读学习

"晨间诵读课"：每天早晨20分钟，日积月累获得个人良好习惯和语言涵养。课程内容主要有自主选定的儿歌、诗词、韵语、小古文、名家名篇等，采用教师带读、早读员领读、学生自由诵背等多种形式，诵读开启学生美好的一天。

"悦读探究课"：以班级读书会驱动整本书的深度阅读，每星期开设一节悦读探究课，使用《凤凰新读写学本》，由教师走班进行教学。通过低段的绘本悦读课和中高段的作品导读课、赏析交流课、展示汇报课，推进从单篇文章的阅读到整本书的阅读，从教材拓展的阅读到开放性的阅读，从学生的浅阅读到有指导的深度阅读。

"持续默读课"：在周一至周五每天的午餐后安排30分钟时间，让学生安静、自主地阅读图书。

"微信听读课"：学校的微信公众号开设每月一期的"听我悦读"栏目，让阅读交流和分享活动通过新媒体变得更加便捷。

（二）4H——四种活动的阅读体验学习

春季童话节、年度童书榜、班级小书角和书香好家庭是凤凰小学为学生搭建的四大阅读活动。每年4月为童话节，老师们以学生喜爱的"童话"为内容，每学年确定不同的主题，精心设计贯穿整个月的系列活动。年度童书榜，是以儿童视角选书，促进分享与交流，每年元旦前夕，予以正式公布。班级小书角，让学校里的阅读环境更具浓浓书香味，各班级在教室内建设阅读角，进行好书推荐和阅读成果展示；在走廊上建设阅读区、图书漂流屋，提供各种图书供学生自主选择，构成更多的阅读区间，从而形成一种分享、交互的校园阅读文化。阅读小达人与书香好家庭，促使个体阅读和亲子阅读同时在线，把自主阅读、亲子共读贯穿整个小学阶段，通过评比引导亲子共读，共同制订阅读书单、设计阅读卡、制作阅读成长袋、布置家庭阅读区等活动的开展，助力学生良好阅读习惯的养成，提升阅读品味，营造学校、家庭立体的阅读氛围。

（三）6M——六大模块的全境表达学习

学校与杭州电视台、新浪网、凤凰网合作，开设"凤凰小主播"特色课程。如在"小镇赶集"活动中，小主播们就借助学校搭建的网络平台，为家乡产品做代言。面对镜头，小主播们落落大方，个个都是带货王。学校设置"凤凰新闻社"，为志向当记者的同学提供发展空间，引导他们在学习表达方法的同时，留心身边的事物，积极发表自己的观点，传递正能量。此外，学校还有"凤凰畅写课""凤凰好声音""凤凰传媒日""凤凰悦舞台"等特设课程。学校以《凤凰新读写学本·表达篇》为学习内容，采用线上"微课"的学习和线下表达实践相结合的方式开展。线上学习相同主题的表达方法，线下老师针对学生的实际情况展开指导，落实学习内容。课程将表达和阅读相关联，阅读为表达打开视角，指引学生将阅读与生活相联结。

凤凰小学以学生读写素养发展为先，通过"4K4H"全科阅读课程和"6M"全境表达课程，促进每一位学生读写素养的提升，相信必会对学生的成长产生深远的影响。

二、指向全境融合的新型课程——凤凰之声全境表达课程群

凤凰之声全境表达课程群，由基础类表达课程、提升类表达课程、拓展类表达课程构成，为学生搭建全方位、全程贯穿于学生学习生活的表达平台，指向学生表达能力培养，树立学生自信表达的精神风貌。

（一）基础类表达课程

基础类表达课程面向全体学生，人人都能参加，都能有表达自己的机会。如每周一以班级为单位轮流参与展示的升旗仪式，一周一次的凤凰光荣小旗手演讲，每学期进行各级各类队干部竞选，每学期进行的全员演讲比赛等，都是每个学生齐参与的基础类表达课程。

（二）提升类表达课程

在基础类表达课程基础上，为学生设置提升类表达课程，部分有较强表达意愿的学生，可以通过竞技选拔的方式参与到表达活动中。如凤凰之声小小播音员，每周三次为全校师生播送各种信息；金凤凰礼仪员，在大型活动、嘉宾来访时展示校园风貌；澎博通讯社，每周五下午进行学习培训，对学校活动进行采访介绍。这些课程都是为学有余力的学生搭建的表达平台。

（三）拓展类表达课程

拓展类表达课程，是结合区域层面和外界社会媒体活动，为学生提供更高大上的表达平台。如小小地铁形象代言人选拔、西湖之声名家名篇朗诵会选拔、中国蓝小记者选拔等活动，都给学生提供了表达平台，学生通过这样的大场面锻炼，表达能力有了较大提升，呈现出自信的表达风貌。

表达是将思考所得的成果用语言、语音、语调、表情、动作等方式反映出来的一种行为。它是观察、记忆、思维、创造和阅读的综合运用，是各种学习能力、智力的集中反映。让学生学会表达，学会有逻辑、有条理地表达，学会自信大方地表达，有利于他们的未来发展。凤凰之声全境表达课程群填补了学生表达课程的空白，人人敢于发声，人人自信发声，从自信表达角度塑造金凤凰学子的风貌，提升金凤凰学子气质，塑风貌，育全人。

三、指向五育融合的新型课程——凤凰新体育塔式结构课程群

所谓金字塔培养模式，也称为三级训练法，即按照由低到高的方式，对培养对象进行训练，从而挑选出最为优秀的人员。凤凰小学的凤凰新体育塔式结构课程群分四个等级设置，分别为 A 类基础性课程、B 类全员拓展课程、C 类专长学生拓展课程、D 类个别化课程。（如图 4-8 所示）

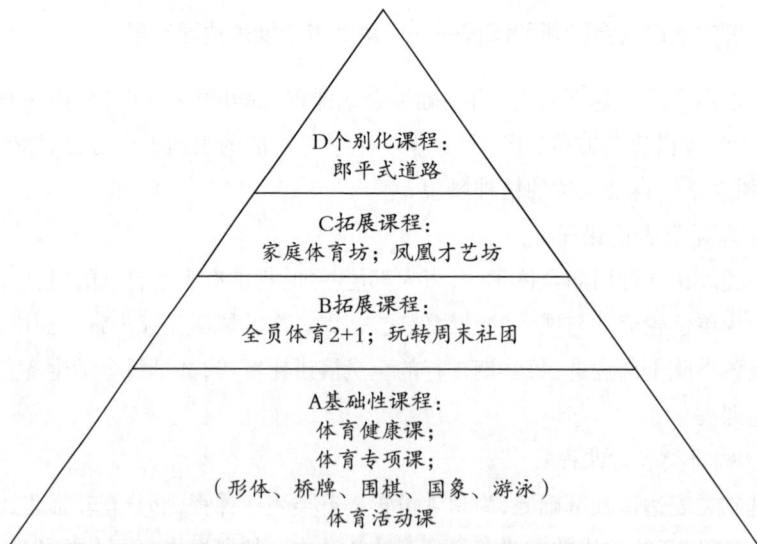

图 4-8　凤凰新体育塔式结构课程群

（一）A 类基础性课程

面向全体学生，设置体育健康课和体育专项课。体育健康课即纳入课表的国家体育课程，通过运动技能学习，增进学生身体健康，提高学生对身体和健康的认识，掌握有关身体健康的知识和科学健身方法，提高自我保健意识，坚持锻炼习惯，增强体能，养成健康的生活方式。体育专项课分为国际象棋课（一年级）、围棋课（二年级）、形体课（三年级）、桥牌课（四年级）、游泳课（四年级）、球类活动课（五六年级）等，这些课程具有年龄技能指向性，因此面向不同年级设置，让学生在保证国家课程健康体育锻炼之余，掌握更多竞技类体育生活技能。

（二）B 类全员拓展课程

面向全体学生，设置有全员体育 2+1 和玩转周末社团。全员体育 2+1 是指学生要在体育课程中习得的基础体育技能加一项运动专长，由体育老师在国家课程规定的体育课上教授。玩转周末社团则是指每周五下午一小时的趣味社团，孩子们可以根据自己的兴趣爱好选择报名参加。

（三）C 类专长学生拓展课程

面向部分培优学生，设置有家庭体育坊和凤凰之星才艺坊。这类培优学生是在体育 2+1 和玩转周末社团基础上发展起来的，他们在兴趣爱好之余发展长于别人的技能，成为一种专长，学校的基础课程和社团不再满足于他们的专长发展，学校特聘专家指导老师，专设放学后的 4 点半课程，为这些学生授课，发展专长。

（四）D 类个别化课程

这类课程面向个别选择专业道路的学生。这些学生已经在专长课程中找到自己的兴趣爱好，希望在专长道路上再进一步，以后走专业路线。他们就用部分或者全部时间进入专业体校去进行训练，走上"郎平式"的金凤凰专业之路。

凤凰新体育塔式结构课程群的建构，转变原有的培养学生的思路，让每个学生的天赋得到发挥，为学生搭建一条从兴趣到专长，从专长到专业，从专业到事业，甚至成就伟业的金字塔之路。从小播种一粒兴趣的种子，通过塔式结构的课程实施，不断向顶峰进发，实现自己的人生价值。

第五章

课堂：指向学科素养的创享学习

纵观世界各国的教育改革，无不把课堂教学改革作为重要的突破口。有怎样的课堂就有怎样的学习，课堂的模式决定着学习的方式。当下，学科核心素养的发展就是课堂改革聚焦的目标。以学科素养为指向，以四为建构为路径，推动创享学习的实现是吸引教育课堂改革的孜孜追求。

第一节　思考：课堂学习本质的认识

　　课堂，是学与教的空间，课堂改革，最为关键的就是学与教的转型。创享学习是凤凰小学课堂改革追寻的目标，通过对传统课堂的变革，转变教师的教学理念，转变教师的教学行为，最终实现学生的学习升级。

一、顺应儿童的学习天性

　　课堂学习的主体是学生，现代教学观倡导以学论教，课堂教学的本质就是以学生为中心展开的一系列学与教的活动。

　　（一）读懂儿童，回归课堂本原

　　儿童是天生的学习者。从咿呀学语到妙语连珠，从蹒跚学步到健步如飞，从目不识丁到文采飞扬，他们无时无刻不在学习、体验、模仿和探索。对儿童来说，学习贯穿生活始终，"不教之教"，教师要鼓励儿童在模仿中学习。

　　儿童是天生的诗人。纪录片《人生第一次》的第三集《我在爸妈看不到的地方偷偷长大》，讲述一群大山里的孩子在支教老师带领下，与大自然亲密接触，对着远处的大山喊出自己写的诗歌，表达内心或孤独或思念或盼望长大的真挚情感。其中有句话让人印象深刻：会写诗歌的孩子不会去砸玻璃。诚然，诗是人类表达情感的窗口和途径，"赤诚相待"，教师要引导儿童在表达中成长。

　　儿童是天生的科学家。清代文学家沈复曾在《童趣》中提及："余忆童稚时，能张目对日，明察秋毫，见藐小之物必细察其纹理，故时有物外之趣。"孩童时期对世间万物的好奇心、探索欲往往能够驱动学习兴趣，加之丰富的想象力以及突出的观察力，儿童往往能看到细微事物中那些别人所不能看到的妙处，产生超然物外的乐趣。"怡然自得"，教师要允许儿童在自由中探索。

　　童年，是梦中的真，是真中的梦。童年是美好的，但也是残酷的，有研究表明：一个孩子一小时中所受到的干涉，会超过成年人一年中所受社会指责的次数。孩童时期是人生中最没有安全感的一个阶段。让儿童成为儿童，最重要的是要把成长的自主权交还给孩子。不是什么都由孩子说了算的恣意妄为，而是保留在一定空间和范围内的自由和自主。让儿童成为儿童，首先要站在儿童视角下理解童年。换言之，教师对童年有几分理解和热爱，儿童就有几分像儿童。

大人们都在做正经事，孩子们却只是在玩耍。似乎在人的一生中，童年是最不起眼的。可是，这最不起眼的童年却是人生中最重要的时刻。粗心的大人看不见，在每一个看似懵懂的孩子身上，都有一个灵魂在朝着某种形态生成。教育的本意就是唤醒灵魂，使之在人生的各种场景中都保持在场。

（二）让课堂成就儿童

蒙台梭利曾说："仿佛是大自然为了保护儿童免受成人经验的影响而给予能促进儿童发展的内在教师的优先权，在成人的智力能够影响和改变儿童之前，儿童已有机会建构起完整的心理结构。"天赋自然，儿童的成长有其自身的发展规律，这是世界各国统一根据年龄安排适龄儿童入学接受教育的重要依据。但每位孩子的出生背景、家庭环境、天赋才能等社会环境、文化精神因素存在着差异，作为教育者，如何使教室里的三四十个孩子面对同一块黑板、同一本教材、同一个老师进行有差别的课堂学习，便成为一个重要话题。

社会学和生物学已证实一种观点：每个人都在以不同的方式进行学习。有些人被称为"视觉型学习者"，有些人则是"听觉型学习者"，而有的则需通过亲自动手去移动、触碰感知来学习，也叫作"动觉型学习者"。在儿童早期，主要通过啃、咬、指、拍等简单动作来学习一些事物，且没法久坐，大多都是属于"动觉型学习者"；而到了小学，进入课堂，面对老师的教导以及学习内容的加深，有部分同学会渐渐转化为"视觉型"和"听觉型"，当然也有的同学兼顾这几种学习模式。作为教育者，如果能掌握教室里每一个孩子的学习类型，将不同学习类型的同学安排在一个小组，进行异质分组，再加上多样小组活动，或许能够迸发出不一样的思维火花，让看似统一的授课成就每一个不同的学生。

此外，儿童内在的学习动机也应该引起我们的重视。众所周知，芬兰教育近年来闻名世界，他们强调：只有唤起学习的内在动机，学生持续学习的时间才会更长，学习专一度才会更高，对知识的记忆与理解才会深入，成果才会丰硕，学习才能终生得到可持续发展。教育者应注意调动激发儿童学习的内驱力，帮助他们发现自己的天赋、兴趣和热情所在。那么我们应该怎么做呢？

首先，要保证学习内容与生活的关联性，也就是说课堂教学内容必须紧贴儿童的日常生活，使儿童觉得课程和自己的关联更加紧密。这有助于唤起他们的生活经验，激发他们的好奇心，提高他们的课堂主人翁意识，以更好地帮助学习。将知识与生活中发生的事情关联起来，最后转化成学生在社区中能亲身参与的体验，这样的学以致用让知识不仅从生活中来，最后又回到生活中去。

其次，要结合维果斯基的"最近发展区"理论，设置一些有挑战的活动。挑战，顾名思义，就是尽力去超越自己已有的认知和水平。一个有难度、有挑战的课堂必然是节奏紧凑、思维活跃、认知产生冲突的。"不愤不启，不悱不发"，教师要尽力克制给予"正确答案"的冲动，退居后位，把课堂归还给学生，在学生需要帮助的时候及时出现、适时引导。

让课堂成就儿童，除去研究一定的学习风格，设计与生活相关的学习内容，改变传统的教学方式，最重要的一点——教育者要永远充满爱心、给予耐心、富有责任心，保持同理心。要知道，坐在教室里的每一个孩子，都是一个家庭的整个世界。教育者要真心地把每个孩子都珍视为自己的宝贝，真正地把儿童看作一个完整的人，理解他们的喜怒哀乐，找寻他们的天赋才能，激发他们的内在动机，并热情鼓励他们尝试与改进，陪着他们在课堂上建立学习的成就感，以此培养一个健康、自信、坚毅的儿童。

（三）打造以生为本的课堂环境

课堂环境是指影响课堂生活的外部条件总和，包括课堂物理环境和课堂心理环境。物理环境主要指课堂用品、教室的光照、通风等，心理环境主要指群体目标、舆论、班级纪律等。上述因素互相渗透，影响学生的学习和个性形成。

1. 允许学生犯错

人们常说"失败是成功之母""错误是理解的基石"。但大多数学生会害怕在课堂上犯错，他们小心翼翼地发言，如履薄冰地试探。凤凰小学的课堂并不回避学生的错误，且把错误变成最宝贵的课堂资源，适时利用，相机生成，鼓励学生通过自己的思考"变废为宝"，教师善于利用学生的错误开展生本教学。

2. 鼓励学生求助

"书山有路勤为径，学海无涯苦作舟"，学习是一个不断挑战自我的过程。大量研究表明，学生碰到棘手的问题，需要他人帮助时，很少主动求助。凤凰小学的课堂鼓励学生将他人作为帮助自己克服学习困难的资源加以利用。它并不局限于讲台上的老师，更多的是来自同龄伙伴的帮助，也有可能是课本教材这类看似无生命，但能从中寻找线索的物品。在平时的学习过程中，更多地关注学生的自主和互助学习，以更好地开展教学互动。

3. 倡导学生合作

合作学习自 20 世纪就在我国如火如荼地开展，但郑杰校长在《为了合作的学习》一书中提到：我国目前基础教育阶段的合作学习基本流于形式。观其现象，主要原因还是在于身为教师的我们很难放手让学生来学。凤凰小学的课堂更彰显合作的力量。以科学学科课例节上"悦舞台"为例，它基于学生课堂参与度、学生学习投入情况、小组成员话语分配、小组合作学习有效性和项目化学习效果评价这五个学生行为观察量表，反观项目化学习中学生的行为表现，为后续更有效的合作学习、探究学习提供借鉴。

4. 引导学生探究

学习是从阅读、听讲、研究、实践中获得知识或技能的过程。这一过程只有通过亲身体验才能最终有效完成。而探究就是体验的主要方式。凤凰小学旨在打造探究式的课堂环境,如在语文课堂教学中基于"问题探究学习"的教学是相对于传统的"传授—接受"式教学而言的,具体操作中设计"时时处处鼓励学生提问—学习梳理问题和聚焦问题—解决主问题,展开合作探究学习—再生新问题,驱动新任务"循环往复、螺旋式上升的过程。此类教学行为有助于学生学习能力和思维能力的提高,能有效地培养学生的阅读思维,提高阅读教学的质量。

课堂环境愉悦、轻松、自在了,教师才能更好地组织教学,学生才能更有效地浸入学习。学生的"学"是衡量课堂环境最主要的依据。他们是否对学习内容有兴趣;是否能够自信地举手,大方地回答,勇敢地面对;能否围绕主题进行自主、合作、探究……学生在课堂上的所有表现,都应得到教师的关注。

二、吸引儿童的学习设计

学生是课堂的主体,课堂的学与教都要围绕学生这一主体展开。设计吸引儿童的教学才能引导儿童主动地投入到课堂学习中来。

(一)以探究呵护儿童好奇心

课程改革积极倡导学生亲身经历以探究为主的学习活动,培养学生的好奇心和探究欲,在探究过程中解决问题,习得策略。教师承担着细心呵护儿童的好奇心、培养他们的学习兴趣和求知欲的职责。

在凤凰小学,各学科教师在设计探究活动时,都尽量挖掘富有内涵的内容开展活动。比如科学组践行"教为了实践的科学"的学科主张,改变教学行为,进行课例研究,从项目化学习推进到挑战式学习,来驱动科学学科创享学习,积极倡导"小而深"的教学活动。切入点小一些,挖掘得深一些,使学生的探究经历更为真实,更具意义和价值。在疫情期间,线上教学难免会有弊端,但学生们反而有更充裕的时间在家进行实验操作。回到学校后,孩子们纷纷带来了实验小视频,同时将自己在实验过程中遇到的困惑在课堂进行探讨,如此学习变得丰富且有意义。比如数学学习,老师们让孩子走出课堂,用脚步丈量走廊有多长,用估算的方法算一算国旗旗杆有多高。再比如语文课堂上,为写好小动物的习作,老师和孩子们一起饲养蜗牛、仓鼠,课堂上通过小视频、实物展示等了解动物们的生活,创设了情境,活跃了思维,丰富了想象。

(二)以思维唤醒生命张力

一个人的思维高度决定了他的人生高度,一个人的思维模式也限定了他的人生层次,思维的影响力十分重要。在课堂上,思维是彰显学生生命活力的重要表现,注重思维的培养,是新课改背景下教育者的首要任务。凤凰小学各教研组一直将学生

"思维生长"作为课堂研究的新方向。

课堂教学一般有三种类型：知识型课堂、理解型课堂和思维型课堂。知识型课堂的重心在于知识传授，让学生记住基本的事实和概念。对这类课堂我们不能一概否定，要适当运用，加以改进。理解型课堂的重心在于问题理解，它把学生不懂的问题讲明白，再按照法则进行训练、巩固以及运用。相较于知识型课堂而言，理解型课堂教学更加进步，但也有局限：它把学生往一条路上引，束缚思维，不利于创造。从形式上来看，思维型课堂也立足问题，但更侧重从学生的角度，结合教师的深度理解去分析问题，探究问题，评价问题解决的过程和结果。在问题解决的过程中，注重培养学生的思维能力。

课堂要寻找思维培养的切入点。思维激发、思维品质、思维表征、思维碰撞等，皆为改变思维手段、工具、目的，终极指向思维生长。课堂对话是培养学生思维的良好手段。教师可以通过与学生对话，了解学生学习的真实情况，引导学生向着正确的方向思考。可以通过对话刨根究底，引导学生深度思考；可以通过学生的反馈生成新的课堂教学资源，促使教师调整教学内容，完善教学方法；还可以在师生的对话中培养学生的语言表达能力和自信心。良好的语言表达能力是思维品质的外显表现。

（三）以经历伴随素养形成

2016 年 9 月 13 日，《中国学生发展核心素养》正式发布。学生发展核心素养指学生应具备的，能够适应终身发展和社会发展需要的必备品格和关键能力，是关于学生知识、技能、情感、态度、价值观等多方面要求的综合表现。中国学生发展核心素养，以科学性、时代性和民族性为基本原则，以培养"全面发展的人"为核心，分为文化基础、自主发展、社会参与三个方面，综合表现为人文底蕴、科学精神、学会学习、健康生活、责任担当、实践创新六大素养，具体细化为国家认同、人文积淀等十八个基本要点。针对学生年龄特点，各学段学生的具体表现不尽相同。

如何培养学生的核心素养？凤凰小学更多的是通过课堂学习发展核心素养，在学习中引导学生联系实际，联结生活，让经历伴随成长。比如，一年级的启蒙教育，从开学第一课开始就让孩子们大胆地说、勇敢地说、自信地说。当聊到《我爸爸》《我妈妈》时，老师让孩子们读完绘本之后，也来谈谈自己的爸爸、妈妈、爷爷、奶奶、弟弟、妹妹等，试着一边画图一边练习写话。当学习相关课文时，会让孩子们走进大自然、走进校园和小区进行观察，通过观察产生丰富体验。

【案例 5-1】一年级上册《四季》的教学

一年级上册《四季》一文中，图文并茂的编排让孩子们有图可看，课后习题要求"仿照课文说一说"。在教学中，教师采用图片引入法让孩子们直观感受四季特点，并学习诗歌语言特点。

在学习完课文之后，课堂上让孩子们拓展说说四季有特点的景物，结合孩子们的所见、所感聊四季：春天西湖边的桃花、梨花都开了，柳树绿了；夏天曲院风荷的荷花开了，我们可以吃棒冰了；秋天桂花开了，到处都是桂花香，稻子成熟了，校园里的橘子黄了；冬天，我们可以玩雪。在孩子们纷纷说了之后，趁热打铁，布置一份实践作业：画画自己感受到的四季，也可以尝试着写一写。

有图可看，有话可说，有例文可参考，孩子们拓展了思维，也能写出新意。

三、促进儿童的深度学习

深度学习是一种基于高阶思维发展的理解性学习，具有注重批判理解、强调内容整合、促进知识建构、注重迁移运用等特征。深度学习不仅需要学生积极主动的参与，还需要教师通过确立高阶思维发展的教学目标、整合实际情景创设，激发学生深度学习，而最有效的教学模式是小组合作学习模式。

（一）基于小组合作的学习力模型

小组合作学习分为课前自主学习任务和课堂合作学习任务，在课前和课内的每一个环节都能有效地促进学生深度学习。小组合作学习重视知识的迁移运用和问题解决，能有效促知识内容的有机整合和学生自主建构。小组合作学习的有效应用，使得课堂中出现诸多的学习共同体，学生在学习中遇到的问题能够得到伙伴的帮助而被解决。同时，小组合作学习以及组际竞争也容易促成学生间不甘落后的课堂竞争气氛。要使这样的小组合作学习持续深入地开展，必须有一段小组建设的过程。除了就小组分工、课堂展示等方面进行规则与方法的培训外,教师的过程评价智慧成为发动学生、促进学生高度参与的重要技巧。

（二）学教方式变革的学科样式

核心素养立意下的学教方式也要发生变革,从单一学科向多学科整合发展,从知识本位转向育人本位,真正实现从"知识本位"走向"核心素养"时代。为能更好地达成以上目标,凤凰小学的学科建设立足核心素养,分别从以下四方面做出调整:教学目标的素养立意,从有机统一到分解整合,关注大单元教学设计;教学内容的深层追问,从显性知识到隐性知识,关注项目化学习;教学活动的人知互爱,从人知疏离到人知融生,关注社会情感学习辅导;教学评价的成就取向,从标准答案到评价标准,关注个性化发展。

（三）驱动儿童主动学习的协同化

自主学习通常是指学生独立、自觉、主动式的学习,它与接受、机械、被动式的学习相对。小学生自主学习能力较弱,注意力容易分散,在居家学习期间,老师无法实现面对面批改学生的作业。学什么、怎样学、学得如何? 这一系列的问题都取决于学生的主动学习能力。于是各班班主任动足脑筋,协同合作,助力学生主动学习。具体形式如图 5-1 所示:

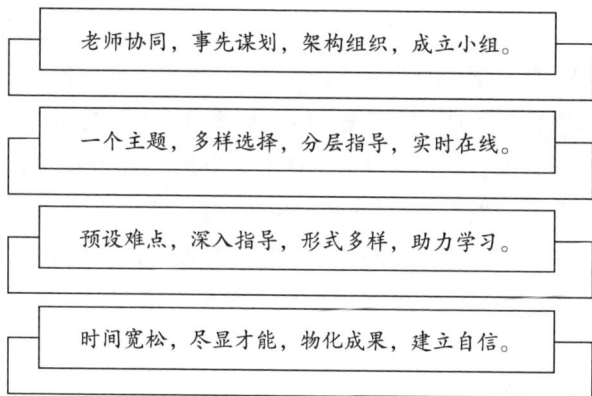

老师协同,事先谋划,架构组织,成立小组。

一个主题,多样选择,分层指导,实时在线。

预设难点,深入指导,形式多样,助力学习。

时间宽松,尽显才能,物化成果,建立自信。

图 5-1 协同化学习示意

教师们利用钉钉协同平台,有效组织学习,保障学习共同体信息互递、交流畅通。基于协同化学习,教师会设置不同教学情境下的互动模式,通过小组 PK、个性化指导、班级圈展示等多种形式调动学生的学习兴趣,提升学习力。生生、师生、家校共同利用一个云端平台,让学生有更多的自主权,既能展示个性又能加强沟通,真正促进学生自主能力养成。

（四）让教学资源成为"活能源"

教师对教学资源的开发和利用,直接影响到学生的思维发展。教师不但要用足、用好教学资源,而且还要有意识地挖掘和利用好身边的"活"资源,使其不断发光、发热,发挥新能源之本能,使学习者感受生动活泼的课堂,吸引学生注意力,提高学生的学习兴趣,从而实现学生的主动参与和自主学习。

创设情境,联结生活资源。叶圣陶先生曾说:"语文教材无非是个例子,凭这个例子要使学生能够举一反三,练成阅读和作文的熟练技能。"这就要求教师在教学中有一双慧眼,充分挖掘教材中的生活资源,引导学生用自己的眼睛去观察生活,用自己的情感体验生活。上课时,通过角色扮演、想象说话、表演演绎等方法培养学生的阅读兴趣,活跃课堂气氛,活化教材,课堂也就有了生命力。课后,让学生通过搜集资料、走访体验、现场直播、模拟情境,做一回小记者,通过生活体验丰富学生阅历,进一步促进生生、师生交流,提升学生积极、主动参与学习的目的,更好地让学生在生活中用好语文、活用语文。

转变方式,善用学生资源。现代课堂教学强调学生的主体地位,培养学生的自主性和创造性,用好学生在课堂教学资源中的"建构者"作用,实现有效学习。课堂永远充满着不确定性,学生在解决问题过程中产生的错误在一定意义上也是教学的巨大资源,课堂的"意外"生成更是彰显学生个性的时刻。我们允许学生和教师"唱反调",但更为重要的是要让学生能够完整表达自己的想法。教师要学会巧妙地捕捉"意外"的生成资源,尊重学生的自主性、个性化,让课堂不断生长。

混合教学,利用媒介资源。网络媒介给了教师和学生共同成长的舞台,线上教学飞速发展,网络与学科整合就是通过信息技术这个载体,不断优化教学手段,增强课堂互动效果,最大限度地发挥教学功能,提高课堂教学效率。教师发挥线上、线下混合学习的新模式,用好网络教学开放式的交流环境,改变传统教学中师生之间的结构关系,拓宽"师生互动"的广度、深度和效度,让资源共享变得更为便捷,使学习变得更为高效。

（五）完善课堂学教评的一致性

课堂教学作为单位时间内的活动,有效性非常重要,而且在具体的教学活动中,不论是教者还是学者,都非常希望教学活动不仅有效,还要高效。所以,在教学活动前,就要做到胸有成竹,"为什么教""教什么""怎么教""教到什么程度",这些问题都贯穿在教学中,目标准确才能"教得对"。教学对目标负责,评价对教学负责,它们紧密地联系在一起,环环相扣,教学过程的每一步、每一项都要弄清楚,铭记在心。目标、教学和评价要保持一致,课堂评价应贯穿课堂教学始终。在课堂展开过程中,教师要有效利用个别谈话、课堂问题、作业展评等达成学、教、评一致。

（六）技术运用与创新性一体化

多媒体教学方式已广泛运用于课堂，当技术与教学相遇，教学就逐渐"活"了起来。

2020年疫情期间的线上教学充分体现了技术运用与创新性一体化。居家学习期间，学生将学习场所从学校延伸到家里，同时也为课堂一体化提供了更多的契机。比如道德与法治课将学生每日的劳动实践与学校项目化学习课程整合。教师要求学生利用家里的资源制作沙拉，通过实践活动，为法治课《挑战第一次》提供真实素材，让孩子们有话可说。在课堂教学中，教师会针对"在制作过程中哪个步骤会有危险？"这个问题展开讨论，并通过图片呈现和相机交流，让孩子们了解有些尝试需要家长的陪伴。

当进一步优化技术后，学习变静态为动态，变无声为有声，变抽象为具体，学生始终保持兴奋、愉悦、渴求上进的心理状态，大大提高课堂效率，促进师生互动与情感交流。

第二节　实践：创享学习的"四为建构"

基于对课堂教学的认识，凤凰小学提出了创享学习的课堂建构理念，意图通过学习方式的变革，深度推动课堂的转型升级。

一、创享学习的校本定义

学校教育通常是以课堂教学为核心活动展开，而课堂教学是教师给学生传授知识和技能的全过程，它主要包括教师讲解、学生问答、教学活动以及教学过程中使用的所有教具等等，一般都是班级授课制。千百年来，课堂教学面临变革，教育不是单纯地习得知识、技能的学习过程，而是人的成长的过程，所以课堂是儿童成长的场域，儿童经过自己的思考，将自己所学的进行重组、整合、感悟，进而形成自己成长的思维。课堂转型也一直是教育界发展的重心，国际上针对课堂转型的研究长盛不衰，从不同的理论视角研究中或许可以找到更多的共通点，进而更好地找到适合本校实现课堂转型的方式、方法。

（一）创享学习的指向

创造力在未来社会中非常重要。在教学中，教师应注重培养学生的创造力，这不仅仅是知识的习得与再现的"记忆型"学力,更是一种能动的"思考型"学习力的综合体现。

日本国立教育研究所于 2013 年提出了"21 世纪型素养"的框架:从作为"生存能力"的智、德、体所构成的素质与能力出发,要求在凝练"学科素养"与能力的同时,以"思考力"为核心,与支撑"思考力"的"基础力"(语言力、数理力、信息力)以及运用知识技能的"实践力",共同构成三层结构。(如图 5-2 所示)

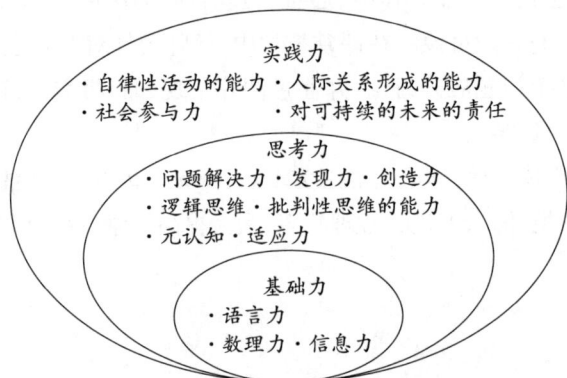

图 5-2 "21 世纪型素养"的框架

可以说,21 世纪型能力的培养,就是不要让儿童成为应对试题、唯分数至上的机器,更为重要的是要培养创造的能力,引导学生理解学习的本质,进而习得能力,形成良性循环过程。这就犹如一辆汽车,作为教师,首先要调动学生学习的动机,发动引擎,让学生自主、自律地开展学习,而教师在课堂内外所起到的就是燃烧机油的作用,通过发动机将机器发动起来,而车轮不断在"习得功能",通过方向盘启动"灵活运用"功能,让每一位学生的大脑神经元不断地被勾连、串联起来,最终能够创造性地驾驭汽车。

当然,我们一直都在强调着对话式的课堂,学生是主体,教师是主导,但事实上不少教师仍热衷于讲讲讲、满堂灌,并没有直面每一位学生的学习需求和学情的把握。所以,在学生创造性地开展学习的过程中,更需要互动交流,分享彼此的学习感受。

(二)创享学习的特点

创享学习有以下三方面的特点:首先,这是指师生遵循教学活动的客观规律,以最优的效率、效果和安全,促进学生在知识与技能、过程与方法、情感态度与价值观"三维目标"上获得整合、协调、可持续的进步和发展,从而有效益地实现预期的教学目标,满足社会和个人的教育价值需求而组织实施的教学活动。其次,在学生的学习过程中,应从教学效果、教学效率、教学效益三方面综合来描述教学的有效性,而不是局限于其中任何一个方面。第三,在学生的学习过程中,更为侧重以学生为本,从有效学习与发展的角度规定教学的有效性。

创享学习是推进学校课堂教学改进的目标及抓手，更加强化课堂主阵地作用，切实提高课堂教学质量，精准学习目标，优化教学结构，完善学习评价，关注学生情意态度养成。

（三）创享学习的课堂操作

课堂教学变革将从学习设计优化、学教方式改变、学习空间扩容、学习评价转向四个维度，指向学生素养形成的深度学习真正发生的新课堂探索。学校分别从为学而设、为学而教、为学而融、为学而评四个方面展开对传统课堂的突围，坚持学生立场，让以学习为中心的教学大有可为，指向学生 4C 素养、学科素养和跨学科素养的发展，营造课堂学习新生态。（如图 5-3 所示）

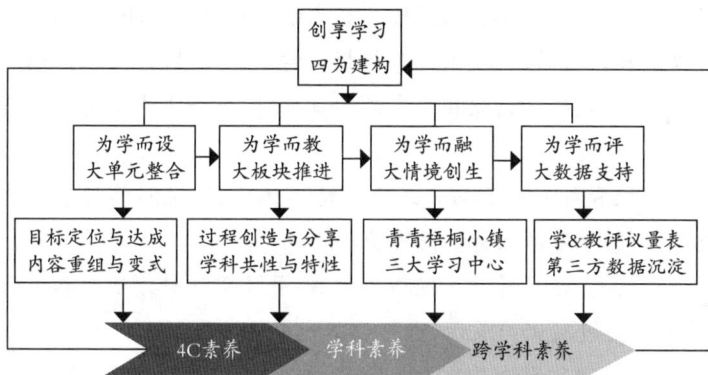

图 5-3　创享学习的"四为建构"

凤凰小学在近两年的课堂教学研究中，根据各学科特点开展三项工作：

一是以"四为建构"为载体和路径，培养学生未来发展必备的 4C 素养、学科核心素养和跨学科素养，达成学校正行、好学、乐玩、善交的理想学子育人目标。

二是不断强化教师的教学研究力，积累物化经典课例库，提升课堂育人能力，打造有吸引力的学科高地。

三是改变传统课堂中学习设计碎片化、学习方式程式化、学习空间单一化、学习评价模糊化的现状，以大单元视角促教学设计系统化，以大板块推进促课堂生成多元化，以大情境创生促学习空间立体化，以大数据支撑促学习评价精准化，打造以学为中心的指向"创享学习"的新课堂样态。

二、创享学习的"四为建构"

（一）为学而设，大单元整合

大单元是根据知识内在的逻辑关系和学生的认知习惯，基于发展学生的核心素养而确定的学习单位。教学中,各学科教师基于大单元整合促教学设计序列化。

1. 目标的定位与优化

一是建立学科素养目标体系。三层目标保持一致性,即目标体系是教育目的(想得到)、学科目标(看得到)、单元目标(做得到)的统一。二是细化课时学习具体目标。结合具体学习内容,由教师叙写目标,把教学内容转化为课堂学习目标,分解成三到五条,确保至少三分之二的学生可以达成这些目标。

建立学科素养目标体系的关键是学会分解课程标准和叙写目标。教师叙写目标,必须依据课程标准,结合具体内容,将学科核心素养具体化。

【案例5-2】语文四年级上册园地四习作《我喜欢的动物》第1课时

本单元作文要求学生抓住动物的特点来写一写自己喜欢的动物,并且表达出自己的真实情感。实际上,学生从低段开始已经接触过描写小动物的习作,但多停留于外形的描写和性格的概述,因此如何帮助学生抓住动物特点的同时,将动物特点写具体是本节课的重难点,故在制定教学目标时,更侧重在课前的预设和课后的反思。教学目标如下:

通过观看视频和即兴问答的方式唤起情感体验,选定写作对象。借助预习单回顾单元整组课文,学习抓住特征描写动物。

借助视频和范文,学习慢镜头定格的方法,并使用这种方法把喜欢的动物特点写具体、写生动。通过交流与展示,进一步落实方法,完善语言,体验表达的乐趣。

通过习作,增强对动物的喜爱之情,培养学生留心观察事物的良好习惯。

教师将教学目标细化,并在课堂教学中以目标为导向开展学习活动,而在学生学习过程中,又帮助学生检测目标达成情况,学生可以在每节课后为自己及时展开评价。

时间	问题	回答内容
课前	■今天的目标是什么? ■对于今天的目标,我已经知道多少? ■我认为今天的目标会…… ■我要为今天的目标付出多少努力?	▲具体说目标内容 ▲从"没有"到"很多" ▲从"很难"到"很容易" ▲从"零"到"很多"
课后	■今天的目标是什么? ■我达成今天的目标了吗? ■我付出了多少努力?	▲具体说目标内容 ▲从"一点都没"到"完全达成" ▲从"没多少"到"很多"

展开教学活动:

1. 唤起情感体验,选定写作对象

(1)激趣引入。

（2）选定写作的对象。

（3）猜猜它是谁？

2. 回顾单元课文，速写动物特征

（1）制造认知冲突。

教师提出疑问：每个人喜欢的动物都不一样，怎样才能让每个人都把喜欢的动物描写出特色，写得与众不同呢？

（2）借助学习单，回忆单元整组课文，交流大作家是如何表现动物特点的。

（3）我写你猜：速写动物特点，写后交流，归纳特点。

3. 范文示例，慢动作定格

（1）播放大熊猫吃竹笋的视频，学生观察大熊猫的活动。

（2）出示教师范文，欣赏片段中值得学习的地方。

（3）聚焦动词，感受慢动作定格的方法。

4. 再次习作，合作修改

（1）独立修改，落实方法。

（2）组内互评，交流推选。

（3）习作展示，师生共评。

上述这一堂习作课紧紧围绕"我喜欢的动物"展开习作教学，旨在帮助学生抓住动物的特征写具体、写生动。整个教学过程主要分为两大板块，一是通过视频、交谈、游戏、回顾单元整组课文等方法帮助学生确定习作对象并抓住主要特征；二是结合范文指导、自主修改、小组推选等方式落实习作方法的习得。鉴于学生目前的习作水平，两大板块以后者为重难点。通过大单元整合，教学目标凸显序列化，学生学习呈现由易到难、循序渐进的螺旋式上升方式，学生自我评价更能体现个别化学习，教师也能更好地开展个性化辅导。

2. 内容的重组与优化

一是学习内容重组的原则。打破课节界限：教学内容往往是主题式或项目式，并非一节课就结束，需要几课时渐进式完成，消解课与课之间的壁垒。打破教材单元界限：不拘泥于教材中既定内容的编排，可根据学生身心特点和学习规律，将授课顺序、课时长短等做微调。

二是学习内容变化的方法。教师依据既定的大单元学习目标，采用新增、删除、更换、整合、重组等方法，将教材内容进行处理，以实现教学内容的有趣、有用、有意义。

（二）为学而教，大板块推进

所谓"大板块教学"，就是将一篇课文的学习过程分解成若干个明显且彼此间又有密切关联的教学"板块"，这样的结构化板块教学，始终为教学内容服务，且能一步

一步地深入,促课堂生成多元化,学习成效深度化。(如图 5-4 所示)

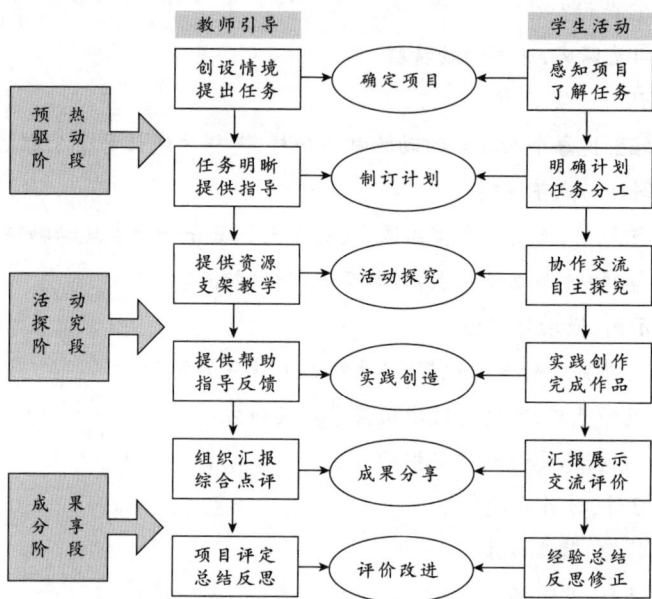

图 5-4　大板块教学示意图

1. 创造与分享:改进学习过程

凸显学生的"创造"和"分享",如图 5-4 所示,分成三个大板块:预热驱动阶段、活动探究阶段和成果分享阶段。压缩教师讲的时间,保障学生实践探究的时间,一节课有 20 分钟左右的时间用于活动探究和成果分享。专设展示台和演讲台,便于即兴讨论、分享交流、观点碰撞,让乐创新、乐分享成为隐性课堂文化。案例 5-3 源自语文组教学,重在让学生在课上进行创造与分享。

【案例 5-3】六年级下册"毕业赠言"

毕业前夕,学生有许多话要对同学、老师、母校说,同学之间、师生之间也会互相赠言。针对这一需求,引导学生写毕业赠言,感受赠言的意义,提高赠言的价值,体会赠言的魅力。既要锻炼学生语言组织能力,又要引导学生在真实的情境中表达感激、不舍之情,祝福之意,进行交际。教学目标如下:

通过欣赏赠言和了解学生需求,知道赠言要根据同学或老师的特点,用简洁得体的语言表达真挚的情谊。

回忆和同学、老师相处的美好时光,把自己的希望和祝愿组织成美好的语言送给他(她)。

在互赠毕业赠言的过程中,感受师生之间、同学之间纯真美好的情谊。

教学过程：

1. 联系生活，明确赠言的用处

创设语境，激发情感。

欣赏生活中的赠言：

郑老师的同学录上的一则赠言（回忆）；

往届毕业生写给保安叔叔的赠言（感谢）；

以前的语文曹老师写给班里一位同学的表达祝福的赠言（猜一猜）。

2. 基于起点，学写毕业赠言

回顾预习情况。

小组合作，发现毕业赠言的特点。

刚才我们也欣赏了三则赠言，你又发现了什么特点？

出示学习要求：

自己读读赠言，想一想赠言还可以写给谁，还可以写什么内容。画出自己最喜欢的句子，读一读，说说为什么喜欢。

小组交流，推荐一位同学来发言。

交流，板书补充赠言的特点：

赠言可以写给谁？还可以写什么内容？

你还发现了赠言的什么特点？（板书：方法恰当、根据特点）

哪些句子很打动你？读一读。

3. 选择对象，练写赠言

尝试写赠言。

交流赠言，师生共同评价。

小结：语言简单平实，能表达自己的真挚情感的都是好的赠言。

修改赠言。

刚才写了一半的同学可以接着写完。写完的轻轻读一读，把情感读出来。

4. 誊写赠言，赠送美好

小结：在这个特殊的时刻，那么多老师见证下，送出我们最真挚的赠言，是不是特别有意思？

2. 共性与个性：优化学习过程

三大板块课堂学习模式是所有学科适用的通识版本，不同的学科因其特性又有新变式，基于每个学科不同的教学主张，各学科教师可在通识版本上做加减法，活动探究的形式根据学科核心素养进行细化，力求具有可操作性。不同的学段也会有新变式，根据学生能力层级，探究项目的难易程度，教师引导进行微调。

【案例 5-4】《姓氏歌》微项目学习作业设计

一年级下册有一篇课文是《姓氏歌》,在语文学习过程中,教师利用微项目作业设计,融合传统文化、识字等多方面内容,更好地提升学生的综合素养。

出示微项目活动单:我们班同学的姓氏。

圈一圈我们班同学的姓氏。

⑰当	朱可薇	应锐涵	余秉鸿	罗琦玮	陆嘉俊
陈牧	姚瑶	曹煜	孙梓茼	冯政旭	邵天泽
沈煜晨	周琳曦	韩叶琪	邱美莹	叶政霖	陈易鑫
傅子千	张桓语	邱诗棋	周安欣	冯徐浩	郑语霖
俞屹韬	王程天卉	张金懿	唐希冉	汤可豪	张纳川

介绍姓氏的方法:(1)加一加(2)减一减(3)组个词……

我能和同学编儿歌:你姓什么? 我姓什么。

小结:我们中国人的姓氏真是源远流长,丰富多样,富有文化内涵。

(三)为学而融,大情境创生

学习环境的创生进一步促进学习空间立体化,学习成效显性化。

1. 梧桐小镇大环境整体营造

学校取"凤栖梧桐"美好寓意,打造了一所集学习型和社会型双重功能的"青青梧桐小镇"。通过搭建开放式音乐小舞台,开辟流动式金凤凰画廊,搭建小镇一条街等,营造浓厚的小镇生活的气息,指向公民、阅读、运动、艺术、实践、智能六维校园新生活,使学生处处可学习,处处可分享。

凤凰小学的非纸笔情境测评,就是基于梧桐小镇大环境而创生并不断改进的。从 2017 学年开始,逐步向一至六年级全面铺开。从对国旗旗杆的目测,到校园悦耕园中小农场的探究,再到校园分贝数据地图的研讨,校园环境为一系列的学习活动提供了可视化的依据和资源。

2. 三大学习中心系列化打造

凤凰小学着眼小学生未来发展所需的必备素养,通过学习中心的打造不断将学习环境扩容,在校内建设了三大儿童学习中心,即:儿童想象力、儿童专注力、儿童实践力学习中心。

以儿童实践学习力中心为例,学校建造了室内外相结合的儿童实践学习场馆,将学校地下一层改造成水电拼装室等"六室",每个室又细分为设计区、材料区、创作区、展示区。此外,学校将闲置的一块草地变成悦耕园,按班级成立研发团队,开发新劳动教育和全科主题学习课程群,生成选择式的课程菜单,注重实践创新素养发展。

项目式学习是凤凰小学构建"创享学习"新模式的一种教学方式。例如自 2017 学年开始,凤凰小学引进先进教育理念,顶层设计面向学生未来发展的全科主题式学习课程（UTA），每周二下午固定时间段在 3—6 年级开展项目主题式学习，基于"一月在学习"的课程宗旨对不同年级学生开展课程学习。通过近两年的推行，UTA 课程收到良好效果。2019 年 12 月，第四届 STEM 教育与项目式学习国际学术研讨会暨 2019 年度项目式学习优秀项目展评活动中，凤凰小学的"校园农耕区智能灌溉"项目荣获一等奖。

再如，凤凰小学利用悦耕园让四、五年级学生进行蔬菜种植，项目组学生发现浇水极不方便，就决定把原始浇水装置改造成智能灌溉系统。通过前期调查、模型建构、程序编写、设备调试等一系列工作，项目组成员成功完成一套通过感应土壤湿度自动判断是否需要浇水的智能灌溉系统，后续还将进行修改，并希望能够把研究成果推广到真正的农田里。

（四）为学而评，大数据支持

1. 各类评议表研制促评价留痕

指向学习评价改进。设计一系列的评价量表，让评价有抓手，有指向教师"教"的创享学习教学评议表，分学科研制，凸显学科特质，促核心素养有效落地。有指向学生"学"的课前导学单、课中合作单、课后拓学单，三类学习单中均设有评价栏，重视评价能力的培养。对于学生阶段性各学科表现采用分项等级评价，自主研制校本化综合素质报告单，让评价留痕，同时针对综合素质报告单还详细制定填写指南。

2. 借力高校第三方促评价科学

指向学习评价优化。充分利用学校每班配备的 HiTeach 软件，沉淀课堂中学生学习活动的各类数据，便于教师分析研究、反思改进。同时借力高校，利用第三方专业团队进行科学测评。以儿童阅读素养测评为例，在学校大厅处设置智能阅读吧，通过人脸识别实现自主借阅，记录学生阅读书目、阅读数量和阅读类别。与北师大合作进行阅读素养测评项目研究，细分为解码能力、言语理解能力、阅读理解力和阅读流畅性四个维度（如图 5–5 所示），利用大数据统计、分析、比照、生成每个学生个性化测评报告，给予语文老师教学实施的改进意见。

图 5–5　杭州市凤凰小学学生阅读素养测试标准

三、创享学习的实践策略

"学习是同新的世界的相遇与对话,是师生基于对话的冲刺与挑战。挑战学习的儿童是灵动的、高雅的,而且是美丽的。"要使儿童学会不断地挑战自我,就要掌握相应的策略。

（一）设计富有挑战性的学习任务

1. 合理设计挑战情境

教师在教学中要设计富有挑战性的学习任务,促进学生与任务的深度互动,更好地帮助学生在学习过程中获取知识、加深理解和开展迁移运用。学习活动要有一定的情境,使学生能够积极主动地提出问题、分析问题、解释问题,进而开展分析推理、沟通交流,最终能够解决问题。

【案例5-5】基于 STEM 项目的小学科学拓展活动——《悬浮的秘密》教学设计

这是五年级下册第一单元第八课《探索马铃薯沉浮的原因》的延伸内容。该课内容较多,适合分解成两部分:第一部分揭示马铃薯可以在盐水中漂浮的原因——比重(密度)的较量是物体在液体中沉浮状态的关键因素,第二部分利用不同液体的比重配制液体塔,最后放入一定的物体,达到"悬浮"的效果。《液体(密度)塔》是STEM 课程中的经典课例,在该课中,学生通过比较不同种类液体之间的密度关系来设计密度塔,以密度塔来模拟大气结构。

本次学习内容从复习巩固比重与沉浮状态的关系引入,让学生从实践中找到方法(怎样使水停留在酒精下层而不溶解),并进行方法的运用(使塑料块、水晶宝宝悬停),让学生经历预测、方案设计到实施,乃至改进的过程。在整个学习过程中,需要学生通过小组合作完成两个挑战任务。

初级任务:5分钟内往10毫升酒精里添加10毫升水,使塑料块能悬停在液体中间。

通过小组合作,学生很快能够总结出经验:要让水与酒精分

判断塑料块的沉浮

塑料块	清水	浓盐水	食用油
0.9克	1克	1.3克	0.8克

1立方厘米的塑料块、清水、浓盐水和食用油的轻重

推测把这块塑料块放入清水、浓盐水和食用油中,它的沉浮情况会怎样?

软木塞浮在油上
塑料块浮在水上
葡萄在糖浆上

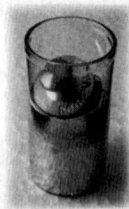

漂浮在水银上的铜砝码

酒厂里,有一种能够比较液体轻重的仪器,我们了解其中的原理吗?

比重计

空气
变性酒精
玉米油
水
水银

层，可以将滴管伸入酒精底部缓缓挤出，按住滴管气囊拿出滴管，同时尽量不要晃动液体。

挑战任务：有两颗不同比重的水晶宝宝，红色比重小，蓝色比重大。请学生进行实验设计，并实践检测方案的可行性。在汇报交流中明确方法后修改实验设计。

在挑战完初级任务——"悬停"的塑料块后，大部分学生掌握了基础知识和操作技能，接着挑战终极任务——"悬停"的水晶宝宝。在更高层次的任务驱动下，学生设计方案，主动探索，修改方案，再次尝试，最终完成能够"悬停"两个水晶宝宝的液体，体验挑战成功的乐趣。

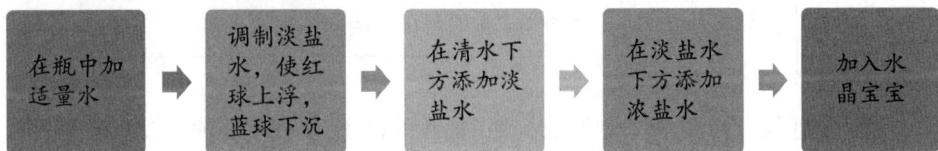

在瓶中加适量水	→	调制淡盐水，使红球上浮，蓝球下沉	→	在清水下方添加淡盐水	→	在淡盐水下方添加浓盐水	→	加入水晶宝宝

2. 鼓励学生主动探究

在现实的教学实践中，"满堂灌""以考代练"的课堂司空见惯，或许课堂中也在尝试新的教学方式，但最为关键的因素没有改变，教学效果并不理想。原因很简单，那就是没有从学情出发，更多的是老师要学生做什么、怎么做，很少真正从学生的角度让他们自己做出选择和进行探究。

【案例 5-6】数学三年级《什么是面积》教学

学生在学习面积这一抽象概念时，教学过程中准备较多的是学生参与探究的活动，促进学生改变学习方式，在小组合作、探究学习中理解什么是面积，如何进行面积的大小比较等。具体的探究活动如下。

1. 概念的学习探究

课前让学生自己准备一件物品，课堂上通过看一看、摸一摸、涂一涂、议一议四个环节，了解何为面积，理解概念。

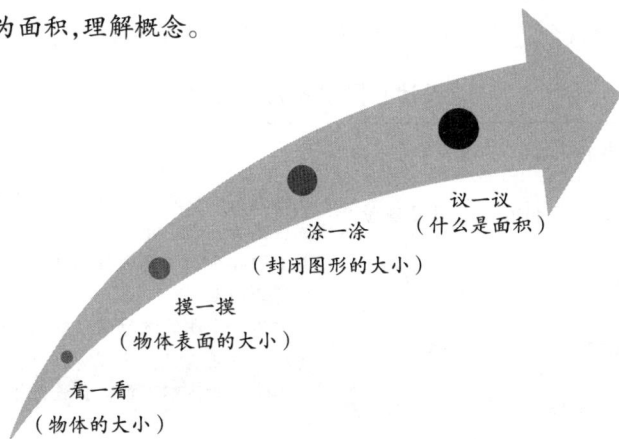

议一议
（什么是面积）

涂一涂
（封闭图形的大小）

摸一摸
（物体表面的大小）

看一看
（物体的大小）

2. 比较生活中面积的大小

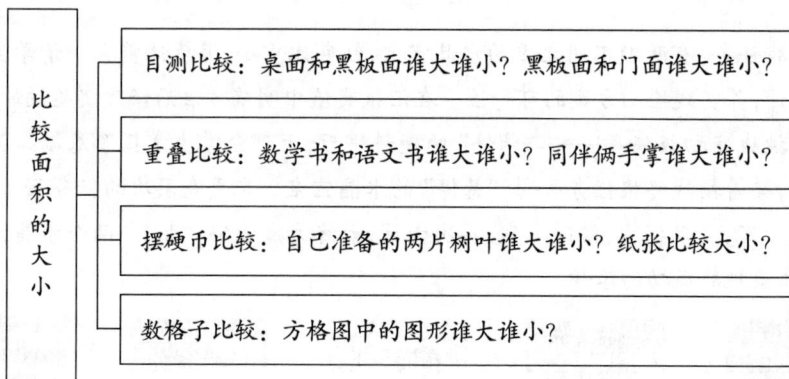

	目测比较：桌面和黑板面谁大谁小？黑板面和门面谁大谁小？
比较面积的大小	重叠比较：数学书和语文书谁大谁小？同伴俩手掌谁大谁小？
	摆硬币比较：自己准备的两片树叶谁大谁小？纸张比较大小？
	数格子比较：方格图中的图形谁大谁小？

通过上述探究活动不仅让学生形成了面积的概念，掌握了几种比较面积大小的方法，也为后续学习计算面积做了铺垫。

（二）多向度进行学习内容的统整

1. 不断整合教学内容

知识的学习是互通的，要让学生更好地解决生活情境中的问题，教师在教学中更需要通过项目化的学习对大概念展开研究并开展持续的探究过程，进而指向核心知识的学习。

【案例5-7】数学五年级下册第四单元《长方体》

教材内容中的主要知识点是长方体的面、棱、顶点，长方体的表面积，体积与体积单位，长方体的体积，体积单位换算，容积。为了能将所有知识内容进行整合，备课组提出一个项目"设计心目中的完美教室"，要求学生围绕着项目成果来进行设计安排。从认识教室开始起步，以教室作为一个长方体的模型来认识顶点、棱长、高，通过计算教室的粉刷面积，来认识长方体的表面积。通过实验操作，理解物体占有一定的空间，引出体积的概念。最后完成一份设计稿以及装修费用的预算清单。

设计心目中的完美教室

课时	原教材内容	项目学习内容	备注
1	长方体的面、棱和顶点	小小测量师	学校教室一般都是长方体，认识长方体的棱（长、宽、高）、面、顶点。
2	长方体的表面积	墙面我美化	教室的各个面你想进行怎样的美化，认识长方体的表面积。
3	练一练 十一	我是粉刷匠	长方体表面积的练习课，给部分教室刷油漆，要刷多少油漆呢？
4	体积与体积单位	我的书包柜	认识体积和体积单位，会进行体积单位之间的换算。

续 表

课时	原教材内容	项目学习内容	备注
5	体积单位的换算	我爱悦读角	在悦读角设计基础上计算长方体的体积，并进行单位的换算。
6	长方体的体积	教室大挪移	联系长方体体积计算，计算各个教室的空气质量以及房间里平均每个学生可呼吸到的空气量来设计教室用途。
7	练一练 十二	材料购购购	根据教室墙面的表面积大小购买油漆。
8	容积	装修一点通	结合装修中的一些常见环节，进行长方体相关知识点梳理练习。如铺地板（瓷砖）、刷油漆、安装踢脚线等。
9	练一练 十三		
10	整理与应用 三【1】		
11	整理与应用 三【2】		
12	智慧乐园 三		

在以上项目化学习设计中，备课组团队设计出不同的课型结构，在起始阶段设计成一个主题活动课，用于项目的制定、项目要素的讨论、小组的分工等等，直到最后整个项目的完成，根据项目设计安排长作业。最终形成 8 个学习项目，12 个课时，6 种课型的学习结构。

2. 弹性设计全科学习

建构主义理论强调，学习者不是单纯记忆教师授予的知识和信息，学习是学生个人和社会多方建构的过程，教师不是帮学生的头脑填满知识，而是点燃学生心中智慧的灯火，教给学生融会贯通地开展学习。在这样的背景下，全科学习就变得特别有意义，如何将所学的知识通过全科情境开展学习，这就需要教师弹性设计、合理运用。通过学科整合拓展、打破学科壁垒，更好地开展小组合作探究，提升综合素养和能力，使课程德育得到有机渗透。

【案例 5-8】凤凰小学全科主题学习课程纲要（部分）

例如，通过对"夏水之江潮"的全科主题学习，让四年级学生收集、整理、欣赏有关钱江潮的诗词、谚语、书画以及民间流传的逸闻趣事等资料。在自主学习、主动探求知识的过程中，激发爱国情怀，提高审美情趣，培养学生有理想、有爱心、有正义感、乐于合作、乐于竞争等人文素质。在理解掌握钱江潮科学成因的基础上，通过科学实践、社会调查、实地考察，探索钱塘江两岸海塘治理及围海造田对钱江潮变迁的影响，培养学生求真求实的科学态度和百折不挠的科学品质。通过小组合作以采访、调查、资料收集等形式，提出观潮指南、钱塘江治理等方案，使学生对家乡有进一步的了解，更加热爱家乡，积极为家乡建设添砖加瓦。

年级	时间	主题	内容	活动	建议
四年级	6月 9月	2.夏水之江潮	学科整合拓展: 语文:《观潮》是四上经典课文。与潮水有关的诗词歌赋值得积累。 合作探究提升: ①合作探究钱江潮形成的原因,查找资料,小组讨论分析。 ②合作完成钱江潮形成的沙盘推演。 课程德育渗透: ①彰显钱江校区"潮"文化:勇立潮头,青出于蓝。 ②学中玩,玩中学,培养探究精神,知其然更知其所以然。	活动一:观钱江潮 实地观潮,感受钱江潮的震撼和神奇。 活动二:探秘潮水 查找资料,探究钱江潮形成的条件。 活动三:实验演示 制作模型,进行钱江潮沙盘推演。	教学实施建议 ①在创造力学习中心建立科学实验室。 ②提前购置相应实验材料。 ③科学设计主题学习任务单和评价单。 教学评价建议 一星级任务:实地观潮,背诵积累相关的散文、诗词。 二星级任务:收集资料,制作实物模型,利用沙盘推演。 三星级任务:编写钱江潮小报,撰写钱江潮形成分析报告。

第三节　教学:创享学习的指导策略

基于对创享学习的深入实践,凤凰小学提出了凤凰教师应具备的有效指导策略:教师易导,便于操作;学生喜爱,积极投入;成效明显,指导到位。

一、学习形态的发展

课堂教学变革,其目的是改善教学品质、提升学校办学质量、促进学生更好发展。凤凰小学对于课堂教学学习形态的研究,至今走过三个历程:从煲汤式教学,到创智课堂,再到如今的创享学习的研究。

每位教师在教学中努力构建创享学习,深入探讨,始终围绕与育人紧密联系的四对关系。(如图 5-6 所示)在创享学习中,教师从关注学科活动向关注学科德育与育人的关系、主动学习与育人的关系(内驱力、终身修养)转变;从关注个别向关注差异发展与育人的关系(个性形成)转变;从关注合作向关注生成学习、小组学习共同体与育人的关系(社会化)转变;从关注轻便向关注技术运用与人的培养的关系转变,加强人工智能的运用。

（一）从"创智"到"创享"

创智课堂即创生智慧的课堂,它突出了课堂思维的激活和学生创新能力的引发。2019 年之前,学校基于对"课堂"和"智慧"概念的理解,创智课堂的构建不是单纯

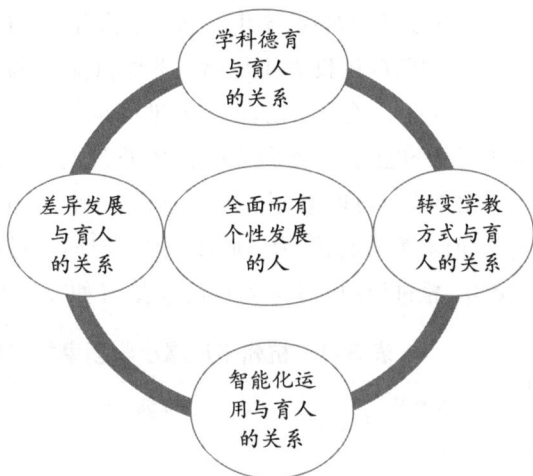

图 5-6　创享学习与育人的四对关系

地改变教学环境,也不是简单地转变教学模式,更不是以设计新奇的教学活动为取向,而是旨在超越把学生当作纯粹客体、单纯灌输知识的课堂实践,走向融合新技术的,具有启迪智慧、变革创新的新型课堂,促使学生在获得知识的同时,能够"转识成智",实现个体的自由发展。

2019 年,凤凰小学和浙江大学教育学院、华东师范大学教育学部合作,着力进行创享学习的研究,旨在人工智能的教育背景下,通过创新性的、创造性的实践体验、合作探究,形成成果,共同分享实现核心素养落地的课堂教学。

课堂需要深度学习,深度学习就是课堂展开深度建构的学习。在此背景下,凤凰小学在创享学习课堂研究中特别强调深度学习。毋庸置疑,语文、数学、英语、科学作为基础性学科的地位不会动摇,但学习掌握这些知识的方式、方法不再是碎片化和散点式,也不再以教师的讲授为主,更多的是需要教师采用更加主动的教学组织形式,学生采用更加灵活的学习策略,比如项目化学习、基于问题的学习、合作学习等等。这样的学习有利于将知识联结成支架,加深对知识点的理解,更好地提升解决问题的能力和学以致用的意识。师生、生生通过创造、分享,共同打造学习共同体。

（二）从"四化"到"四为"

2017 年,凤凰小学的课程方案就提出了创智课堂新概念,引导教师聚焦智慧学习,践行创智课堂的要素变革,促进课堂学习方式转变,提升课堂学习的效果。课堂立足于通过互联网＋的思维,灵活运用新媒体、新技术,促进信息技术与学科的有效融合,借助信息技术,促进轻便化应用。创智课堂立足学生,突出活动化、合作化,让学生成为时间的主人,把时间还给学生,让课堂成为学生的课堂。教师少讲、多倾听,学生多讲、勤展示,充分展开学习的过程。

　　在深度学习时代,学生必须学会人际交往的技能。2019 年,学校立足于改变学生学习方式,改进教学过程,改善教学氛围,加强对学生学习方式的指导,鼓励教师引导学生以自主、合作、探究的方式进行深度学习,激活学生的潜力和思维活力,使学生知识迁移的能力、观察和解释能力、推理能力、批判性思维等得到充分发展。为此学校提出创享学习理念,从活动到学科,从课堂到课程,建构"四为"要素,即为学而设、为学而创、为学而教、为学而评,全方位地打造创享学习模式。在教研组和好课巡礼过程中,推进使用创享学习评议量表。(如表 5-1 所示)

表 5-1　杭州市凤凰小学创享学习教学评议表(语文学科)

执教教师		班级		时间		
课 题				等第		
一级指标	二级指标				权重	估分
立足"四为" 精准设计目标 凸显学科素养	精准语文要素,整合单元内容				0.1	
	展示真实学情,找准学习起点				0.1	
	明确学习目标,表述清晰准确				0.1	
	目标导向教学,体现学评一致				0.1	
以创享为基点 变革学教方式 促成深度学习	创设真实情境,调动学习热情				0.1	
	遴选语用要点,设计有效问题				0.1	
	组织合作探究,分享学习策略				0.1	
	呈现思维过程,注重言语实践				0.1	
	双线融合教学,及时反馈互享				0.1	
	立足差异资源,分层设计作业				0.1	
合 计	/				1.0	
教学建议					评议人:	

　　在评议中,85 分及以上为 A 等;75—84 分为 B 等;60—74 分为 C 等;60 分以下为 D 等。

　　(三)从"共性"到"个性"

　　作为教师,应该了解每个学生的不同,真正明白自己教授的是一个个单独的个体,而不是一整个班级统一教学。帮助孩子达到最近发展区,更需要个性化指导。为此,让学习变得个性化被确定为凤凰小学的发展目标,每位老师都要开展个性化学习,也就意味着要为每一个学生量身定制学习计划。学校基于创享学习的指导策略从课程变革中落实行动,具体为:从群体课程走向个性课程,从单科课程走向整合课程,从闭合课程走向开放课程。通过个性化课程建设,改进个性化育人模式,探索学子培育新路径,加强五育融合,落实机制研究。(如图 5-7 所示)

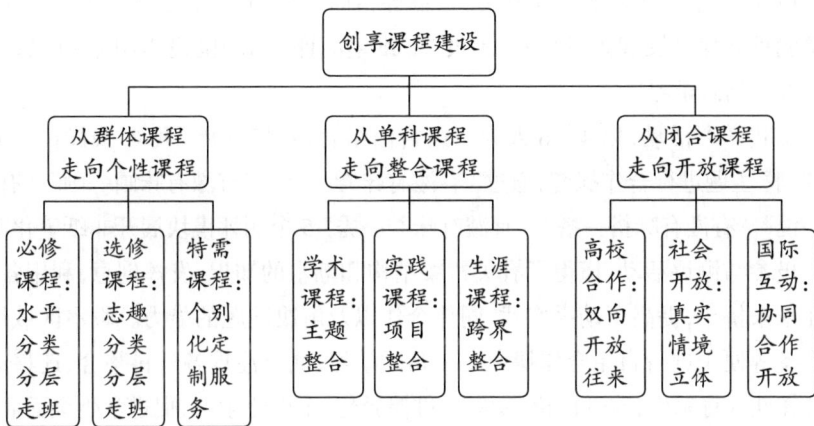

```
                        创享课程建设
        ┌───────────────────┼───────────────────┐
   从群体课程            从单科课程            从闭合课程
   走向个性课程          走向整合课程          走向开放课程
 ┌────┬────┬────┐   ┌────┬────┬────┐   ┌────┬────┬────┐
 必修  选修  特需   学术  实践  生涯   高校  社会  国际
 课程:  课程:  课程:   课程:  课程:  课程:  合作:  开放:  互动:
 水平  志趣  个别   主题  项目  跨界   双向  真实  协同
 分类  分类  化定   整合  整合  整合   开放  情境  合作
 分层  分层  制服         往来  立体  开放
 走班  走班  务
```

图 5-7　创享学习指导策略

二、学生素养的发展

学校基于创享学习的教学实施,指向学生多维素养发展,培育实践创新能力,展示浓厚分享交流氛围,形成反思改进的习惯,培育"正行、好学、乐玩、善交"的理想学子。

(一)基本知识的发展

联合国教科文组织 2015 年发布了《反思教育:向"全球共同利益"的理念转变?》报告。在这份报告中,界定知识的内涵包括:信息、理解、技能、价值观、态度。这个界定所强调的知识是动态的知识,即人们以怎样的价值观、态度去对待知识,具备怎样的技能去理解消化知识、去运用知识解决问题、去创造新的知识。在这样的背景下,通过创享学习促进学生理解知识、应用知识、创造知识的素养,关键在于合理优化和整合碎片化知识,在互动学习中给予方法的指导。

凤凰学子在课堂学习中体验到了综合的学习、实践的学习、混合的学习,学习效益重要指标不再停留在考试分数,而是分数背后学生的理解力、洞察问题的能力、想象力等等。

(二)关键能力的发展

世界经济论坛 2015 年提出"21 世纪未来人才必备的关键能力",主要包括:创新思维能力、批判性思维能力、解决问题能力、协作能力。经济合作与发展组织发起并组织实施的 PISA 考试,每隔 3 年就增加一个新的测试元素:2015 年增加"协同解决问题的能力",2018 年增加"全球胜任力",2021 年将增加"创造性思维的能力"。所有增加的这些元素都是他们认为未来社会所需要的能力。为此,杭州市凤凰小学顺应这一趋势,不断转变学教方式,倡导指向学生 4C 核心素养发展。各年级的非纸笔测评有序开展起来,比如三年级"非纸笔测评"活动围绕"小凤凰@钱塘江"主题开展一站式学习。

一站式学习活动,以 4—6 人为一组自由组合,各班选择"我@钱江桥"或"我@钱江潮"主题进行合作探究,通过"有滋有味看一看""有滋有味画一画""有滋有味说一说""有滋有味搭一搭""有滋有味秀一秀"5 个测评模块展开非纸笔化测评。学生积极参与测评活动,懂得了有关桥梁结构和潮水的知识,发挥创意,利用各种材料制作未来桥梁,提高了动手实践、同伴合作以及解决问题的能力。教室区域细分、材料准备等便于进行自主合作探究的一站式学习,测评注重各学科整合、迁移运用,强化选择性教育思想,改进评价,积极推进差异化、个性化学习,促进学生全面而有个性的发展。

(三)价值观念的发展

学校注重学生社会情感学习,提高阅读、运动、表达三大课程群的育人实效,培养气质金凤凰。教会学生对待自己要诚意、静心,要力戒浮躁。对待他人宽厚、包容,做一个诚实、厚道的人,对待学习有专心致志、持之以恒的意志品质。

学校开设的国际理解课程更注重培养跨文化理解力。具备跨文化理解力的人,能够在不同的文化空间自由穿梭,在不同的话语方式当中自由切换,在不同的思维方式当中自由调频。

三、教学行为的发展

学校不断提升教师的研究能力,从教学目标的精准定位,教学内容的整合优化,教学过程预设、生成和反馈等各方面,锤炼教师的专业素养,提升育人能力,成为学生的"人师"。

(一)从预设到生成

深度学习要求学生必须对学习具有元认知并学会学习。这样的能力培养,需要教师在每一节课中教会学生选择合适的学习策略,成为学习的主人。

一节好课,具有创生性,课堂的生成是亮点。学生应"生成"在教师的启智技巧中,表现在自我探究与主动追究中,教师从自己的预设调频至学生的生成中展开学习,课堂才充满活力。

(二)从讲授到对话

教师的教学已不再是一言堂、满堂灌的时代,仅仅满足于以"活跃"的方式来学习是一种低认知水平的学习，它达到的只是思维的末梢。当代的教育者要思考并探索有思维含量的学习方式。如在小学科学、数学等学科中，遵循"低入、多做、深思、高出"的原则，设计适合学生自学的先行学习任务，学生必须先自学，先搞清概念，然后把书本知识与生活世界联系起来，让学生在课堂上有准备地展开核心概念的学习。这样的先行学习，让学生与文本、与自己、与同伴进行对话，让学生提前思考，真正触及学习内容的核心，实现了自主学习。

（三）从控制到开放

深度学习强调和关注学习者积极主动地学习、批判性地学习，要求学习者理解学习内容的完整含义，建立已有知识与新知识的联系，将已有的知识迁移到新的情境中，做出决策和解决问题。课堂中，教师不再是权威。教学不应只是"传播"而要重在"播种"，它不是模仿和机械的操练，而是思维的激活和训练，是激情的感染和情感的升华，是生命意义的现场感受。只有开放的课堂才能吸引学生的各种感官，让学生真切感受到学习的真谛。

第六章

德育：基于别样气质
的品性养成

《诗经》云："言念君子，温如其玉。"孔子也曾感叹："夫昔者，君子比德于玉焉。"古代的君子喜欢以玉来比照自己的道德操守和品行，凤凰小学则以金凤凰为具象作为学生气质的比照。德育是培根铸魂的工程，是育人的首要行动。学校以"诚毅博正"作为校训，把"正行、好学、乐玩、善交"作为学生发展目标，聚焦关键小事，开设仪式课程，注重金凤凰别样气质的品性养成。

第一节　修养:基于金凤凰关键小事的行为养成

养成金凤凰气质,怎样做到一气呵成,又润物无声? 梳理校园日常文明"关键小事",在"关键小事"上把功夫做足,金凤凰气质的养成才能水到渠成。

一、审视:从校园日常看学生文明修养

孔子认为"不学礼,无以立"。校园内学生日常行为折射出现代文明的景象。如果学生缺乏规则意识和边界意识,心中只有自己却没有给他人留下足够的位置,势必会使校园秩序混乱,处处皆是浮躁。校园如此,社会更是如此。比如,80后90后幼时接受的教育有不能随地吐痰,不能随地扔垃圾,守秩序要排队,经常使用礼貌用语等,现代城市已很少出现随地吐痰和随手乱扔垃圾的现象,大家习惯于排队购物,懂得使用礼貌用语。昨日校园的文明景象就是今天社会的样子。那么,今日校园的文明景象便是明日社会的样子。

（一）校园文明修养的现状

场景一:校门口的保安穿戴整齐,站在旁边的值日老师一脸微笑,满怀期待迎接清晨迈入校园的孩子们。背着书包上学的学子们,一脸漠然匆匆赶路,烦躁地从家人手里接过书包,转身闪进教学楼,留下满脸担忧的长辈。

场景二:到了九点钟之后,传达室里就会收到家长们送来的孩子忘带的物品,保安们根据上面标注的班级和姓名一一分发送到班级。

场景三:下课铃声一响,教室里迅速涌出学生,上洗手间时互相碰撞的事件经常发生。下课、放学、出操,走廊上声浪一阵高过一阵,让人耳膜鼓胀,仿佛整个人都沸腾起来了。

场景四:看到陌生人来访,学生们躲躲闪闪,不敢用眼睛直视。有老师在眼前走过,学生们要么视若不见,要么转身逃开。

场景五:地面上时不时可以捡到几张用过的纸片,虽然不多,却非常碍眼。桌椅在放学后总有那么几张凌乱的,桌面时常被刻画上"印象派"作品,抽屉里物品凌乱。经常可以捡到红领巾和散落在四处的小黄帽,让人叹息,也让人无奈。

（二）理想中的校园文明修养

理想中的校园应该拥有优美的环境。无论踏足任何一处,都能感受到洁净的气

息,师生的桌案摆放有序、窗明几净、鸟语花香、书香浸润,借山光以悦人性。一张张灿烂的笑脸,一篇篇学生的作品,处处皆是"阳光"。

理想中的校园应该拥有良好的人际关系。走廊上遇见时自然地微笑问好,在不同场合使用相应等级音量说话,每个人都彬彬有礼,行走有序。师生间、同学间讲诚信,互相尊重、互相信任。

理想中的校园应该拥有意蕴丰赡的校园文化。学校的建筑设计处处是适宜金凤凰栖息之处。规章制度、学生守则可以展现学校良好的校风,促进师生道德素质的提升。典礼仪式、文化艺术、社团活动可以拓宽学生视野,让学生的个性得到发展,体现生机勃勃的校园风貌。

理想中的校园文明应该拥有良好的教风和学风。教师乐教,学生乐学,学校应该是儿童喜欢的学校。

（三）知行合一养成文明习惯

早在 1508 年,王阳明在贵阳文明书院讲学就已经提出知行合一说。知行合一,通俗地讲就是把知道的付诸实践,知中有行,行中有知,二者相合,成就品性的养成。校园文明习惯的养成只通过教条讲解,则既枯燥又难记。文明修养的养成,既需要理解,也需要反复实践,让修养刻骨。

二、基于关键小事涵养文明修养的实践

结合 24 字社会主义核心价值观,根据《浙江省小学生日常行为规范》,观察校园学生的文明情况。规范条条要落实,就要对比梳理,这 22 条规范中凤凰小学的学生有什么地方做得不到位。针对校园的文明风貌,学校学生发展中心召集所有老师针对校园文明情况进行调查。老师们指出一些存在的问题:同学们的问好没有温度;课间走路速度过快,存在安全隐患;排队讲话、走路讲话、午间阅读也喜欢讲话聊天,音量不控制招人烦;没有养成垃圾分类好习惯;近视率和肥胖率的控制总不如人意,等等。

（一）确立关键小事

根据调查情况,学校确立了微笑问好、垃圾分类、文明行走、防近控肥、音量控制五件关键小事来落实,抓好关键小事,知行合成,提升校园文明风貌。

1. 微笑问好

歌德说:"一个人的礼貌就是一面照出他的肖像的镜子。"问好是礼貌中首先要做好的。看似简单的问好,却有着不少学问。不自信的人,问好时眼睛总是不敢看着对方;不真诚的人,问好的方式总是敷衍。那么,面对师长怎么问好? 面对同学如何问好?

俗话说：美好的一天从美好的早晨开始。营造美好的氛围，就从清晨入校时的微笑问早开始。校长和行政值周干部每天七点三十分就会站在校门口，微笑着向每一位到校的同学问好。值日老师在旁边协助，提醒同学们主动问好。时间一久，微笑问早礼就成为校园一道风景线。现在的凤凰学子，都会主动向老师们和保安叔叔微笑着问好。微笑问早自然而然成为同学们入校的第一个仪式。人与人之间，在一声声问候间变得融洽。简简单单的一声问候，不仅让别人愉悦，也愉悦了自己。

在整个微笑问早礼的养成过程中，校长带着老师们的示范表率，大队部的宣传视频，校门口的问好气氛营造等，都在发挥作用。知中有行，行中有知，微笑问早礼就是在不知不觉中养成的。

有了微笑问早礼的这把钥匙，再渐进发展好微笑问好的全面普及。大队部向少先队员收集平时还有哪些需要问好的地方，问好的时候应该注意什么，再由大队干部梳理问题，拍成《凤凰学子微笑问好礼仪篇》小视频。收集学生中的问题，组织学生讨论如何解决是为知，让学生自己拍成视频是知向行迈步，同学们自己在学校里的相互问好是为行。充分发挥学生的自主性，知行合成，微笑问好自然落实。

2. 垃圾分类

垃圾分类是新时尚，凤凰学子做好分类，光靠说教肯定不行。2018 年的暑假，学校开始垃圾分类工作。抓好分类的关键在于掌握垃圾分哪几类，如何投放。暑假前，学校对所有假日小队队长进行培训，由假日小队的队长去培训队员。为什么要分两批培训？因为学习内容只有通过最快的方式运用，这样掌握得才快。事实也是如此，队长们因为肩负着责任，学习时参与度非常高，问题提得特别多。学生主动要求学习，知识就掌握得特别牢固。培训后的队长们，领了垃圾分类项目学习任务，任务单上针对不同年级提出相应的要求。

假期里，同学们完成了由知向行的迈进。按照项目化学习的要求，先学习再做好宣传资料，然后以假日小队形式完成各项活动。有的到西湖边宣传垃圾分类，有的找榜样去采访学习，有的制作宣传小报，丰富的活动反映出由知向行的过程。

开学后，学校每天针对各班的垃圾分类情况进行评价。在检验时发现学生对于用过的餐巾纸和废纸该扔进哪里不明晰，喝过的牛奶盒怎么处理也不明白。于是，每天定时倒垃圾时，就有少先队员代表在旁边进行讲解和引导，一周下来，同学们个个成为垃圾分类"小专家"了。

有一支小队将收集的可回收垃圾换成钱，捐给了杭州亚组委。这次有意义的捐款行动，得到了杭州市副市长的批示，亚组委的宣传部部长将捐款证书颁发给同学们。学校的多支假日小队主动参与社会活动，用各种形式向市民们进行垃圾分类宣传，被新闻媒体关注，让垃圾分类新时尚成为社会文明的新风景。

3. 文明行走

学校抓文明行走这个关键小事,是出于安全考虑。这个年龄段的孩子,特别是低年级的孩子爱跑,这是天性。值日老师定点定时在校园里巡视,这边劝阻那边拦着,学生们的行走还是带着风。学校就根据不同年龄段孩子的特点,采取不同措施进行引导。教室墙面上张贴文明行走的视觉提示卡,一、二年级用图示,三至六年级用符号。校学生发展中心梳理文明行走的要点编成朗朗上口的儿歌,同学们一边念一边走。学校礼仪员把《文明行走儿歌》拍成了《文明行走礼仪篇》视频做示范引领。

学会文明行走的凤凰学子面带朝气,气质更佳。值日老师的提醒次数渐渐减少,更让人高兴的是,学生们发生碰撞的次数大大减少了。抓关键小事,根据学生的学习特点落实"知",不教条,不一刀切,却在不知不觉中落实了"行"。

4. 音量控制

无论是在公共交通工具上,还是图书馆、电影院等公共空间,总有一些人旁若无人地大声说话。即使在私人空间里,不同家庭成员之间也可能因为打电话、看电视、放音乐等音量问题发生不愉快。缺乏规则意识和边界意识,心中只有自己却没有给他人留下足够的位置,势必导致一些原本应该安静的场所变成人声鼎沸的"菜市场"。在利益主体多元化、价值观念多样化的今天,陌生人之间、邻居之间乃至熟人之间,都可能因为音量问题产生纠纷与矛盾。

在沟通、情商日益受到重视的时代,人们不仅需要学会"有话好好说",学会有效表达,也需要把握好说话的音量,张弛有度、收放自如。说到底,有理不在声高,说话的音量也需因时、因事而变,不分场合、缺乏群己界限的"有话大声说"非但不能赢得他人尊重,反而容易暴露出自己缺乏文明素养。

学会和他人打交道,是一个不可或缺的社会化历程。教育不仅是传授知识和技能,也要告诉孩子如何为人处世。学校的"轻声教育"并非一刀切地要求孩子们降低音量,而是要求他们根据不同的场合、情境来控制自己的音量。这实际上是一种关乎规则与边界的教育——"宜小则小,宜大则大"。专注倾听、就餐等,要用 0 级音量静无声;课堂上同桌交流或课间两人交流要用 1 级音量悄悄说,小组讨论或走廊交流,用 2 级音量小声说;课堂上当众发言,用 3 级音量平常说;在阶梯教室等舞台上,用 4 级音量大声说;户外活动、集会演讲、室外运动比赛等,用 5 级音量放声说……

5. 防近控肥

学校将防近控肥作为重点工作,每学期的质量分析都分析近视率和肥胖率。家庭环境的变化,丰富的电子产品,户外活动量的减少,都是致使近视低龄化和肥胖率增高的原因。

做好防近控肥,学校自己先改变,每节课从 40 分钟变为 35 分钟,低年级每周增

图 6-1 "防近控肥十做到"儿歌

加两节体育活动课，用足大课间的时间，严禁老师拖堂等措施——落实。在预防近视方面，班级内按照孩子身高调整课桌椅，学校定期对孩子们进行视力测试，并建立视力档案，进行整个学期的跟踪对比，重点关注短期内视力下降明显的孩子。组织孩子们开展眼保健操标准化的学习，并进行防近小卫士的评比。在控制肥胖方面，在校午餐保证孩子的营养需求，体育课促进孩子的体能发展，开展大课间的形式多样化，根据天气采取不同的活动形态，确保孩子的活动量。

学生发展中心根据平时观察到的学生坐姿、用眼习惯、运动习惯等现状，编写了"防近控肥十做到"儿歌。（如图 6-1 所示）光是口头提出要求略显生硬，效果不理想，创作易于理解又朗朗上口的儿歌，贴在教室里，让学生们口口相传，重视并落实防近控肥的效果更佳。

（二）落实关键小事

关键小事的落实，是知行合成的过程。在这个过程中，学校遵循儿童心理发展特点，用好可视化提示，将关键小事儿歌化，提炼重点采用视频化教学，让知的过程变得生动而有趣，知与行融汇，文明修养自然养成。可视化、儿歌化、视频化都不是各自孤立的，"三化"共同促成凤凰学子关键小事的落实。

1. 可视化

视觉提示是一种最为常见且实用的"转换"方式，同时也是一种经过科学循证的教学方法。它可以将抽象概念用具体、物化的方式呈现出来，帮助孩子理解相应的概念。而可视化，指的是给学生提供相应的视觉提示，来强化一些需要学生去巩固的文明行为。

我们常常在校门口听到爷爷奶奶或者爸爸妈妈叮嘱上学的孩子：上课好好听，不要做小动作,注意力集中,下课不要跟同学打闹,作业认真做,作业要按时交……你如果问这些家长,是否觉得叮嘱有用,大部分家长都会说"没用"。在这样一声声的叮嘱中,孩子的有些行为反而被不断强化了。其实这些口头叮嘱可以通过可视化的方式来实现,效果会更好。比如在同学们的书包里放上几张正向引导的卡片,在校园环境里张贴提示语和提示图,起到不断提醒的作用。

学校在抓关键小事的过程中,不断利用视觉提示,帮助学生强化文明行为。比如音量控制,一二年级用学生的实际生活场景配上数字,提示学生在什么情况下应该用的音量等级,三至六年级则通过简洁的图示来提示。在室外排队或者集会时,老师们就用手势来提示学生应该使用的音量等级。比起老师用扩音器和大嗓门使学生静下来,这些提示显得更优雅、更实用,同时也让老师与同学都做到了音量控制,谁也不能置身事外。

可视化不仅是图片和手势,学校还会使用一些符号和标志线。比如文明行走中"直角转弯按线走",在走廊转弯处的地面上都标有相关线条,不仅提醒同学走路减速,更可以避免走路时由于视觉盲区而造成碰撞。

可视化提示简捷有效地帮助学生巩固了文明行为。

2. 儿歌化

把关键小事儿歌化,将指令要求聚焦,语言浅显、通俗易懂、朗朗上口、易读易背、富有情趣,学生喜闻乐见,从情感上更容易接受。

【案例6-1】关键小事儿歌五首

学校根据学生课间奔跑多、排队秩序乱、物品摆放不整齐等现象,提炼《文明行走儿歌》《出操儿歌》《理书包儿歌》《课桌整理儿歌》《柜子整理儿歌》等,聚焦问题,倡导正向发育。

1. 文明行走儿歌

放学出操排队走, / 专室上课有序走。 / 上下楼梯靠右走, / 直角转弯按线走。 / 课间走廊慢步走, / 不奔不跑不着急。 / 抬头挺胸不喧哗, / 争做气质小凤凰。

2. 出操儿歌

零级音量贯始终, / 迅速排队秩序好, / 动作整齐有力度, / 和着韵律姿态美。

3. 理书包儿歌

照着课表备学具, / 规定时段清书包, / 各类物品分类叠, / 控好重量背上肩。

4. 课桌整理儿歌

课前摆好用品, / 一课一理归位, / 杂物不留抽屉, / 放学清洁如新。

5. 柜子整理儿歌

一人一柜应爱护, / 留柜物品有限定, / 每周一次勤整理, / 小柜助我轻装行。

零级音量的施行焕发了别样的气质，有序有程的整理物品养成了自立的习惯，课间缓步行走促成了文明的举止，儿歌化的提示让"顽疾"消失了，让安全文明更有保障了。

将文明修养的知识、道理编成了儿歌，使学生学到了知识，明白了是非，被儿歌提醒的凤凰学子，快乐地践行文明礼仪，将规范牢牢记在心里。

3. 视频化

儿童喜欢动画视频，因为视觉和声音的同时刺激，让认知变得容易。利用这一特点，学校拍摄了一系列文明礼仪视频。视频内容的表现形式很灵活，有的是载歌载舞的表演节目，有的是儿歌说唱，还有校园情景剧。一开始拍摄视频是由学生发展中心的老师们当编剧和导演，之后的礼仪视频由校礼仪队的同学自己创作完成。这些自创自编的礼仪视频深受同学们的喜爱。

视频化将关键小事的要点进行提炼，内容不同，落实的重点也不同。比如《微笑问好》提炼了在哪些情境中进行问好，《文明行走》则演示了各种场景中怎样才是文明行走，《音量控制》用交谈姿势提示音量大小。

（三）评价关键小事

关键小事的落实，需要评价来检验，也需要评价来促进。运用过程性评价、展示性评价等，促进关键小事的反馈。班级结合"卡证章"的评比，抓行为规范文明评分，学校通过行政值日每周开展"三优班级"评选。

1. 及时性

评价反馈的及时性，可以强化正向的引导。要做到及时性，学校从现象和数据两方面收集信息，有针对性地进行反馈。对于关键小事的行为习惯的评价，都是一天一评，做到及时评价。同时，评价中发现落实关键小事的问题，及时想办法改变。如落实文明行走，通过统计发现学生在走廊转弯处的碰撞最多，于是后勤部门就画上了提示线，在《文明行走儿歌》里强调了直角转弯按线走。一周之后，从评价数据中发现，冲撞情况已经得到改善。评价的及时性不仅给学生提供了参照，也为学校落实关键小事提供了数据支持。

2. 明细性

如果不想让关键小事沦为空洞的口号，就需要将内容明细化。在实践中，"微笑问好""垃圾分类""文明行走""防近控肥""音量控制"的落实，不是学生不愿意做，而是不清楚标准，在什么样的情境中怎么处理全凭悟性。因此，通过提出细化的标准，让学生明确落实的手段。学生发展中心针对关键小事，列出评价细目，相当于给了学生和班级一张"清单"，依照"清单"查看自己的落实情况，为班级治理提供了有力支持。

3. 激励性

评价是带有激励性质的,学校的卡证章评价体系、行政值日的点评、每周值日评比文明示范班级等,不仅有针对个人的激励,也有针对班集体的奖励。每个月开展的学子形象评比都与关键小事落实相关,学校的评价体系,为正向引导提供了良好的支持。

三、学生文明修养的养成

天津南开中学的入门处,立着一面醒目的大镜,镜子上方篆刻着南开大学创始人严修书写的"容止格言":"面必净,发必理。衣必整,纽必结。头容正,肩容平。胸容宽,背容直。气象勿傲勿暴勿怠,颜色宜和宜静宜庄。"凤凰小学营造的梧桐小镇,也为小凤凰们提供了气质养成的良好环境。

(一)金凤凰气质学子风貌

梧桐校园将"正行、好学、乐玩、善交"作为金凤凰学子的培养目标,期待每一位同学读写立人,具备金凤凰的高贵气质。

举止文明:校门口微笑问好成为一道亮丽的风景线,不同场合使用不同的音量。曾有记者中午走进学校,同学们正在教室里默读。记者穿着皮鞋,走在教学区的走廊里,发出一阵不和谐的"咚咚"声,于是不得不踮着脚尖走路。学校从一年级就开始培养校园文化讲解员,他们面对来宾,落落大方地介绍校园,每每获得称赞。升旗仪式的国旗下讲话,悦舞台上的表演,演讲台上的演讲,同学们毫不怯场,充满自信。

凤凰学风:立志向上坚毅地学,自觉惜时快乐地学,创新求索广博地学。围绕凤凰学风,凤凰学子坚毅、弘毅,树大志定大目标,自觉自主地学习,快乐开心地学习,好读书而不死读书,静心读书又爱运动健康,能动静结合、博闻强识。

创意想象:多元的学习方式让孩子们的天赋得到自由的发挥。基于现实生活、改造生活,学习用创新性、批判性思维看待身边的事物。指向未来生活的 DIY 创意小制作、小发明、小设计不断涌现,在省、市、区各项赛事中斩获佳绩。通过素养发展比照雷达图,可以发现学生们可喜的变化,尤其是之前普遍较欠缺的自我规划和沟通交往能力有显著提升。

人际交往:伙伴交往,增强了沟通能力,小伙伴间的情感更亲密无间。伙伴关系改善明显,打破人与人之间渐渐疏远的习惯性冷漠。根据学校1—6年级600名学生的专项测试所得数据显示,学生的校园幸福指数,90—100分区间段从之前的29.9%上升到60.3%,整体幸福指数上涨显著。这可以说是最好的褒奖,也从侧面印证了校园新生活的课题实施成效。

（二）梧桐校园新环境风貌

学校立足"梧桐""凤凰"两个特殊元素，凤栖梧桐，让校园充满童年味道，成为学生诗意栖息的地方，快乐地享受童年生活。学校从 2018 年确立"校园新生活"方向，探索改进小学育人方式的教育实践。诚如 2019 年国务院印发的《关于深化教育教学改革全面提高义务教育质量的意见》一样，坚持知行合一，五育融合，让每一个学生成为生活和学习的主人。

梧桐校园从多样空间创生、多样载体创设、多元评价创建三条路径开展改进小学育人方式校本化实践与探索，营造自由选择、自主探究、自治管理的"三自"校园新生活样态，激发了学生的新活力，创新了小学育人的新方式，形成了学校办学的新品牌。

学校围绕"思想校园""作品校园""悦景校园""自治校园"不同区域的划分，设计文化展示，优化校园环境，使学校办学顶层思想得到充分彰显，让梧桐小镇的自主、自治、自理的理念体现得更为充分。

（三）金凤凰育人团队风貌

梧桐小镇的育人团队，立足育人岗位，结合办学特色，通过加强学习、勇于担当，不断提高凝聚力、战斗力。育人团队传承奉献精神，在付出中感受快乐，于平凡中创造非凡，发扬学术精神，做勤奋学习的排头兵，担当责任，是最强堡垒的坚守人。

学校教育生态发生显著变化，校园新生活形成了学校新样态。经过严格甄选，凤凰小学加入了中国新样态学校联盟。围绕校园新生活，进一步构建完善并付诸实施的梧桐树课程，在这一年中取得理想的效果和良好的社会影响。《像种树一样做教育——凤凰小学梧桐树课程纪实》在《教育家》杂志整版报道。《阅读相伴，成长的天空更自由——记凤凰小学儿童阅读课程建设之路》在《中国教育报》刊登。学校自主研发的新型课程被评为浙江省德育精品课程、杭州市精品课程。由省级课题统领，生发五个相关子课题在区、市级立项，研究成果获一等奖两项，二等奖一项，教师的研究更具向心性，研究的意识和能力渐强。不少来访的团队专门提出想要了解学校在校园新生活研究方面的做法。

第二节　仪式：让教育痕迹刻入学生心灵

中秋节，家人团聚在一起吃月饼赏月亮，这是节日的仪式；升旗仪式时，少先队员敬队礼唱国歌，这是神圣的仪式；获得成就，拿到证书，这是荣誉的仪式……小凤凰的成长需要各种各样的仪式,每一个仪式都成为镌刻在心中的一幅画面,时时提醒自己学会珍惜。梧桐小镇有各种各样的仪式:一年级入校有启蒙仪式,四年级有启志仪式,六年级有启程仪式。每一次开学仪式都是特别而有意义的,每一次散学仪式都是快乐而令人向往的。武学周的会操仪式、博学周的展示仪式、农学周的开营仪式,让校园生活变得丰富多彩。考试也有仪式——进入诚信考场前自己签字申请,那是一份律己的庄严承诺。此外,还有入队仪式、建队仪式、金凤凰学子颁奖仪式、百佳学子表彰仪式……每一个仪式,都让小凤凰展现精彩,每一个仪式,都是成长的里程碑。

一、对平平淡淡说"不"

心理学家在大量研究后证实,某些经历不仅不会随遗忘曲线逐渐淡化,反而会记忆犹新,这就是"记忆隆起"。这样的经历设计并不需要多大的投入,却让"记忆隆起",带来意想不到的收获。这就需要了解儿童,读懂儿童。教育活动的主题设计、环境设计、参与度设计、特殊体验设计,甚至活动时机选择,都会影响"记忆隆起"。

(一)仪式教育的需求

有多少人还记得自己小学入学的第一天,老师讲了什么,同学什么样,这些情景或许早已模糊,但是走进校门后,戴上小红花,被高年级哥哥姐姐领入教室的情景却很清晰,这就是"记忆隆起"。这份记忆是因为一个简单的入学仪式而印象深刻,这个仪式代表的是人生一个新的开始。

生活需要仪式感。升职加薪,请家人朋友吃饭庆祝是一种仪式;新的一周工作开始,买一束鲜花放在办公桌上是一种仪式;毕业时,从校长手里接过毕业证,和校长合影也是一种仪式……各种大大小小的仪式对于提升幸福感起着重要作用,具有激励意义。

(二)仪式教育的意义

《小王子》一书中有这样一个情节:小王子问狐狸,仪式是什么?狐狸回答,它就是使某一天与其他日子不同,使某一时刻与其他时刻不同。仪式让我们摆脱了日常生活的平庸、琐碎、普通与平淡,仪式传递着价值观念和情感。教育活动中仪式感的营造和利用,能有效增强教育的影响力和感染力。

二、让每一个学生都精彩

仪式教育中,每一位参与者都希望获得一个难忘的瞬间,也希望自己在仪式中是出彩的。如2020年疫情稳定后开学复课,四至六年级返校时,学校除了进行防疫演练,还让每一位同学在便利贴上写上本学期的奋斗目标,然后将便利贴贴在展板上。一个班级一块板,组成了"'疫'起攀登,梧桐小镇的小主人"主题展,陈列在学校下沉式广场上。经过此地，所有同学都能看见每个人的宣誓。简单的仪式，却创造出不同寻常的精彩，展现了团结一致的向上精神。

如 2019 年 9 月，学校迎来了一年级入学的小凤凰。新入校园，他们什么都觉得好奇，同时也有着陌生感。学校为新生安排了形式多样的入学仪式：大哥哥大姐姐牵手引领进校门；在校门口定格留影；老师们为小朋友贴上代表着"红色新时尚"的心形国旗；自己亲手将送给班级的书，递到校长手里。接着，新生开卷仪式开始啦！跟着大哥哥大姐姐一起诵读"正行、好学、乐玩、善交"学子培养目标，默默地记下……走进校园后，一个接一个富有仪式感的活动，让小朋友们不再紧张，对未来有了更多的期待。

（一）开学典礼

如何让开学典礼发挥更大的教育作用？学校为此进行了更精心的设计。上好三个开学第一课，诞生开学典礼的"金句"，让每学期的开学，都成为凝心聚气、提振校风和学风的重要契机。

1. 开学第一课

凤凰小学的开学第一课分为典礼仪式第一课、始业教育第一课、学科新授第一课三个板块。

（1）典礼仪式第一课。每一次校长致辞总有让人难忘的场景，不时出现在同学的作文里或演讲报告里。2019 年 9 月 1 日的开学典礼上，校长以互动提问的形式开启了讲话：今年是新中国成立 70 周年，那么同学们认为这 70 周年最大的变化是什么？同学们纷纷回答：最大的变化应该是改革开放、科技的进步、国家实力的强盛……校长继而引出月球探测器"嫦娥"和"玉兔"，以此例说明祖国日益强盛，激励小凤凰们团结创新。

（2）始业教育第一课。从入校欢迎仪式，到班级假期实践学习成果分享，再到本学期的自我要求，完全是小凤凰们自己主导的舞台。2020 年 4 月 26 日，小凤凰们终于在疫情稳定后得以复学。围绕"'疫'起树学风，'毅'律好读书"主题，小凤凰们在教室里认真聆听著名传染病学专家李兰娟院士的讲话，学习抗"疫"战士们的精神。世界羽毛球冠军、浙江省羽毛球队教练王琳给同学们送上新学期寄语，鼓励大家珍惜时间、追寻梦想、不懈努力。同学们还围绕着凤凰学风，一起讨论本学期端正学风的个人行动。

（3）学科新授第一课。各学科都会精心备课，做好假期与新学期开学的衔接，从学习习惯、学科游戏、学科重点等组织有趣的学习活动。

2. 典礼"金句"

校长在开学典礼上的讲话，总有一些"金句"会成为同学们习作、发言和讨论时的引言。因此,校长每次都会精心准备致辞,有意识地提炼好记的语句,成为学生努力的力量。小凤凰们被典礼"金句"影响,努力蜕变,争做展翅金凤凰。

2019年9月的开学典礼上,校长致辞《你若光明,中国将不再黑暗》:"不忘初心、牢记使命!新学期提起'精气神',小凤凰要发扬和继承这种伟大的民族精神,有一颗向着共产党、向着新中国的红心,心怀梦想、不懈奋斗、团结一心、努力创造,向着中华民族伟大复兴的中国梦奋力前行,以优异的成绩向共和国七十华诞交出优异的答卷。"2019年12月30日,校长的新年致辞《致敬攀登者》:"2020,让我们砥砺前行,定下自己的目标,迈出自己坚实的步伐,向上攀登。"2020年4月,小凤凰们回到校园复学上课,开学典礼上校长致辞《好学风与我们的责任使命》:"只争朝夕,不负韶华,做一名学习上的攀登者。"

（二）诚信考场

你记得小时候的期末考现场吗?两眼盯着监考老师发试卷,紧张答题时听到老师巡视的脚步声……梧桐小镇里的考场却不同寻常,大有名堂。

学校已经连续三年在四、五年级推行诚信考场。教室门口贴着"诚信考场"四个字,考场里一个老师都没有,原本的教师监考变成了教师巡考,发卷、收卷等考务工作都由学生完成。进诚信考场,学生要先申请,还要签订承诺书,经过学校审核通过后才可以"入驻"。每个诚信考场的黑板上都贴着一句和诚信有关的话,如"诚信梧桐飞来凤""诚实守信是美德""人人讲诚信,事事守信用""诚实守信、知行合一"。

三年来,每次考试都进行得很顺利。诚字当先,"诚"是为人守信的一种重要品质和道德规范,是做人之根本。学校希望通过设置诚信考场,在学生心中播下诚信的种子,养成诚信的行为。

（三）金凤凰散学礼

一个学期的结束,总会有一个休业式,但凤凰小学称之为"散学礼"。休业和散学这两个词语其实表达了不同的含义。"休业"的字面意思是指结束一个阶段的学习,"散学"即为放学。前者是指结束了一个阶段的学习,后者仅仅指放学了。放学之前,是在学校的课堂里学习,放学之后可以在更广阔的天地里学习。散学不休学,是另一种学习的启程。

在散学礼上,学校会回顾过去一学期里的重大活动,为孩子们送上祝福,并对即将到来的假期生活给予建议,给出目标。大队部带来一连串的好消息,小凤凰们一波接一波上台领取自己奋斗得来的荣誉,脸上写满了喜悦与自豪。对自己的假期,小凤凰们也有详细的安排。每个班都会派一名小代表,向大家分享自己的假期计划。回到教室,在班主任的带领下,班级还会开展各具特色的散学班会。下学期返校,小凤凰们会分享在假期里学到的知识和收获的果实!

（四）"三启"成长课程群

凤凰小学构建的"三启"成长课程群,以小学生一年级入学阶段、四年级十岁敏感期、六年级毕业阶段这三个成长关键发展期,架构一年级入学启蒙课程、四年级十岁启志课程、六年级毕业启程课程,形成序列化的小学生发展关键期的成长课程群。（如图 6-2 所示）

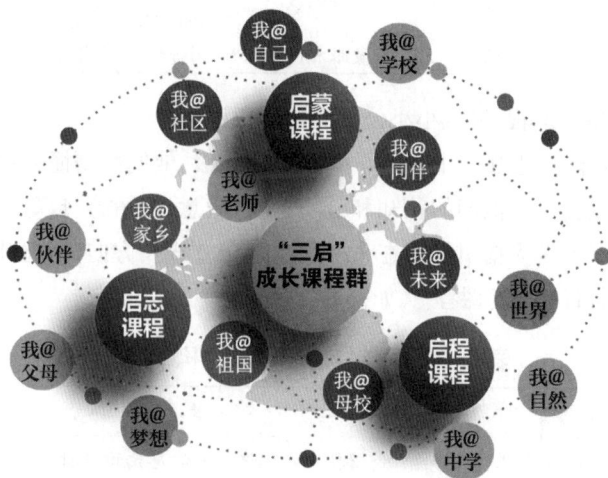

图 6-2 "三启"成长课程群

1. 一年级入学启蒙课程,引领健康向上的小学生活

启蒙,开导蒙昧,使之明白事理。新生入学第一个月设置的启蒙课程,是专为入学伊始的小学生量身定制的。通过一个月的课程,帮助一年级新生适应小学学习、生活方式、活动范围和人际交往等各方面的转变,解决新生入学适应问题。

一年级入学启蒙课程是基于入学阶段学生的需要进行设计。一年级新生将经历发现自我和周围环境变迁,建立与陌生环境及陌生人的交往自信,认识自己生活和学习的环境,通过伙伴交往与同学和老师建立人际关系,初步成为一个健康向上的小学生。

一年级新生入学是小学生培养学习习惯的最佳期,这个阶段的学生更容易接受新知和塑造习惯。因此学校从"我@自己""我@同伴""我@老师""我@学校""我@社区"五个模块维度,围绕"校园探秘""牵手相识""关爱相伴""独特的我""童眼相随"五个主题,进行入学启蒙课程设计。满足一年级新生初入学时在学习方式、人际交往等方面的适应需求,满足学生成长关键期的发展需求。（如表 6-1 所示）

表6-1　一年级入学启蒙课程架构（节选）

课程维度	成长目标	体验主题	成长课程	课程实施
我@学校	喜欢	校园探秘	看地图，识校园	班主任 体育教师
我@同伴	友爱	牵手相识	小朋友，一起走	班主任
我@老师	尊重	关爱相伴	大朋友，拉拉手	法治教师
我@自己	自信	独特的我	好习惯，我养成	班主任
			新本领，我get	各科教师
我@社区	认识	童眼相随	小脚丫，上学路	班主任

2. 四年级启志课程，形成小小公民的责任意识

启志，开启志向、志趣。十岁的学生正值四年级，他们由懵懂的幼儿逐渐开始向有志的少年阶段转变。他们的认知和分辨力、自我意识、情感、自尊心都在悄然发生着变化。启志课程是为指引学生在十岁敏感期确立成长方向，树立理想、志向，帮助学生度过敏感期而专设的课程。（如表6-2所示）

表6-2　四年级启志课程架构（节选）

课程维度	成长目标	体验主题	成长课程	课程实施
我@伙伴	互助	共享十岁	介绍我的好伙伴——你是我的好朋友	班主任
我@父母	理解	成长烦恼	我眼中的父母	语文教师
			给父母的一封信	语文教师
			给父母画漫画	美术教师
我@家乡	责任	家乡之美	杭州的地形	科学教师
			我做杭州小导游	语、数教师
			西湖楹联	语文教师
我@祖国	自豪	小家大家	向国旗敬礼	班主任
			中国的金名片	综合实践教师
我@梦想	理想	立志成志	我的时光专列	心理辅导教师
			我向习爷爷说句心里话	班主任

启志课程是基于四年级学生的发展需要设计。这个阶段的学生好奇、爱动脑、问题多，求知欲强，处于学习敏感期，亟须提升认知、分辨力，立志树人，规划人生，提升感恩意识及交往能力，促进家国情怀的理解，初步形成小公民的责任意识。为此，学校从"我@伙伴""我@父母""我@家乡""我@祖国""我@梦想"五个模块维度，按照"共享十岁""成长烦恼""家乡之美""小家大家""立志成志"五个主题，架构四年级启志课程。

3. 六年级毕业班启程课程,树立未来成人的发展志向

毕业启程课程专为六年级毕业阶段学生设计,他们即将面对初中学习,需要认识了解初中和小学的差异,去适应初中学习的强度、难度及知识面的广度,做好身心的准备。在这个学生发展关键期,通过"我@母校""我@中学""我@自然""我@世界""我@未来"五个模块维度,按照"母校烙印""对话中学""仰望星空""放眼世界""职业梦想"五个主题,设计启程课程。(如表6–3所示)

表6–3　六年级毕业启程课程架构（节选）

课程维度	成长目标	体验主题	成长课程	课程实施
我@母校	感恩	母校烙印	给母校（老师）的一封信（建议）	语文教师
			毕业留言（同学赠言）	班主任
			我眼中的同学和老师	美术教师
我@中学	憧憬	对话中学	中学,我想对你说	综合实践教师
			对话学长	年级组
我@自然	敬畏	仰望星空	我与自然有约	法治教师
			家乡的水	综合实践教师
			水世界的实验报告	科学教师
我@世界	交流	放眼世界	凤凰小学金名片	美术教师
			童眼看世界游学活动	综合实践教师
我@未来	规划	职业梦想	毕业剧《20年后的我》	法治教师
			未来的我会感谢今天勤奋的我	心理辅导教师
			家长寄语,共同展望未来	班主任
			我想对未来的自己说	英语教师

启程课程能够促使学生形成未来成长规划意识,同时更深层次地理解自身与自然、世界的联系,能从容地与不同领域的人合作与交流,开拓自己的交往领域,获得更多的交往经验,最终提升交往能力,初步树立成人的志向,满足毕业阶段关键发展期学生的发展需求。

（五）金凤凰晨会展示

学校的晨会除了规范的升旗仪式以外,还有每个班根据周主题进行的国旗下讲话。国旗下讲话一般分为光荣小旗手讲话、班级围绕主题演讲、互动问答三部分。

光荣小旗手,围绕"诚毅博正"校训,由班级推荐在某一方面做得特别出色的同学讲一讲自己的奋斗经历。从一年级至六年级,要求班级不出现重复的光荣小旗手。每一位小旗手的演讲都让人印象深刻,有的列举自己一个时间段的阅读图书的数量、

每天的阅读时间;有的列举自己坚持一项运动获得的成绩,自己又是如何实现的;有的列举自己最近做的一件令人瞩目的事,告诉大家自己的想法以及如何完成的……短短三分钟演讲,信息量大,主题很鲜明。

围绕主题的班级演讲更是精彩,主题虽然是由大队部列举,班级选择,但是每一个班级总是精心准备,边演边讲,有的慷慨激昂,有的幽默风趣,有的潸然泪下,有的令人向往……家长们也非常重视这样的机会,班级家委会派代表来现场录制,然后将拍摄的视频带回班级,与家长们一起分享。

演讲后的互动环节时间很短,却让听众们期待,只要认真聆听,就能回答所有问题,收获奖品,更收获力量。

三、仪式教育促成长

青青梧桐校园,满满童年味道。童年的味道是什么? 不正是一次又一次的实践,一次又一次的努力,获得成就感吗? 这一份成就感,不仅仅是简单的一笑了之,而是会化作源源不断的力量,激励小凤凰们不断奋斗。不同形式的典礼,为小凤凰们提供了舞台,使他们得到成长。最直观的是,与人交流时,眼睛能直视对方,言谈举止变得自信从容。参与活动的从以前只有几位,到现在大多数同学积极报名参加。学校传媒体验日,一二年级的活动是星光大道,评委老师感叹,这些节目的精彩程度完全媲美学校精心排练的节目。演出时,台下的学生看得津津有味,台上演的学生兴味盎然,班主任们感慨,今天的观众都不需要我们维持纪律。自信、自治、自主在这群小凤凰们身上展现得淋漓尽致。

（一）在仪式教育中感受主人意识

参与度扩大后,小凤凰们的感受度也得到了提升。特别是小公民的意识在不断被强化。蔡元培说:"教育不为过去,不为现在,而为将来。" 校园应该成为孩子梦想起航的地方。校长的典礼讲话一再被 "挤兑",一学期只讲一次,而同学们的演讲频次增加不少:与名人对话、小镇议事厅、小镇圆桌会……不同的活动形式,给了学生不同的表达机会。自信表达过程中,小凤凰们感受到小主人翁的意识,还有一份责任和担当,他们的意见是被尊重的。

（二）在仪式教育中得到成长

新冠疫情严峻的时期,学生们不得不居家学习。校长带领教师精心设计开学典礼方案,把独立思考、深度学习、全员参与真正落实在线上课堂。学生讨论思考的话题:围绕居家防疫情、护生命,说说最感动的方面,由此思考生命的意义,思考自己将来要成为怎样的人。直面当下居家学习的现实,思考怎么做一个自律、自主、自觉与自强的自己。20分钟的讨论时间,同学们独立思考,积极发言,通过打字、拍照、语音等方式参与线上交流,发表自己的观点。

【案例6-2】记一次线上交流活动

我记住了钟南山爷爷,我还知道李兰娟奶奶,他们都是很勇敢很伟大的人,是最美逆行者,在最危险的时候去最危险的地方。最感动我的是很多护士阿姨剪掉了美丽的长发,有的护士姐姐还剃光了自己的头发。我长大了要像他们一样做对国家、对社会有用的人。(102班 丰荷夏)

每天早睡早起,按照正常上学的时间作息,按照课表提前准备好每节课要用的学具,按时完成作业,勤洗手,勤锻炼,戴口罩,保护好自己。在这场没有硝烟的战争里,所有医生、护士和乖乖待在家的人们都值得尊敬,他们都各自做出了贡献。不论伟大还是平凡,不论举世闻名还是默默无闻,每个人都要在自己短暂的人生中体现出价值。希望疫情快快结束! (504班 何馨雅)

我们虽然待在家里,但是停课不停学,以网课的形式来进行新知识的学习。我们要把网上课堂当作平常的学校课堂一样,让自己的思绪紧跟老师,达到步调一致。相比在学校里的学习,我们自由的时间会更多一些,可以做一些更加有意义的事情,比如说阅读、绘画等,让每一天都过得充实。(603班 张悠然)

钟南山院士、李兰娟院士,他们虽然已经高龄,依然奔赴疫情一线。张继先,湖北省中西医结合医院呼吸内科主任,她是湖北省第一个上报疫情的人。让我感动和记住的还有那些默默奉献的"逆行者",那些与病毒抗争的"勇敢者",那些为筹集物资奔劳的"志愿者",那些为疫情日夜不眠的"参与者"。我长大后要做像钟南山爷爷那样的人! 敢说真话,勇挑重担,专业一流,做一个正直、诚实、心有大爱的人! 我要像这些冲上一线的医护人员那样勇敢,用自己的身躯扛起万重大山。也许会怕,也许会哭,但还是会毅然奔赴需要我的地方。(604班 汤卓臣)

钟南山爷爷在视频里说道:"把病人都送到我这里来。"这让我非常震撼。病人可不是糖果,越多越好,给病人治疗时,自己随时都会有被感染的可能。钟南山爷爷,您是我们永远的学习榜样! (606班 汪文昊)

老师没有进行空洞的说教,而是留出时空让学生独立思考、真实表达。透过这些发言,可以看到小凤凰们学习的内驱力得到了激发,他们已经明白自己今后的责任和应该采取的行动。

第三节　体验:基于"卡证章"的荣耀时刻

在一定的条件下,学生通过道德活动所产生的爱慕、憎恶、信任、同情等比较持久而稳定的内心体验,会使他们形成更为持久、深刻的道德情感。道德形成不是简单的说教,离不开个人所经历的生活体验。体验越深刻,价值认同与道德批判越充分。

一、对普普通通说"不"

对普普通通说"不",需要提升感官享受,增加刺激性,突破原有脚本(打破人们对于某种体验的预期)。当然,不需要三点都做到,至少要做到其中两点。

比如毕业式上让小凤凰们自己选择穿着,拍摄各种花式毕业照,这些都是提升感官享受,给学生心理暗示:正在发生的事件非同寻常。打破脚本,将操场变为草坪,放上自助餐桌,办起冷餐会,毕业生在舞台上自己庆祝表演,没有让同学们排排坐看节目,而是自由地走动,可以欣赏节目,也可以品尝美食,还可以三三两两地聊天。毕业生坦言,学校给了太多的惊喜,这一刻觉得,真的小学毕业了,要对自己负责了。那一天热闹过后的操场上,没有垃圾。

居家学习的开学典礼,不少学校都是校长为学生们致辞,凤凰小学却舍下校长致辞环节,让学生自己来讨论,发表自己的主张。这样的开学典礼打破了脚本,让小凤凰们牢记这段特殊时期中的特殊时刻。只要有心,我们就能跟普普通通说"不"。

（一）峰值体验的需求

让某些时刻难以忘记,这样的时刻就是峰值体验。人们在评价某次体验或经历时,决定性的时刻有两个:最好或最坏的时刻,峰值体验可以为学生留下美好的回忆,留下荣耀时刻,留下支持未来努力的精神力量,带来影响一生的启示。

（二）金凤凰荣耀时刻

打造金凤凰的荣耀时刻,最简单的方式就是认可。对他人的认可会带来莫大的力量,而这样的简单方法容易忽略。另外,还可以多设里程碑,经过一个又一个里程碑,最终实现目标。通过挑战学习,激发勇气,让其他人在场,见证成长。"卡证章"一体化、勋章日等各种仪式都是对荣耀时刻的见证。

二、推行"卡证章"一体化

校园生活犹如一场未知的旅行，凤凰小学为每个学生设计了专属的成长护照，建立形象卡、履历证、体验章的"卡证章"一体化评价机制，既关注过程，又关注结果，重视学生参与各类活动的情意态度，关注其体验和创造校园生活的幸福感。

活页设计。在校园新生活护照的前半部分，有清晰的形象卡、履历证和雏凤章评比表，明确标准，活页式的评比表便于学生进行自评和互评。

留白设计。在校园新生活护照的后半部分，附有六张留白的记录纸，上面设计有4类云朵图，分别为校园新生活 get 新知识，get 新伙伴，get 新技能，get 新感悟，便于学生记录校园新生活中的点滴感悟，同时设计时光照片墙，可粘贴校园生活中难忘的瞬间，让经历留痕。

（一）聚焦育人目标的形象卡

四类形象卡指向即时性评价。遵循中国学生发展核心素养中"社会参与、自主发展、文化修养"的三个方面和九个维度，顶层思考学校培养凤凰学子的核心使命，落实立德树人的根本任务，遵循小学生身心特点和学校的实际校情，提出了理想学生形象，概括为"正行、好学、乐玩、善交"八个字育人目标。这八个字内涵丰富，每字既可独立拆解，又可合词成意。育人目标中，以"正行"为统领，体现德育为先、立德树人的根本要求。

"正行卡"重在引导学生自尊自律，诚实守信，文明礼貌，宽和待人，孝亲敬长，有感恩之心。"好学卡"倡导学生有积极的学习态度和浓厚的学习兴趣，有良好的学习习惯，能自主学习，具有终身学习的意识。"乐玩卡"旨在让学生在轻松自如的氛围中参与体验各类课程，敢于尝试，乐于探究，不惧失败。"善交卡"指向开放的心态，尊重差异，注重合作，能理解、尊重和包容文化的多样性和差异性，积极参与多元文化交流，认同国际理解等。

每个月进行四类形象卡的评比，通过自评、互评方式开展，根据评比细则获得相应的积分，即可获得相应的奖励卡。每一月指向一类形象卡的评比，在班级内形成了一种良性的竞争氛围。

校园新生活护照"卡证章"一体化评价简单易操作，便于学生实行自治管理，关注校园生活的全过程。新生舞台侧重展示性评价，采用吹拉弹唱、作品展示、TED 演讲等多种方式，扩大参与面，促进伙伴间的欣赏和互评。学校在日常管理和运作中，也积极为学生创造展示机会，集会、课间大活动、一周小结等，管理点评都有学生干部的参与，已然形成学校管理文化的特色。

（二）突显过程学习的履历证

三种履历证指向过程性评价。每个学期根据公民课程履历证、劳动课程履历证、生涯课程履历证三种评比细则开展自评和互评。从课时累计数量、实践成果和成长档案记录三栏进行评比,达到要求者颁发课程履历证,让经历和体验留痕。

　　1. 课程履历证评价

　　实施评价:学生成长中心 + 各专项课程实施教师。

　　评价方法:体艺特长证,颁发给体艺有专长的学生;全科履历证,记录三启四学六日课程的学程履历证;学科荣誉证,专门颁发给单科特长学生;杰出成就证,颁发给在研究性、探究式学习中有所成就的学生。(如表6-4所示)

表6-4　履历证操作办法

课程履历证		年级	操作办法
体艺专长证		1—6年级	体艺项目获区三等奖(集体二等奖)以上的学生。(由带队老师颁发)
全科履历证	启蒙月	1年级	参加"三启"月课程学习,并依照评价手册取得学程履历证的学生。(由学生成长中心颁发)
	启志月	4年级	
	启程月	6年级	
	博学周	3年级	参加"四学"周课程学习,并依照学习要求,取得合格成绩的学生。(由学生成长中心颁发)
	毅学周	4年级	
	武学周	5年级	
	农学周	6年级	
学科荣誉证		3—6年级	4—6年级单科荣誉免试学生;3年级单科推荐学生。(由课程与教学中心颁发)
杰出成就证 (UTA/TPE)		1—6年级	在UTA、TPE研究性学习中取得研究成果的学生。(由学生成长中心颁发)

　　2. "搞事情"风靡校园

　　2019年五四青年节前夕,有一个文案在网上被不断转发——"人类之所以进步,主要是因为下一代不怎么听上一代的话"。深思一下,确实有一定的道理。学校五六年级有几个男生组成了一个乐队,取名"搞事情"乐队。这名称乍一听,有一点点"示威"的意思。他们参加了杭州市少儿乐队的比赛,还被新闻媒体关注到了。这一个自发组织的乐队,是一个稚嫩青涩、朝气蓬勃的乐队,乐队成员们在创建发展的过程中学会了合作,懂得了包容,更明白了如何为梦想努力奋斗。学校认为他们是校园里亮丽的风景线,让他们在晨会时向全校做展示。校长借机提出,希望校园里多一些这样的"搞事情",而且希望大家把事情搞大。正向的引导,带动了一股积极向上的"搞事情"风尚。同学们通过"搞事情"搞出了名堂。比如,金凤凰舞蹈队获得了杭州市一等奖;"校园农耕区智能灌溉系统研究"学习项目组获第四届STEM教育与项目学习国际学术研讨会暨2019年度项目式学习优秀项目展评活动一等奖。

　　3. 记录六年学习履历

　　履历式评价就是对学生的整个学习过程如记录履历般地进行过程性的记录评

价。三启成长课程群的三个分项课程均纳入课程过程性履历证评价,将学生课程参与情况采用过程性记录,记载学生课程学习的轨迹。每个课程结束,由老师依照评价建议对学生的完成情况进行评价,顺利完成的学生可以获得课程履历证。履历式评价在真实的学习环境中,及时记录学生整个课程学习过程中的点滴成长,更有助于评价学生的"学"的能力。

【案例 6-3】启蒙课程履历式评价手册

一年级新生入学启蒙课程根据五个"我 @"维度课程设置,制订课程履历式评价手册。每个 @ 系列,根据体验主题再分列不同的任务项,学生每完成一个任务项,就能在这个任务项对应处获得盖章评价。评价者或是任课教师,或是校医,或是保安,或是家长。当所有任务分项都完成时,则表示启蒙成长课程学习完毕,获得学校卡证章一体化评价的学程履历证——"启蒙证"。

这样的评价不再是仅关注学生的学业成绩,而更加着眼于过程评价,对学生进行过程性履历评价,学生的学习过程与进度一目了然。

(三)展现优秀成就的金凤凰勋章

1. 不同年级的金凤凰勋章

根据一学年学生获得四类形象卡和课程履历证的积分情况,表现出色的学生可获金凤凰勋章。1—6年级依次设鸿羽章、凌羽章、振翅章、展翅章、腾翔章、翱翔章,在散学礼上隆重颁发,让学生佩戴于胸前,引导他们朝着理想学子的目标不断奋进。每一学年根据所积累的"卡证章"数量,评选百佳正行学子。以旅程式护照为依托建立长效的校园自治机制。以评价促校园新生活的整体推进,从培养完整"人"的角度构建完善评价体系。

2. 翘首盼望的勋章日

学校颁发勋章这一天,同学们可以把自己所有获得的勋章都佩戴在身上,这是荣耀一刻,是对自己过去付出的肯定,是对未来努力的鼓励。不同年级获得的勋章颜色不同。勋章日,校长会亲手为获得勋章的同学挂上奖章。上台领勋章时,可以看到有的同学的胸前已经满满当当。有的虽然勋章不多,却也珍惜这一次获得勋章的时刻。想想平时不断地从自己卡簿里一张一张数卡,用自己的努力换来的各种积分,这一天,戴着勋章的同学满脸自豪。不同年级的小凤凰们聚在一起,相互看着对方胸前的勋章,感受不一样的力量。

三、设计峰值体验的行为学

斯坦福大学福格教授的前沿心理学理论提到:在你的记忆中一定有某些时刻难以忘却,历久弥新,这种感觉就是"峰值体验",而这种体验是可以被"设计"的。

运动会上,学校设计了许多学生可以体验的岗位:计分员、摄影师、小记者、广播员、现场秩序维护员、用水管理员、检录员……几乎场上需要管理的岗位都分配给了学生。运动会当天,天气炎热,场地上遮阳的地方不多,却能看到女同学拿着照相机,趴在操场一边候着,就为了拍下运动员跑过去时一刹那的精彩;用水管理员,两两合作,将一大桶一大桶的水安置在取水处,而且向总务老师提出添加要求时,居然还拿出了水量分析表。最后让同学们对运动会进行体验打分,设计活动的老师很有信心地判断,今天有岗位的同学给的分值肯定在8分以上。不出所料,学生给本次运动会打的分都在9分及以上。在谈体会时,学生认为这次特殊体验让这场运动会有了意义,因为这是他们认为重要的时刻。

(一)里程碑

斯坦福大学福格教授写的《行为设计学:打造峰值体验》一书提到,打造峰值体验有三个最易被忽略却重要的时机:转变事件、里程碑事件、低谷事件。利用这一个时机为小凤凰们设计荣耀时刻,更能激发学生的"峰值体验"。

新生第一天入学,到了十岁从低年级升入高年级,从小学即将升入初中,难道不值得用仪式来纪念吗? 还有学习生涯中的各种第一次,努力过程中获得了成果的每一个重要时刻……对于学生来说,这些都是小学生涯里的里程碑。

学校在设计荣耀时刻时,采用多设里程碑的方式,将小凤凰们通往目标途中的激励事件翻了倍,同时也将那些已经经历过,但可能没有注意到的事件挖掘出来。比如"勋章日"将里程碑的作用发挥到极致,让小凤凰感受到自己的进步成长。每个人都希望能努力跨越终点取得成功,里程碑的意义在于用小目标来支持人生大目标。

（二）使命感

荣耀时刻带来了脱颖而出的成就感,是勇敢行动的使命感。对于学校来说,决定性时刻出现在创造共同使命感的时候。

比如学生们一起发明节水器这一事例。小凤凰们由学校周边的钱江水想到"珍惜水资源"的话题,通过系列活动展开节约用水的实践探究。先观察统计水表刻度,记录读数,计算一天的用水量;接着调查采访家庭的人均用水量,收集节水金点子;研发制作节水小装置,并附使用说明和设计意图。学生合作发明的节水提示器简单实用,套在水龙头上,根据用途设定水量,1—2—3级,精准控量,长年累月所节约的水资源,不可估量。此发明可以推广到每个家庭,为节能环保做出凤凰学子的一份贡献。该装置还申请了发明专利。一个月左右的时间,学生围绕校园生活的用水情况开展调查,计算分析,深切感受到水资源浪费情况之严重,群策群力想节水的小妙招。调用各种知识储备,与各种各样的人打交道,解决真实生活问题,珍惜有限的淡水资源,体现了未来小公民的责任担当。

值得一提的是,这群一起完成项目的同学不是跟着激情走,而是跟着一起完成项目的使命感走。激情属于个人,能给我们带来动力,而使命感属于项目组团队,是可以分享的,足以让这群小凤凰凝聚在一起。

（三）终端化

荣耀时刻记录了学生最光荣的时刻,展现勇气、获得认可、战胜挑战。怎样将小凤凰们的普通时刻转化为特殊时刻? 就如新生到校领录取通知书,学校便打破了脚本,为小凤凰们精心设计了录取通知书,并且准备了颁发台,小朋友可以走着红地毯,在颁发台前拿到自己的录取通知书,在未来的校园里拍照留念。这一刻,对于即将入学的学生来说意义重大,家长们也深受感染。

金凤凰勋章颁发,勋章日的荣耀,都是将普通时刻转化为特殊时刻,提升学生的感受。卡证章一体化的评价、课程履历证、各种各样的"搞事情",让小凤凰们的普通时刻转化为荣耀时刻。

第七章

活动：构建有滋有味的校园生活

　　对每一个学生来说，校园生活不仅是课堂上的学习，还是校园中的各种活动。因此，吸引教育十分重视营造多样的校园生活：既有"诚毅博正"四字校训的传习，也有六大校园节日的乐玩，还有三类研学活动的韵味。学校通过这样的多维设计，和社会同步，与五育融合，同未来对接，为每一位凤凰学子构建有滋有味的校园新生活。

第一节　四学:传习校训

　　凤凰"四学",顾名思义就是四个层面的课程"学习",即学家乡传统文化,学游泳生存技能,学军人刚毅品质,学农家四时杂事。以"博学周""毅学周""武学周""农学周"四个周课程对应"四学"。这些传统课堂以外的直接经验习得的学习,正是传习凤凰四字校训"诚毅博正"的有益探索。

一、"四学"活动的内涵

　　2017年9月凤凰小学成立后,提炼了"诚毅博正"四字校训:

　　诚——《礼记·中庸》:"诚者,天之道也;诚之者,人之道也。"《礼记·乐记》:"著诚去伪,礼之经也。"《说文》:"诚,信也。"《韩非子·说林上》:"巧诈不如拙诚。"以上这些论述中的"诚",诠释的是诚信、真诚、诚恳、诚挚、诚朴,言行一致之意。"诚"是为人守信的一种重要品质和道德规范,是做人之根本,它倡导人要崇尚真理,探求真知,去做真人。

　　毅——《说文》:"毅,有决也。"《论语·泰伯》:"士不可以不弘毅,任重而道远。"《韩非子·孤愤》:"能法之士,必强毅而劲直。"其意在指明为人为学,应当做到果敢,沉毅,坚毅,坚韧不拔,持之以恒,刚毅正直。

　　博——博学,指知识面广,通晓而广泛地学习。《荀子·劝学》:"君子博学而日参省乎己。"《礼记·中庸》:"博学之,审问之,慎思之,明辨之,笃行之。"校训取之"博",意在倡导师生要广泛地求知,培养充沛而旺盛的好奇心,如海绵吸水,博采众长,追求广博的学识和渊博的学问。"博"还意味着博大和宽容,博文约礼,做到"海纳百川、有容乃大"的心境。

　　正——平正,无邪恶,无私心杂念,坚守正道,正确发展。《荀子·王制》:"正法则,选贤良。"《左传·隐公十一年》:"政以治民,刑以正邪。"《论语·学而》:"就有道而正焉。"教师"其身正,不令而行",学生为人端正,行为正确,形成全校守正、养正之风。

　　阅古今之鉴,方知天地乃宽;揽中外之胜,心怀诗与远方。凤凰小学以"四学"实践周课程传习校训,引领凤凰学子果敢坚毅,持之以恒,诚挚而端正地学习。

二、"四学"活动的设计

"四学"活动以周为单位,分设三年级寻访三美博学周实践活动、四年级学会生存毅学周实践活动、五年级军人意志武学周实践活动、六年级走进自然农学周实践活动。(如图7-1所示)

纸上得来终觉浅,绝知此事要躬行。生活的教 育来自实践,凤凰

图 7-1 "四学"活动

小学的"四学"就是要打破书本学习的局限,让学生走进生活,走进自然,在活动中探究学习,在生活中磨砺意志,践行"诚毅博正"的四字校训。

(一)寻访三美博学周

博物馆,作为一座城市的文化载体,是人们了解历史、传习文化的重要场所。但通常情况下,学生参观博物馆,多数以看看、逛逛、拍拍照为主,无法深入感受博物馆的文化及精神核心。这些品质高端、内容精深的博物馆位于学生周边,却又感觉距离遥远。

杭州作为七大古都之一,有着丰厚的人文资源,各类博物馆为学生提供了广袤的学习天地。凤凰小学在三年级开展寻访三美博学周实践活动,通过五天的体验实践,让学生深入博物馆学习,动手动脑,探究实践,了解家乡历史,传承家乡文化,品味家乡之美。

"三美",即深蕴杭州味道的美食、美饮和美器。寻访三美博学周,围绕寻访"三美"主题,设计三个博物馆的深度学习之旅,探寻杭州最具地域代表性的三个博物馆。美食——老杭州的菜肴,探访杭帮菜博物馆,品尝地道杭州美食。美饮——老杭州的茶饮,探访杭州茶叶博物馆,品味老杭州的茶饮。美器——南宋瓷器文化,探访南宋官窑博物馆,品读南宋瓷器文化。

寻访活动设计为三个阶段。第一阶段是启动环节,班主任组织学生进行行前准备课,让学生明晰馆学课程学习目标,以小组为单位制订馆学周学习计划,并进行相应安全教育。第二阶段是实践活动,分为三天,以班级为单位,前往三处具有杭州传统文化特色的博物馆学习。第三阶段是活动结束后的分享会,学生展示一周探究学习的成果,进行主题分享交流。

寻访三美博学周活动,通过"参观、拜师、学艺、研学、分享、传承"等多维学习,呈现"文学、科学、数学、历史、艺术"等多层次学习成果,让学生对传统文化产生尊重与

热爱,体会学习是需要博采众长的。

（二）学会生存毅学周

"毅商"是磨砺人意志的一个新概念。一个人想在未来的事业上有所建树,要具有较高的"毅商"。培养学生"毅"品质,始终是学校的坚持。"为人为学,应当做到果敢,沉毅,坚毅,坚韧不拔,持之以恒,刚毅正直。"写进学校校训的"毅"字,包含着学校对凤凰学子的殷殷期望。

校园安全、灾害自救、户外安全、意外伤害、游泳技能,保障人身安全的一些基本生存技能,都是孩子们成长所需,却是课堂里掌握不到的技能。生存经验需要到实践体验中去获取,训练过程中孩子所需要坚持的意志,正是学校所要达成的"毅"品质。凤凰小学依托杭州市上城区青少年活动中心游泳生存实践基地,开展为期一周的"学会生存"毅学周活动,让学生放下书本,穿上泳衣,来到50米泳道,学习各种基本求生技能。

毅学周分两个层面安排活动内容,一是社会安全（校园安全）、溺水防护救治、户外安全（含交通安全）、意外伤害等通识课;二是游泳生存训练主体课。游泳生存训练课上,根据学生的实际情况,分成初学组（从未学习过游泳）和基础组（有一定游泳基础）。初学组主要练习从憋气到手脚配合到蛙泳基本动作掌握,通过水中漂浮—憋气10秒钟—手脚能配合—学习标准呼吸—蛙泳动作,循序渐进让学生掌握基本技能。基础组则更注重动作矫正与技能巩固。活动最后一天设计考核环节,学生在50米泳道见证自己五天的学习成果。

一周的毅学活动,让学生学习基本的生存知识和基本技能,锻炼学生自护自救的能力,提高自我保护意识,培养凤凰学子"毅"品质。

（三）军人意志武学周

五笔写成的"正"字,横平竖直,端端正正做事,堂堂正正做人,这是做人之基,也是为人之本。凤凰学子传承"正"字校训,养成端正行为规范,成为堂堂正正的小公民。

武学周培养凤凰学子的国防意识,磨炼意志品质,提高身体素质,强化组织纪律,培养不怕吃苦和独立生活的能力。学校依托杭州市上城区少年总校军营基地,为五年级学生安排为期一周的实践体验活动。

武学周,采用封闭式管理,学生周一入营,周五出营,一周时间,在军校体验军营作息,严守军营纪律,进行封闭式军事训练。活动设计分常规操作项目和趣味拓展项目两类。队列常规训练是主体项目,转体、抬腿、看齐,样样都要按照高标准完成,锻炼与考验学生的体能和意志。内务整理评比,让学生体验真实的军营生活,将一个个"爸宝妈妈"锻炼成自律规范的小军人。趣味拓展活动相对丰富,参观考察部队军营,实地感受纪律严明、作风过硬的军营生活。夜间紧急集合、气枪实弹打靶、翻越障碍壕沟、上山军事游戏，让学生在紧张的军事操练之余体会军营的特别趣味。国防知识学习，让学生了解军事发展，感受国家机器的强大。军事技能竞赛、战地救护等活动，更让学生体验到真实的战地生活，树立起一名小军人的自豪感。

丰富的活动设计，让原本枯燥的军事训练显得别有趣味，特设的竞赛项目，激励学生更加奋勇争先。武学周实践活动，让学生自始至终以满腔热情投入到军训中，向教官学习，做合格小军人，从而培养行为端正、严守军纪、训练刻苦、奋发向上的品性。

（四）走进自然农学周

凤凰小学"诚"字校训倡导师生要崇尚真理，探求真知，去做真人。生活是最好的学校，走向大自然，才能够探寻到最真实的知识。学校依托校外学农基地，设计农学实践周活动，以周课程的方式引领学生走进自然，探究真知。

农学周实践活动，六年级学生在老师的带领下，前往学农基地，走向广袤的田间地头，体验真实的农家生活，感受农民的淳朴，品味劳动的艰辛，探究最本真的农时杂事。田间开垦，从手握锄具开始，让学生体验刨土、开渠、撒种、培土的整个种植过程。水生生物探究活动，为学生设计有趣的农家传统拉网捕鱼活动，以及水生物研究操作、制作生态水生物瓶活动。农家炊事是体验性最强的活动，学生分到一定数量的肉食蔬菜，分组制作一顿美食。果园实践活动，则是让学生体验筛果、果树施肥的技术操作。此外还有花卉移植、多肉种植、户外拓展、地震防御等多种实践活动。

学农是六年小学生活的最后一个实践周活动，活动内容设计相对紧密，通过丰富多彩的活动，让学生充分体验参加农业劳动的乐趣，通过有别于课堂学习的劳作体验，让学生动手劳动，挑战自我，获得成长。

三、"四学"活动的开展

意大利哲学家克罗齐说："人类用认识的活动去了解事物，用实践的活动去改变事物；用前者去掌握宇宙，用后者去创造宇宙。"教育需要传授知识，但教育不仅仅是传授知识，更重要的是促进学生智慧生长。这需要在传授知识的同时，让学生领悟方法，在实践中学会思考。凤凰"四学"活动通过体验式、探究式、浸润式三种方式开展。

（一）体验式活动，追溯学习之"源"

远古时代人们靠打猎摘果为生，逐渐积累生存经验。后来，人类在先知和前辈经验积累的基础上，绕过直接经验的习得过程，通过书本学习，加快了人类文明发展速度。直接经验和间接经验是"源"和"流"的关系，它们源于实践。书本的间接经验学习，让学生的学习精准、迅捷、有效，但是直接经验的获得作为间接经验的"源"又显得那么重要。正如学生认识了"甜"字，但只有舌尖尝过才知道什么味道是甜的；

通过接触才能体会石头是坚硬的，棉花是柔软的；通过观察，知道水是无色、透明的。许多知识直接学习比间接学习掌握得更牢固。

体验式活动是"四学"实践课程的基本方式。体验式学习让学生作为主体亲历活动并进行反思，从亲历与反思中获得认识和情感，相较于说教式的学习更能发挥学生的主动性，让学生印象深刻。凤凰"四学"活动中，博学周的采茶掌勺，毅学周的生存实践，武学周的射击拉练，农学周的种植栽培，这些活动皆是体验先行，增加直接习得体验，追溯学习之"源"，让学生成为学习的本体。

【案例 7-1】原来香甜的果子是这么来的

六年级学生开展农学周实践活动，一周实践，学生徜徉在田间地头，参与丰富多样的农事活动，体验新鲜有趣的劳作过程。一些专业的田间劳作，让学生有了前所未有的体验，同时也学到了新鲜农事知识。果园筛果，就是独具农事特色的一项。

来到果园，学生们被满树的青青枇杷果吸引，七嘴八舌地比着哪棵树上的果子多。园艺老师让同学们仔细观察爬在梯子上的果农师傅的操作。看着果农师傅一个接一个地摘下青果，同学们惊讶不已，好好的果子怎么都掰下来扔掉了？多可惜！园艺老师接下来的教学为大家解了惑。原来一枝一个果子能长得壮，也会特别甜；而一枝多个果子都长不壮，也就都不甜了。原来香甜的果子是这么来的！不仅有果农们的辛苦劳作，还是用小果子的"牺牲"换来的。于是大家纷纷加入"优胜劣汰"的大军，开始进行筛果的劳作。

科学课上果实生长发育的图片，语文课本上《植物妈妈有办法》的课文，都有植物生长的知识，但是这远没有亲眼看见摘下果子产生的冲击力大。在此之前，学生们都以为果子越多越好，想不到还有"筛果"这样的果园劳作。将实践学习安排在果园劳作中，学生真正看到、听到、摸到真实的劳作，比科学课上对着图片滔滔不绝地介绍有效得多。

认识的来源只有一个，即实践。传承校训的"四学"实践活动，采用体验式学习，追溯学习之源，丰富学生习得体验，实现"源""流"结合，让学生的学习更为扎实稳固。

（二）探究式活动，打开求真大门

新课程标准积极倡导自主、合作、探究的学习方式，在各学科的课程标准里时常可见"能主动进行探究性学习"的字样。可见，课程改革强调改变学生学习方式，倡导探究式学习。探究式学习更是凤凰小学坚持的学习方式。它发展学生高阶思维、培养思辨能力，让学生综合能力获得全面提升。

观察学习现状，教师习惯一问一答的上课模式，许多学生也习惯于上课听讲，被动接受知识。学生有较好的倾听和解题能力，但却缺少思辨和质疑能力。探究式活动正是"治愈"现状的"良药"。

　　探究式活动是"四学"实践的重要实施方式。学生在活动中通过学中做、做中学，主动地发现问题、收集信息、表达交流，从中获得知识、发展情感与创新能力。博学周的茶道研制、瓷器制作，毅学周的救生知识学习，武学周的中国军事文化研究，农学周的各种种植捕捞，皆是通过探究式学习展开，推动学生主动探寻未知的领域。

【案例7-2】揭开瓷器制作的秘密

　　三年级博学实践周，学生们在老师的指导下，针对主题进行探究式学习。尝美食、品美饮、赏美器，学生在博物馆内探究杭州的美食、美饮、美器的历史传承，通过探究式活动来寻找"杭州味道"。

　　303和304两个班主要研究的就是南宋官窑瓷器。303班的王昱茜同学拿着博物馆地图和小队成员一起寻找陶瓷的历史，探寻陶瓷的文化，观看了官窑的烧制过程，亲手制作了一件瓷器，并为它写了一篇介绍词，在展示会上呈现探究活动的成果："大家请看，我的左手边为一件做工精致的上釉青白瓷小花瓶，这件瓷器器形有口小、颈长、肚圆的特点。它经过陶泥拉胚成形上釉后，在窑内需要经过两次烧制。我的右手边这件瓷器为白瓷杯碟两件套。大家可以看到杯口制作成一个爱心形状，碟子中心呈现螺旋状，并且可以盛水，上下相映成趣。这套瓷器为高温素烧一次成形……"

　　以探究式学习展开的"四学"实践活动，学生参与到学习实践的整个过程，以学习主题展开分项、分层、分步的研究。这样的探究学习，使学生对学习内容和概念会有更深入的理解，思维能力得到充分发展。

　　（三）浸润式活动，开辟发展场域

　　"未来之学校，未来之教科书，未来之教学，必须建立在生活历上，始可谓活的学校，活的教科书，活的教学。"这句话出自陶行知先生的《生活历》。21世纪的学生都是数字原住民，他们的世界是彩色的、跳跃的、光怪陆离的。相应的，学习多以快餐式的学习方式呈现。看书看梗概，因为要看的书太多；四处培训班，因为要学的太多；学习求速度，因为知识更新得太快……事实上，学习如果快餐式求多求快，知识塔终有轰塌的一天。很多学习需要沉下来积淀，浸润式地徐徐展开。

　　"诚毅博正"校训指引下的凤凰学子，正以这样的一种姿态，端正学习，求真求实。"四学"课程以浸润式活动展开，博学周的茶道、瓷器制作，武学周的内务整理、队列训练，毅学周的生存技能学习，农学周的农时杂事实践，都是围绕一个主题，开展5天浸润式研究。

【案例7-3】我的"豆腐干"是最方的

　　国防教育武学实践周，是学生们第一次离开家去封闭式的军营接受模拟军事化训练。教练场、洗漱间、寝室、食堂，无处不充满军营威武严明的气息。5天的浸润式学习，学生的进步是显而易见的。第一天入营的鸡飞狗跳与第五天结束会操时的俨然肃穆形成鲜明对比。学生们也用自己最朴实的语言写下了武学周体验的真实感受——

到达营地的第一项任务就是学习内务整理。二十多位同学认真地学着怎样将被子叠成方方的"豆腐干"。此后的每一天，晨间、午时总能看到默默练习叠被子的学生。评分黑板上的内务整理分数一天高过一天，同学们的"豆腐干"越叠越方。等到会操比武的时候，各班"精英"云集，哨声一响，零散一地的被子霎时变成整齐的"豆腐干"。"我的'豆腐干'是最方的！"这是获胜者自豪的宣言。

以武学实践周为活动载体，通过学生积极地交往与互动，帮助学生习得技能知识、初步形成积极的社会情感体验，这是凤凰"四学"浸润式学习带给学生的收获。浸润式学习让学生触碰实践活动的思想内核，激活学生的学习欲望，潜移默化、润物无声地让知识根植于学生的脑海，让学习能力得到最大化开发。创造课堂学习无法创造的价值，开辟更多的学习新场域。

第二节　六节：乐玩校园

六节，是指学校设立的六个校园节日——童棋节、童书节、童健节、童艺节、童贸节、童创节。六个"童"字打头的校园节日，散发着浓浓的童年味道，是凤凰学子有滋有味童年生活的最好诠释。营造充满童年味道的乐玩校园，守护学生的童年，让他们在校园经历真实发生的童年生活。

一、六节活动的指向

蒙台梭利曾经这样表达教育的意蕴：促进生命——让它自由地发展、展开——这便是教育的首要任务。教育的对象面向的是一个个独特的生命体，认知到这一点，就不难理解，我们要为每一个来到学校的生命个体，设计符合他们的发展需求的教育。

（一）校园节日的变迁

20世纪90年代之前的校园，大多只有国家节日，比如国庆节、劳动节、儿童节，学校要么放假，要么庆祝，这就是大多数人记忆中的节日。如今学校为学生成长设计的"节"花样繁多，足球节、戏剧节、读书节、数学节、科技节、体育节、艺术节、文化节、美食节……真可谓内容丰富、形式多样。作为学校开展德育工作的载体，为了将它丰富多彩、精益求精，每个学校都是动足了脑筋。但是往往一项活动结束了，留下的只是一些活动照片而已。如此繁多的节日活动,除了感叹孩子们生活丰富多彩的同时,更要思考的是孩子们都在干什么呢? 他们在节日活动里学到了什么,发展了多少?

凤凰小学建立伊始,本着活动育人的理念,在学校"促进师生人格健康和谐发展,为每一个五彩的生命奠基"的办学宗旨指引下,根据学校"正行、好学、乐玩、善交"理想学子形象培养目标,将传统的碎片化的校园节日统整为序列化的节日活动,变零散的校园节日为校园六大节:童棋节、童书节、童创节、童艺节、童贸节、童健节。

（二）校园节日的特点

随着校园节日的不断深入实施,"六节"活动成为学校的特色品牌。每一个校园节日的方案制订、环节设计、学科协同,都以"乐玩"育人目标为指向,逐渐形成具有学校特色的校园节日。

1. 童年味道的定位

凤凰小学统整形成的校园节日活动以"童"字命名。从命名就足以可见,凤凰校园的节日活动,不是由教师来做主导,是以学生为主体,以育人为根本任务。校园节日活动经过了校园"八节"到校园"六节"的精简,经历了"童话节"到"童书节"的外延扩展,但始终坚守"童"字,这是凤凰小学校园节日样板的标志之一。"童"字节日活动的学科协同、目标制定、环节设计,都彰显着"为每一个五彩生命奠基"的办学理念,以助推学生成长为根本目的,以给孩子留下满满童年回忆为标准。

2. 学科元素的植入

常规的校园节日活动,多数都是由校德育处组织,各班级、后勤、教导处等各部门协同执行,学生们在老师的组织下开心参与活动,而凤凰小学的校园节日活动设计自成一体。相较于常规的校园节日活动,凤凰小学的校园节日样板的标志之二是学科元素的植入。每一次的校园节日活动都依据节日课程特色融入相应的学科元素:如童贸节灵动的数学元素、童书节丰富的语文元素、童创节四溢的科学元素……融入学科元素的校园节日课程,与学生学科学习紧密结合,设计目标更有层次,设计环节更有内涵,学生参与度更高,活动也更有滋有味。

二、六节活动的设计

米开朗琪罗曾说:"对于大多数人来说,最大的危险不在于我们把目标定得太高无法达到,而在于我们设定了一个很低的目标并实现了它。"所以,学校为学生的未来做的准备,就是让他们尽可能发挥自己的潜能,去做那些让自己变得灵活高效的事情。凤凰小学的校园节日活动通过学科协同的方式培智赋能,让每一次节日课程都有真实意义,培养学生才智,生成学生能力。

（一）玩转数学的童贸节

童贸节，源自校园的"红蚂蚁超市"，每年3月举行一次。学生们将自己家里多余的玩具、书籍带到"贸易市场"进行友好交易，所得款项捐助给"绿野基金会"，帮助贫困地区有需要的同学。

童贸节由数学教研组牵头设计活动方案，按照年级设计不同的贸易应用数学问题。学生在开心的交易活动中，计算商品交易中的找兑、记账、算账，运用数学能力来解决生活中的实际问题，实现与学科知识的密切联结，在童贸节活动中玩转数学。比如，一年级的体验活动是"购物小能手"，要求每位同学用20元钱购买至少2样不同的物品，简单记录在购物清单上。三年级体验的是"我是小掌柜"，以小组为单位对班级贸易节进行规划（例如贩售物品种类、数量、启动资金、预计盈利数等），活动结束后，分组以表格形式对班级盈亏以及原因进行分析，并为下一次童贸节提出可行的改进措施。四年级已经能够灵活掌握统计学知识，于是体验项目升级为"童贸节中的图表"，以小组形式收集童贸节中的数学信息，并制作成图表。六年级"美食小达人"项目最受欢迎，要求以班级为单位完成一份本班自制美食配方并附上制作美食的照片，分享最佳口味的美食。

校园童贸节既是一个"贸易"市场，也是一个玩转数学的培智赋能的学习场，它将学生在书本上学到的数学与生活中的数学紧紧联系在一起，学生在充满情趣的活动中，运用数学解决生活实际问题，乐在其中。同时，童贸节倡导文明交往的风气，学生在这样的情境易货交易中，了解商品交易遵循的原则和方法，培养良好的交往态度，锻炼遇挫不怠的良好心理素质。

（二）强身健体的童健节

童健节每年4月举行一次。这是所有"童"字节日里最为有力量的一个校园节日，同学们一起在操场挥洒汗水，为运动员呐喊助威，用成绩刷新纪录。

童健节由体育组牵头制定活动方案。与传统校园运动会不一样的是，凤凰校园的童健节在运动项目之外，每一个同学都是运动会的参与者，都在童健节场地上有自己的角色任务。

学生在运动会中担任的角色分作两类：竞技类（运动员）和参与类（运动会中的各色成员）。运动员分作长跑类、短跑类、投掷类、跳跃类，分别制定不同的目标要求，在运动会上按要求完成自己的竞赛项目。参与类角色相对丰富：啦啦队员是座位席担当，他们用朝气蓬勃的精神面貌，带领全班同学为运动员加油；观众是运动场上真正的主人，他们要彰显班级荣誉感，发挥小公民担当，在座位上文明观看比赛，适时为运动员加油打气；小记者是传媒担当，在活动中学习采访稿格式，撰写采访提纲，挖掘运动会期间有价值的事件进行新闻报道；绘画员是运动会上的新型角色，他们用画笔描绘运动员拼搏的运动瞬间,记录周围美好的运动场景;管理员在运动会中是比较辛苦的角色,需要深入理解童健节的各项活动安排与要求,管理好本班同学;展报组的任务重心在活动结束后,他们通过拍照、绘画、写作等方式收集运动会素材,用展报形式展示运动员们的拼搏精神,体现团结协作的班级集体。

如上所述,每一个学生都能在这样的设置里找到自己的运动会角色担当,他们都是童健节的小主人。

（三）气质养成的童艺节

童艺节在每年6月举行。同学们在艺术节的盛典时刻进行器乐、舞蹈、歌唱、绘画、书法等才艺交流。

童艺节活动分为三个阶段进行。第一阶段为传媒体验活动。如三年级的"传媒历史展",以图片、视频、展报形式展现传媒的发展史。四年级的"播音主持"体验活动,邀请知名主持人讲述主持的秘诀。五年级的"凤凰新闻编辑"体验,要求学生们一个个化身童艺节小记者、小美工、小编辑,以新闻自媒体报道形式呈现凤凰童艺节活动。六年级体验话剧创作,学生们自编、自导、自演,编剧、导演、演员、灯光、美工、化妆,各工种全方位体验,一场场动人的话剧在同学们手下诞生。第二阶段是艺术画展,由美术组教师组织指导1—6年级学生根据主题进行创作,举办主题画展。第三阶段是艺术节的重头戏——音乐晚会。活动在太阳下山后的梧桐校园展开,音乐组的老师集合凤凰学子中的佼佼者,交响乐、民族舞、音乐剧、表演唱轮番上场,艺术小凤凰们为大家送上盛宴,让同学们久久徜徉在被音乐浸润的凤凰校园里。

童艺节展现凤凰学子的艺术风貌,为学生搭建展示自我的平台。学科协同下的童艺节,更具有延展性,更富有学习的长度和深度。

（四）博学多才的童书节

童书节,是六大校园节日中比较特别的一个节日。它从9月开始一直到学期结束,贯穿整个学期。每年12月,同学们盘点一年阅读的书籍,交流读书心得,评选最爱"童书榜"。

童书节由语文教研组牵头设计活动方案。老师们融入语文学科元素,设计一个学期的活动,引领学生走近文学、亲近童话,通过读童话、讲童话、写童话、演童话等主题系列活动,激发学生的创新精神,让每位孩子在书籍的世界里收获成长的快乐。

一学期的时间,同学们都浸润在童话的世界里。在老师的指导下阅读童话,以童话小报、摘记卡等形式交流、展示;与同学合作创作童话故事,以写童话或画绘本的形式展现创作成果;精心选择文质优美的童话故事,与同学合作表演,展现童话的美好意境;每个年级以游园的方式选择不同元素的童话主题,进行童话剧及cosplay展示……活动层层推进,高潮一波接一波。

（五）奇思妙想的童创节

童创节，是凤凰小学科学的盛典，创造力培养的盛会，在每年元旦前夕举行。童创节由科学教研组牵头设计活动方案。科学组的老师每次选择一个主题（如水、光、纸等），围绕主题以班级为单位，为全校学生设计参与式科学活动。学生们在为期两周的时间里进行学习和尝试，最后在元旦游园式的氛围中完成挑战打卡。有主题、有学科指引的童创节，让学生玩中学、学中创。

如表7-1所示的童创节活动设计，一班一个项目，围绕"水"主题展开创造活动，从而激发学生爱科学、勤实践的情感，培养学生探究、创新能力。满满科学元素的童创节，让学生在活动中感受科学与生活的关系，感受科技带给我们的快乐，同时提升创新能力，树立社会责任感。

表7-1　2017学年童创节"水"主题班级学生活动菜单（节选）

班级	活动项目	负责人	活动场地
101	荷塘月色（白纸、剪刀、盘子、水彩笔，学校提供：无）	石静	101
102	泡泡城堡（吸管，学校提供：泡泡液）	胡菁	102
103	水幕幻灯机（玻璃杯、纸片、水彩笔、夹子，学校提供：无）	胡淅燕	103
104	不会放大的放大镜（水盆、硬币，学校提供：放大镜）	王娟	104
105	杯沿的硬币（杯子、纸牌、硬币，学校提供：无）	李倩倩	105
106	不湿的纸（水盆、杯子、纸，学校提供：无）	邵琼	106
201	会潜水的乒乓球（水盆、乒乓球、杯子，学校提供：无）	郑莉华	201
202	扩散（杯子、墨水、一次性筷子，学校提供：食盐、滴管）	唐金梅	202
203	不溢水的杯子（杯子，学校提供：回形针）	钱春苗	203
204	会轻功的回形针（杯子，学校提供：回形针）	陈婷婷	204
205	花开富贵（面巾纸、彩笔、酒精，学校提供：滴管）	陈隽婷	205
206	扎不破的塑料袋（保鲜袋、竹签，学校提供：无）	沈祖芬	阶梯教室

（六）黑白世界的童棋节

童棋节在每年2月的开学日举行。通过举办全校棋类赛事决出棋王和棋后，为各类小棋手搭建竞技舞台。

凤凰小学作为杭州市国际象棋基地项目学校，多年来一直保留国际象棋的赛事制度。童棋节的棋王棋后争霸赛，是凤凰校园每年的传统赛事。近年随着学校棋类品种的多元发展，围棋和桥牌也纳入童棋节的赛事范围。学校项目组的老师专门为童棋节设计赛事方案，激励学生在"黑白世界"展现竞技风采。

童棋节是凤凰校园的一项"全民"赛事,由专业的赛事组委会进行赛程编排和竞赛组织。如国际象棋赛事,1—6年级各班在班级全员参加 QQ 赛的基础上,选派男生女生精英选手各 3 名,参加学校层面的棋王棋后争霸赛。赛事采用国际标准赛事的积分循环制(瑞士制 5—7 轮),经过一天循环积分赛事,决出每个年级的棋王棋后各 1 名,并根据选手总积分产生班级团体冠军。

在竞技类比赛中提高技艺,发展思维,同时也发挥了凤凰小学杭州市棋类第二课堂共建学校的榜样引领作用,让更多孩子在竞技世界里得到锻炼发展。

三、六节活动的开展

中国工程院院士李德毅教授说:"决定你智慧的,是你获取知识的能力、决策的能力和创新的能力,而不仅仅由你的知识存量决定。"要让学生高投入学习,就要从学生的"外部驱动"走向"内生动力"。凤凰小学的六节,不只是校园节日活动,它以节日活动为载体,深入学生内心,让学生在玩中学,学中玩,培智赋能,极大程度锻炼学生与他人、环境之间的沟通能力,让学生体悟集体的智慧,培养团队精神、合作能力,提高社会情感能力。

(一) 玩中学·学中玩:润物细无声

校园节日活动,作为现代教育人对教育环境的改造,目的是在满足学生多姿多彩校园生活实际需求的基础上,通过校园活动的实践,以"寓教于乐"的教育方式,将校园活动蕴藏的思想品德和文化内涵深入学生内心,促使学生积极主动地将校园文化内化于心,提高学生的思想道德水平,培养学生良好的人生观、价值观。"玩中学,学中玩"是校园六节在实施过程中的重要方式,让学生在快乐的游戏中达成育人目的,实现育人价值。

每年 3 月,凤凰小学都举办童贸节义卖活动。不同于一般的义卖节、贸易节,凤凰小学的童贸节是以主题活动的形式展开的。如案例 7-4 的 2017 学年童贸节主题活动,就将义卖与植树节活动相结合,设置了"蚂蚁森林兑换"的主题,让学生用义卖的款项来兑换"水滴",再兑换相应的绿植拿回班里进行养护。这不仅实践了义卖活动,更实现了最大化的育人价值。

【案例 7-4】2017 学年童贸节主题活动

活动主题:蚂蚁森林兑换

活动要求:以班级为单位完成义卖活动,积攒"水滴"。根据班级积攒的"水滴"总量,兑换相应等级的绿植,拿回班级养护。

兑换方式:

1. 去除成本后,每义卖捐款 10 元钱,可以兑换 1 个"水滴"。

2. 班级同学文明活动，自觉遵守活动规则，大队干部巡查合格的班级，可以积攒5个"水滴"。

3. 做好活动场地卫生，卫生老师及大队委员抽查合格班级，可以积攒5个"水滴"。

英国剧作家萧伯纳曾说："如果你有一个苹果，我有一个苹果，彼此交换，我们每个人仍然只有一个苹果；如果你有一种思想，我有一种思想，彼此交换，我们每个人都有了两种思想，甚至多于两种思想。"教育亦然，只教授学生知识，学生得到的永远只是一种知识，而在活动中让学生用观点碰撞观点，用知识积累知识，得到的是成倍的增长。一个兑换活动的设计，既让学生通过趣味的义卖活动捐献爱心款项，帮助身边有需要的人，又让学生在活动中培养良好的交往态度，锻炼文明礼貌的行为，学会遵守规则友好与人沟通，还让学生了解商品交易遵循的原则和方法，将自己的劳动所得真实地兑换在手上，真切地体会劳动价值。

（二）求真知·育真人：让学习真实发生

每个学生的学习路径是不一样的，应该针对不同学习风格的学生匹配适切的学习资源，让学生的学习真实发生。这不只改变着凤凰校园的课堂学习，也真实地改变着凤凰校园的节日活动。凤凰节日课程不追求热闹的排场，不追求宣传的效应，追求的是真实学习的育人价值。

如表7-2所示的童创节活动，围绕"光"主题开展科学实践体验学习，学生围绕"光"展开体验学习。一年级学生进行"手影游戏"和"创意影子"两个项目化光主题实验，在童创节体验日游园活动中，实践验证自己的学习成果。活动让学生在真实的项目化学习与趣味游园活动中，感受科学与生活的关系，激发学生爱科学、勤实践的情感，培养学生的探究、创新能力，提升创新科技意识，树立社会责任感。

表7-2 2018学年童创节"光"主题项目（节选）

一年级分主题——光与影子（指导教师：娄锋）			
项目名称	活动材料	活动场地	负责教师
手影游戏	手电筒 学校提供1年级每班2个手电筒。	101 103 105	朱宝玉 郭延龙 田庆云 许 达 施凤华 娄 锋
创意影子	木块、手电筒 学校提供1年级每班2个手电筒、40块木块。用一些木块搭建物体，从特定角度照射，获得特殊的形状。	102 104 106	陈隽婷 梅 佳 许兆琛 钱春苗 徐 倩 刘 妮

（三）自由·自主·自治:做活动的小主人

陶行知先生早在 1919 年就提出学生自治问题的研究,他在《新教育》第二卷第二期中说道:"今日的学生,就是将来的公民,将来所需要的公民,即今日所应当养成的学生。"他认为要有共同自治的国民,就要在学校培养有共同自治能力的学生。

"自由、自主、自治"是凤凰小学的校风,凤凰节日活动就以此为指引,学生自主设计校园节日活动,自治管理校园节日活动,成为节日活动实施的重要方式。学生成为校园活动的小主人,在学行并重的过程中,达成培养自治小公民的理想目标。

如表 7-3 所示的童书节活动,以童话为主题元素,以"自己的节日自己过"为主张。学生在大队辅导员的组织下,策划自己的童话节活动。

表 7-3 2019学年童书节活动——"淘童话"班级项目表

	活动分工	负责人
三年级 童话淘剧场	301《灰姑娘》	徐晴曦
	302《小熊请客》	何思彤
	303《狐假虎威》	闻心然
	304《睡美人》	王振祎
	305《丑小鸭》	丁宁
	306《七个小矮人》	向煜婉 孙振越
四年级 童话淘书市	401"享童话"	吴睿思 孔煜乔
	402"淘童话"	董思羽
	403"童话书跳蚤市场"	刘颂妍
	404"童话快乐交换"	孙浩然
	405"共享童话"	曹晨
	406"乐玩童话书市"	张桓语 周安欣
五年级 童话淘手创	501"绘画童话人物"	李成蹀
	502"涂色童话人物"	金纯如
	503"用轻黏土制作童话人物"	张悠然
	504"剪纸童话"	来珈伊
	505"刻画"	李开恺
	506"沙画童话"	陈宁 俞越
六年级 童话淘体验	601《小红帽》cosplay	马士淇
	602《冰雪奇缘》cosplay	苏紫嫣
	603《哈利·波特》cosplay	申屠韩茜 林莉婷
	604《爱丽丝梦游仙境》cosplay	沈静好
	605《复仇者联盟》cosplay	林杰绅 李和扬
	606《爱丽丝梦游仙境》cosplay	陈杭喆 林博航
	607《白雪公主》cosplay	周灿璨
	608《灰姑娘》cosplay	刘雅睿

童书节期间,各年级分别确定了童话活动主题后,由大队委员牵头写好活动方

案,每个班级设计为一个童话站点,各个班级自己设计和童话元素有关的活动。童话节展示现场创意无限,cosplay体验馆、童话人物泥塑馆、童话书吧、童话小剧场,精彩纷呈,自由自主的创意扮靓整个童书节。

在这样的校园节日中,全校联动,全员参与,重温童话经典,体味童话乐趣,读童话、讲童话、写童话、演童话……在快乐的氛围中接受优秀文化熏陶,激发创新精神,追求真善美,获得童话知识,挖掘创编潜能。

第三节　三研:研学韵味

在深化课改革的大趋势下,学生的学习不再拘泥于课堂授课的循规蹈矩,也不再局限于封闭的校园。2016年,教育部、国家发改委等11部门印发《关于推进中小学生研学旅行的意见》,明确指出:"研学旅行是学校教育和校外教育衔接的创新形式,是教育教学的重要内容,是综合实践育人的有效途径。"研学旅行的生发,带领学生走出传统课堂,为学生开辟新的学习路径,给予学生更为广袤的学习空间。

一、三研活动的溯源

研学是研究性学习和旅行体验相结合的校外教育活动,它将学生书本所学外延至校外,通过探究式学习获得研究成果,从而验证书本所学,将书本与生活形成对接,衍生出新的知识体验和学习成果。凤凰小学整合学校周边资源,成立学校研学活动项目组,探索文化遗迹,寻踪人文精神,开发研学活动,开展丰富多元的研学旅行。项目组老师架构课程体系,编写学案,组织多种形式的研学活动。

作为七大古都之一的杭州,因为曾经是南宋皇都,所以被镌刻上深深的历史文化印记,丰富的人文资源、文化名人故居和历史古迹散布在城市的角角落落。杭州又是浙江的省会,是环杭州湾大湾区的核心城市,拥有西湖文化、良渚文化、丝绸文化、茶文化等城市金名片。随着时代的高速发展,杭州进入钱江时代,钱江新城的崛起,过江大桥的兴建,城市经济的突飞猛进,让杭州这座城市成为历史文化与现代文明的完美结合体,成为别有韵味的"人间天堂"。

学校周边有许多博物馆、纪念馆和历史古迹,丰富的地理历史文化资源为学生的研学活动带来很大的便利。"读万卷书,行万里路。"学校从学生兴趣出发,以学校为圆心向外延展,寻根溯源,开发"古都行""新城行""清廉行"三条研学路线,让学生

了解杭州的历史积淀,探寻杭州的文化传承,品味杭州的古今韵味。(如图 7-2 所示)

图 7-2　三研活动图谱

二、三研活动的设计

学校以培养"能解决复杂真实问题的人"为目标,设计凤凰研学的三项活动,指引凤凰学子循着研学路线,寻找自己身边的文化资源,从文化传承、自然科学、生活实践等方面自主开展研究性学习。学生在研究性学习的过程中,获取知识、应用知识,提高解决真实问题的能力,促进书本知识与生活经验的深度融合。

(一)研学"古都行"

杭州城南的凤凰山麓宋城路一带,东起凤山门,西至凤凰山西麓,南起笤帚湾,北至万松岭,方圆 4.5 公里,是杭州南宋遗址的主区域。凤凰研学活动选取南宋遗址最具代表性的"太庙遗址""凤凰山麓""南宋临安府治遗址"三个场馆,作为研学目的地,设计"太庙探秘""凤凰寻踪""府治索骥"三条研学路线,组织学生以毅行探究、合作研学的形式展开研学活动,探寻南宋遗迹,寻踪宋都文化。

"太庙探秘"研学活动的目的地是太庙遗址,活动设置三个环节:"太庙历史我知道",通过视频学习和资料查找了解太庙的由来;"太庙现状我探索",通过毅行探究,参观太庙遗址,了解政府为保护太庙遗址所采取的停建工程项目措施,通过南宋残墙说明牌、灰色花岗岩浮雕年轮图等南宋风韵建筑,了解南宋皇家宗庙的园林风格,体会历史变迁;"太庙寻踪我总结",研学活动归来对活动的收获和反思进行总结,为下次活动积累经验。

"凤凰寻踪"研学活动的目的地是凤凰山麓,活动设置三个环节:"探寻凤凰山的传说",通过查资料,访问身边长者、学者等方式,寻访身边的凤凰山故事,了解凤凰山的传说；"寻访凤凰山南宋印记"，通过毅行探究，实地考察凤凰山麓，寻找那些隐匿于山林之间的残垣断壁和山脊上的巨大奇石，走进包含半部杭州史的凤凰山，感受凤凰山的历史气息；"凤凰山楹联读一读"，毅行凤凰山，寻找凤凰亭、存成阁、正谊堂等历史古迹，搜寻凤凰山诗词楹联，感知凤凰山历史文化古韵。

"府治索骥"研学活动的目的地是南宋遗址陈列馆，活动设置三个环节："寻访南宋遗迹"，通过资料查询，寻找南宋遗址陈列馆的位置，了解其由来；"南宋文化我知道"，搜寻了解南宋诗词、绘画、农桑生产等文化遗产，通过小组交流的方式，加深对南宋历史文化的理解；"南宋遗址陈列馆我游览"，实地考察南宋遗址陈列馆，参观南宋时期的御街、御街桥埠和桥墩基础、道路、殿址、围墙、河道、石砌水闸以及元代石板道路等重要遗迹，体验南宋古都的魅力。

法国著名学者贾克·谢和耐教授曾这样指出："就世界来说，南宋都城临安（杭州）是当时世界上首屈一指的国际性大都市，是无愧于世界之冠的特大城市。""古都行"三条研学路线皆围绕南宋文化进行设计，帮助学生了解自己家乡的辉煌历史，增强学生的自豪感。

（二）研学"新城行"

史料记载，杭州自唐朝以来，就一直是经济地位与文化地位高度统一的全国性中心城市，直到英国工业革命之前，全球没有一座城市在经济规模方面超越南宋时期的杭州。21世纪的今天，随着杭州战略东移，钱江新城的兴起，杭州正式进入钱江时代。凤凰研学活动选取钱江新城"城市阳台""城市规划展览馆""杭州图书馆新馆"三个场馆，设计"城市尚水""城市尚美""城市尚文"三条研学路线，组织学生以毅行探究、合作研学的形式展开研学活动，探寻钱江新城时代杭州发展新动向，追踪杭州新城时代的韵味。

"城市尚水"研学活动的目的地是钱塘江博物馆，活动设置三个环节："钱塘起源我知道"，通过视频和网上资料查询学习，了解"东南形胜，三吴都会"自古繁华的钱塘历史；"钱塘江文化我了解"，通过钱塘"天下第一潮"资料探索、钱塘诗词文化探究，了解钱塘江的自然属性及人文内涵；"钱塘江博物馆我探究"，实地考察钱江新城核心区城市阳台，研究江边生态带，了解杭州以"水"闻名于世的城市特征。

"城市尚美"研学活动的目的地是城市规划展览馆，活动设置三个环节："城市建设我知道"，熟悉杭州城市，知晓杭州城市的人居环境改造，了解城市系统内各基础设施建设；"城市文化我了解"，通过实地参访城市规划展览馆，了解杭州城市规划这盘棋，认识引领新的城市与建筑文化的杭州标志性建筑；"城市未来我绘制"，在了解杭州城市规划的基础上，绘制自己心中未来的杭州城。

"城市尚文"研学活动的目的地是杭州图书馆新馆，活动设置三个环节："杭图历史我知晓",通过小组合作探究,了解杭州图书馆自 1958 年成立至 2008 年新馆落成正式开放的变迁史、藏书系列以及丰富的数字资源;"杭图礼仪我学习",以小组探究方式,了解杭州图书馆图书借阅规则和阅读室的礼仪要求,做好前往钱塘江畔市民中心杭州图书馆新馆,寻访杭州的城市书柜的准备;"杭图借阅趣味多",毅行前往杭州图书馆,实地借阅自己喜欢的图书,遵守阅读礼仪在图书馆安静阅读,享受美好阅读时光。

钱江新城所折射出的先进的、现代的、国际的文化,是杭州文化体系中的核心部分,是对杭州历史的传承与升华。"新城行"三条研学路线皆围绕钱江新城文化展开设计,通过资料探究、毅行寻访的方式,帮助学生了解杭州城市发展的规划蓝图,了解杭州"外柔内刚,刚柔并济"的城市内涵。

(三)研学"清廉行"

凤凰小学围绕学生发展六大核心素养,贯彻落实"立德树人"的根本任务,结合《中共浙江省委关于推进清廉浙江建设的决定》和《关于推进中小学生研学旅行的意见》文件精神,坚持以生为本的原则,以体验教育为基本途径,充分挖掘钱塘江沿线资源,架构起以"清廉"为主题的特色德育研学活动。

清廉研学活动将清廉思想、清廉制度、清廉规则、清廉纪律、清廉文化融入研学活动,培养学生社会责任感、创新精神和实践能力;引领学生"读万卷书,行万里路",了解国情省情,开阔眼界,增长知识,激发家国情怀,切实感受"诗画浙江"和祖国大好河山,感受革命光荣历史,感受中华优秀传统文化,感受改革开放伟大成就。活动分为四个主题:古城名士颂清廉、治江伟业赞清廉、钱江名胜探清廉、城镇新貌谱清廉。学生以假日小队为单位,依据四个主题自行设计研学路线,以活动引入,结合学生假日小队各项内容,寻访清廉。

1. 古城名士颂清廉

古城名士颂清廉研学活动是以寻访清廉名士为研学目标,让学生通过资料查询、合作探究和实地考察等方式,了解葛云飞、黄公望、苏轼、于谦等历史上的清廉名士,了解他们的生平事迹,学习他们的清廉行为,感受他们清廉的一生、造福百姓的宏伟一生,引领学生树立"清廉"信念,让"清廉"走进学生生活。

2. 治江伟业赞清廉

治江伟业赞清廉研学活动是以寻访钱塘江沿岸治江围垦的堤坝水电站为研学目标,让学生沿着钱塘江,了解走过抗日战争的钱江大桥风云历史,寻访新安江水电站造福于民的丰功伟绩,知晓这些工程杰作的价值和意义,学习和发扬"工匠精神",激发学生的家国情怀。

3. 钱江名胜探清廉

钱江名胜探清廉研学活动是以寻访钱塘江沿岸名胜古迹为研学目标，让学生寻访严子陵钓台、兰溪诸葛八卦村、郁达夫故居等名胜古迹，通过"搜寻资料—实地体验—我的感悟—我的行动"的研学方式，探寻体验钱塘江沿岸特有的清廉文化。

4. 城镇新貌谱清廉

城镇新貌谱清廉研学活动是以钱塘江沿岸的清廉城镇为研学目标，让学生去寻访下姜村，滨江下沙高新园区，万向、传化集团等清廉村镇、企业，感受祖国的飞速发展和改革开放的伟大成就。

"清廉行"研学活动从钱塘江沿线的古城名士、钱江名胜、治江工程、城镇新貌进行体验与学习，读清廉故事，赞清廉事迹，探清廉文化，谱清廉新曲；与有榜样力量的大伙伴交往，埋下清廉的种子，坚定清廉的意志，促进家国情怀的理解，初步形成小公民的责任意识。

三、三研活动的开展

特级教师朱德江说："顺应智能时代的变化，教学改革应从'浅层学习'走向'深度学习'，也就是说，要让学生经历一种主动的、探究式的、有意义的学习过程。从学习结果来说，是指学生能深刻理解把握学习内容的核心与联系，能将学到的知识迁移与应用，实现知识的深层加工、深刻理解以及长久保持。同时，期望学生在学习过程中，有自己的发现、自己的顿悟，如学科思想方法的感悟、学科精神的顿悟、对合作与沟通的体悟等，从而增知识、长见识、悟道理，实现知识的理解、精神的愉悦、悟性的提升、心智的成熟、深度的自我认知等全方位成长。"

基于儿童立场，从学习需求出发，将学习自主权还给学生。学生根据研学主题，自主制定采访计划，合理分配组内成员的职责，积极开展采访与素材收集，勤于总结有效的调查信息，积极归纳撰写心得体会，这样有层次、有目标、有方法的实践锻炼活动，让学生的核心素养、探究能力得到提升，让学习在研学活动中真实发生。

（一）路线研制：谋定计划研中学

《研学旅行发展与服务体系研究》一书中提到，从本质上说，研学旅行应该是"研+学+旅行"，其中"研"和"学"是最重要的内容。研学活动开始之前，全体教师和学生会一起完成3—4个课时的行前准备课，对研学活动做前置性的研究学习，并制订详尽的计划，增强学生的自主性和参与性，让学生明晰研学活动的目的，在研制计划的过程中，开启"研""学"之旅。

图7-3是四年级学生手绘的清廉研学路线图。学生对"颂清廉""赞清廉""探清廉""谱清廉"四条研学路线进行了前置性研究，以假日小队为单位，绘制清廉研

学路线图,对研学路线进行合理规划,为钱塘江沿线的古城名士、钱江名胜、治江工程、城镇新貌体验学习做好准备。

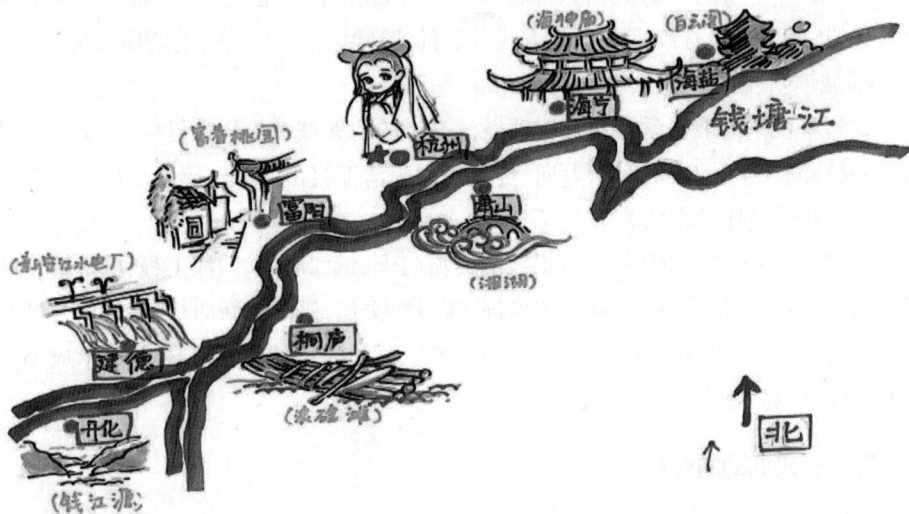

图 7-3　清廉研学路线图

　　《中国德育》2014 年第 9 期《研学旅行:一门新的综合实践活动课程》一文指出:"研学旅行具有综合实践活动课程的自主性、开放性、探究性和实践性等基本特征,不仅体现了综合实践活动课程的理念,而且能有效地实现综合实践活动课程的目标与价值,对丰富学生的学习方式,促进学生主体性发展和塑造健全人格具有重要的意义。"研制行前路线,正是学生开展探究学习的第一步,也是实现学生主体发展的关键环节。

　　(二) 项目学习:自主探究游中学

　　"上海教育"公众号"第一教育"推文:"脑科学研究表明,学生自主的探究行为是促进直接兴趣生成的源泉,教师应该诱发学生对所学知识和各种现象产生探究的欲望,在质疑和探究中感受知识的魅力,体验成长的快乐。探究是一种发自内心的需求,这种需求一旦得到满足,就会充满愉悦。"凤凰研学采用项目化学习,学生在研学中自主探究,充分调动注意力、记忆力、思维力、反应力和自控力,学生在游中学,提升了学习品质和交往能力。

　　【案例 7-5】府治索骥,寻访南宋遗址

　　同学们,公元 1138 年,宋室迁都临安府(今浙江杭州)。你知道吗? 在离我们学校不远的中山南路 199 号,凤凰山东麓宋城路一带,有一座南宋遗址陈列馆。从学校步行至南宋遗址陈列馆,你们是怎么走的? 请根据提供的地图(略),小组合作,在行进过程中,记下自己小组途径的路段,画下行进线路。

如上研究性学习,是三年级"寻访南宋遗址"的项目化学习。学生通过资料查询,寻找南宋遗址陈列馆的位置,了解南宋遗址陈列馆的由来,展开"南宋遗址陈列馆我游览"研究性学习,实地考察南宋遗址陈列馆,参观南宋时期的御街遗迹。在行进途中,以小组为单位,记录绘制出行路线图。学生观察记录标志性建筑,用各种能力完成研究性学习内容,原本枯燥的毅行过程变得充满趣味。从"浅学"走向"深学",实现知识增长与全人成长同步。

有专家称,教育是个悖论,因为教育是用昨天的知识教今天的学生,应对尚未到来的明天。社会上一些高分低能现象,也说明了这样的问题,主要表现为学生不能综合解决问题。项目化的研学活动,让学生通过游中学,获得解决真实问题的能力,收获健身、健手、健脑、健心的成果。

(三)多元评价:展示总结分享学

华东师范大学教育学系宁本涛教授在《五育融合视野下劳动教育的中国经验与未来展望》一文中说道:"素质教育倡导多年,但对于多数学生而言,走的依旧是'学而优则仕'的应试教育之路。在应试教育指挥棒的指引下,评价也相对单一。"研学活动的开展,以研究性活动打破应试教育的壁垒,让评价变得多元,更注重过程性和表现性评价,行后展示成为凤凰研学的常态评价方式。

【案例 7-6】治江伟业赞清廉,新安水利第一坝

2019 年 11 月,凤凰小学开展清廉研学活动,学生沿着"古城名士颂清廉""治江伟业赞清廉""钱江名胜探清廉""城镇新貌谱清廉"四条线路出发,寻访钱江清廉足迹。以下是 402 中队秀水科技小队的队员们走访新安江水电站后写下的感言——

这次的清廉研学之旅让我深刻地感受到祖国山河的美丽和建设者的聪明才智。新安江水电站大坝高 105 米,坝顶全长 465 米,不仅培养了第一批大型水电工程技术人员,也为此后的水利工程项目积累了很多宝贵的建设经验。在参观新安江水电站展览馆时,通过照片及解说,我们重温了老一辈水利人的建造往事,深深感动于他们自强不息、艰苦奋斗的精神品质。穿过展览馆,沿着厂区大道一路向新安江大坝走去,远远就能被它的雄伟壮观所震撼。我们乘坐电梯,登上坝顶,千岛湖的美丽尽收眼底,大家纷纷驻足远眺,尽情感受着好山好水带来的好心情。"天下第一秀水"——千岛湖可真是名不虚传啊!

402 中队秀水科技小队的队员们走访新安江水电站,了解钱塘第一坝造福于民的清廉伟绩。在了解这具有时代意义的工程杰作之后,分组撰写调研报告。每一位同学都写了自己的心得体会,将自己的所思所感制作成展板,开学向全校师生介绍研学成果。这样的研学,已经不是分数所能包含的了,学生的获益,得到的成长,是令人欣喜的。

　　未来社会发展和个人终身发展所需要的关键能力与人格特征,于自我,要身心健康、学会解决问题,要有人文底蕴、科学精神、审美情趣、创新意识,特别是要有学习、生活及整个人生的自我规划能力;于社会,要有公民道德、社会责任、国家认同、国际理解意识,特别是跨文化的沟通与合作能力。凤凰小学研学活动的架构,为学生搭建了关键能力和人格发展的成长营,用行前计划研中学、行中探究游中学、多元评价方式总结学的方式,成就学生综合素养的锻炼与成长。

第八章

评价：素养立意
的改革创新

　　评价，是依据教育目标对教育过程及结果进行价值判断并为教育决策服务的活动，是对教育活动现实的或潜在的价值做出判断的过程。在学校实施吸引教育的实践中，不仅对校园文化、课程设置、学教方式等进行了研究，也力图在评价层面进行改革与创新，突破传统评价的束缚，着眼未来素养发展，让评价真正助力学生的成长。

第一节　回顾：教育评价的发展历程

纵观教育评价理论与实践的历史发展，大致经历了古代的传统考试、近现代的科学测试和当代的科学评价三个不同时期。

一、教育评价的出现

评价一词，早在 900 多年前北宋时期就已出现。《宋史·戚同文传》中就有"市物不评价，市人知而不欺"的记载。《辞海》对"评价"一词的解释有两条，一是评定货物价格，二是评论价值高低。评价就是根据某种价值观对事物及其属性进行判断、衡量，亦即对人或物做出好与坏、真与假、善与恶、美与丑、优与劣的判断。评价意味着对某一事物的价值给予一般的衡量。

对评价起着重要作用的就是一个人的价值观。价值观的不同，对同一事物的评价也会不同。价值是客观的，而评价是主观的。纵观哲学史，有几种不同的价值观：一种是客观主义价值观，认为价值是客观对象固有的本性，是纯客观的东西；一种是主观主义的价值观，认为价值是用来表达个人对事物的好恶情感的，是纯主观的东西；另一种是辩证唯物主义的价值观，认为价值是一种表明客体对主体的特殊效用性，是主观性与客观性的统一。客观事物的效用性与主观的需要和愿望相结合，就具有了一定的价值，符合的程度越大，价值就越大。现今，我们对评价的认识就是建立在这个基础上的。教育评价，是现代教育改革的重要问题，它是一门新兴的科学，正处于不断完善、不断发展的过程中。

20 世纪 40 年代，泰勒对教育评价的解释是"确定教育目标在实际上被理解到何种程度的过程"。日本学者进一步界定为"教育评价就是系统地、有步骤地从数量上测量或从性质上描述儿童的学习过程和结果，据此判定是否达到了所期望的教育目标的一种手段"。这是以教育目标为依据，评量学习结果达到目标的程度。

20 世纪 60 年代，克龙巴赫提出，评价是为决策提供信息的过程。教育评价是一种有系统地去寻找并搜集信息资料，以便协助决策者在诸种可行的途径（方案）中择一而行的历程。这样的观点，强调评价的信息作用，扩大和拓宽了评价的功能和范围。

还有一种观点，着眼于教育现象的价值，也就是关注评价对教育效果的判断。"评价是一种对优缺点和价值的评估，是一种既有描述又有判断的活动"，"教育评价就是对照教育目标,对教育行为产生的变化进行价值上的判断"。

进入20世纪80年代,基于对教育评价概念的研究,我国对教育评价的描述是"教育评价是对教育的社会价值做出判断的过程","教育评价是按照一定的价值标准,对受教育者的发展变化及构成其变化的诸种因素进行价值判断的过程"。

基于不同的哲学观、方法论和教育观,对教育评价概念的阐释会有不同,但对教育评价的认识却有共同特点:评价是一个过程;价值判断是评价的本质特征;以一定的教育价值观为依据;采用可行的科学手段。据此,将教育评价进行初步的界定:教育评价是根据一定的教育价值观或教育目标,运用可行的科学手段,通过系统地搜集信息、分析解释,对教育现象进行价值判断,从而为不断优化教育和教育决策提供依据的过程。

二、现代教育评价

随着时间的推移,评价从以学生学习活动为对象,逐渐扩大为教育的全领域,成为整个教育系统不可分割的一部分,不仅仅是教育结果与教育现象,诸如教育计划、教育活动、教育过程也都成为教育评价的对象。现代教育评价已经成为现代教育不可缺少的部分。

(一) 现代教育评价的要素

现代教育评价摒弃了原先的鉴定与筛选的功能,更注重强调评价的反馈、矫正、调控的功能,目的是创造适合儿童的教育,而评价是为了诊断评价对象的现状,以便发现问题,使教育教学工作不断改进完善,适合教育对象的需要。教育评价的目的是为教育决策提供信息和依据,为改进教育服务,为提高教育质量服务。现今,教育评价越来越关注以下四个要素:

1. 价值目标和标准

价值目标和标准,即实施评价所依据的评价标准体系。一般而言,学校主要依据教育目标、培养目标和课程标准设立价值目标和标准。凤凰小学的原则是有国家明确标准的就依据国家标准,没有标准的就借助专业机构的意见来建立标准。

2. 组织机构和人员

组织机构和人员,即实施评价的评价者。就学校而言,一般是以教师、学生家长作为评价者。但凤凰小学在实施的过程中,越来越意识到除以上两者之外,还需要将学生这个被评价主体也纳入到评价者之中。

3. 评价方法和技术

评价的方法和技术,包括信息处理的方法和技术以及综合分析判断的信息技术。随着现代技术的发展,大数据处理平台对这些信息的处理越来越得心应手。

4. 评价对象与人员的心理调控

评价对象与人员的心理调控,是直接影响评价能否顺利进行的因素。凤凰小学越来越认识到这个因素的重要性,将教师评价素养的发展纳入研究范畴之中。

（二）现代教育评价的基本类型

根据评价方法和概念的不同,在了解不同概念、不同功能的基础上,根据被测评内容、时间、形式的不同,常常使用以下四种不同的评价形式。

1. 形成性评价

通过诊断教育过程中的问题,为正在进行的教育活动提供反馈信息,以提高实践中正在进行的教育活动质量。形成性评价的主要目的不是给学习者评定成绩或做出证明,而是帮助学习者把注意力集中在达到掌握程度所必须具备的特定知识上。

2. 表现性评价

传统的纸笔测验、多项选择式标准化测验,无法了解学生的高级思维技能和解决实际问题的过程和表现。而表现性评价注重的是真实的情境,评价学生真实的行为表现及解决实际问题的能力,注重强调问题的真实性和情境性。这是目前学校着力加强与研究的评价方式,课堂中的表现性评价是研究的重点。

3. 发展性评价

发展性评价指系统地搜集评价信息和进行分析,对评价者和评价对象双方的教育活动进行价值判断,实现评价者和评价对象共同商定发展目标的过程,促进被评价者的不断发展。在通过对被评价者信息的追踪处理得出结论的过程中,一般会使用发展性评价。

4. 结果性评价

结果性评价就是在教学活动告一段落后,为了解教学活动最终效果而进行的评价。学期末或者学年末进行的各种考试、考核都属于这种评价,目的是检验学生的学习是否最终达到了各科教学目标的要求。这是以往的学业评价,特别是用纸笔测评为主的知识测评使用得较多的评价形式。

（三）现代教育评价的误区

正如教育评价学家帕特里克·保德伏特所说,评价犹如可口可乐一般深入到了地球每一个角落人们的生活之中。在学校教育中,教师对学生的评价已经越来越受到关注。审视当下学生的校园生活,内容简单枯燥,封闭式的学校生活造成学生与社会脱节、不善交往、适应性差的现象。由此再观之学生的评价,与立德树人的教育根本任务是相悖的。

1. 唯纸笔,能力缺位

小学阶段学生评价大多还是用纸笔测评为主,纸笔测评过多关注知识的掌握程度,考查学生对知识的记忆力和接受能力,能力被忽略了,过程被虚化了。客观性强、便于阅卷、答案整齐划一的笔试检测方式占据主流,这与我们提出的发展个性、培养创新思维冲突。应试教育导致了以书面考试为主的评价方式,把评价窄化为学生的学业成绩,其实质就是评价目标重量化,纸笔测评范围狭窄,素养能力无法顾及。受纸笔测评的限制,学生的实践能力、言语交际能力、问题解决能力、学习兴趣习惯等素养难以检测。

新的评价理念注重发挥评价的激励性和发展性,除了学业成绩,更关注学生态度、情感、价值观的发展,学生身体素质、身心健康的发展,学生学习过程中发现问题、解决问题、创新思维的发展,这些非智力因素的检视需要比学业更受关注,需要评价中采用定性和定量相结合的方式进行,使评价既量化合理,又质性合理。

2. 唯教师,形式缺漏

评价的主体比较单一,自主评价没有实现。评价主体在社会学理论上是指"参与评价人员量和面的分布",反映着社会权利分配的状况。受评价模式的影响,评价一直以来呈现集权化,具体就是表现在教师成为评价的唯一权威。在经济的发展过程中,人们也逐渐意识到分散对于发展的重要意义,于是在教育评价的领域中,也就提出了评价主体应该多元化的思路。

现今学校以纸笔测评为主要实践内容的评价方式,评价的主体是教师,学生无法参与到评价之中,自主评价没有实现。评价主体多元化,是指评价主体除了教师,还可以是学生本人、同伴、家长,还可以是教育管理人员,以及学校所在社区中的人员等等,要把这些人都吸纳到评价主体中来,一起参与评价事宜,发挥各自的评价优势,从不同的角度对学生进行评价,从而得到比较全面、客观的评价结果。

3. 唯结果,过程缺失

除了评价内容与主体的多元,还有评价方式的多元。发展性评价的理念就是注重学生的发展状况,其自我评价标准的确定,是为了把被评价者前、后不同阶段的行为表现作为评价的重要依据,帮助被评价者充分认识自我。

评价是对学生前期学习的总结与肯定,对后续学习的建议和激励,如果过多地把单维评价、一次评价作为最后的定论,是对学生极不负责的行为。培养全面发展的人,更应注重的是学生在学习过程中的成长与收获。评价过多关注结果,以结果为导向,忽视过程评价,其实质是对教育目标和宗旨的背离。

三、深化评价改革的构想

新课标与新课程带来新评价,新课标的实行与新课程的架构对评价方式提出了更高的要求,强调要建立一种促进学生全面发展的评价体系,建立多元主体共同参与的多元化评价制度。

（一）深化综合评价改革的背景

《国家中长期教育改革和发展规划纲要（2010—2020年）》明确提出：教学改革要根据培养目标和人才理念，建立科学、多样的评价标准，改进教育教学评价，探索促进学生发展的多种评价方式。

2013年，教育部颁布了《关于推进中小学教育质量综合评价改革的意见》，明确提出"推进中小学教育质量综合评价改革，是推动中小学全面贯彻党的教育方针、全面实施素质教育、落实立德树人根本任务的重要举措，是引导社会和家长树立科学的教育质量观、营造良好育人环境的迫切需要，是基本实现教育现代化、加强和改进教育宏观管理的必然要求"，并配套发布了《中小学教育质量综合评价指标框架（试行）》，要求开展以学生全面发展为核心的绿色评价，关注学生在品德发展水平、学业发展水平、身心发展水平、兴趣特长养成、学业负担状况等方面的评价。

《浙江省教育厅关于深化义务教育课程改革的指导意见》在"总体目标"中提出改进教育评价，积极推进差异化、个性化教育，促进学生全面而有个性的发展，并在"深化评价改革"这一专题中提出："建立科学的教育质量评价体系。树立科学的教育质量观，推进中小学教育质量综合评价改革，完善区域教育质量管理制度。探索推广过程性评价、表现性评价和发展性评价，探索形成多形式、人本化的学生发展评价机制，建立和实施九年一贯的学生综合素质评价制度，全面、真实、客观地评价学生的学业成绩和综合素养发展水平。"

（二）深化校本评价改革的内容

突围封闭式的学校生活、压迫式的班级生活和被动式的课堂生活，科学树立评价观，从"育分"到"育人"，变单一的"知识传授"为培养"完整的人"，是摆在学校面前亟待解决的重要问题。凤凰小学要创设新的校园生活，需要研究与理念相一致、载体相匹配、过程相适应的评价机制。学校自2017年开始进行校园新生活的研究，同步也开始了学生综合评价的实践研究。依据办学之初提出的"正行、好学、乐玩、善交"育人目标，设计实施三级评价实践路径：顶层思考、整体架构，分类实施、逐步推进，凸显素养、完善评价。

2017年，凤凰小学以《中小学教育质量评价指标》提出的五个质量评价指标——德育发展水平、学业发展水平、身心发展水平、兴趣特长养成、学业负担状况为学生综合评价改革的中心，出台了《杭州市凤凰小学推进学生综合评价改革的方案》（2018年），对涉及的一些评价改革的重点内容以项目制的形式进行管理。

2018年起，学校开始进行综合评价的"凤凰设计"，化点为面，化零为整，进行校园新生活视角下的学生综合评价改革实践研究，目的就是实施和梧桐校园生活互相支撑、互相融合的学生素质综合评价。评价注重凸显自由的选择、自主的决定、自治的参与。评价不再是教育行政部门、教师的权利，而是给予学生充分的选择权、决定权、参与权。（如图 8-1 所示）

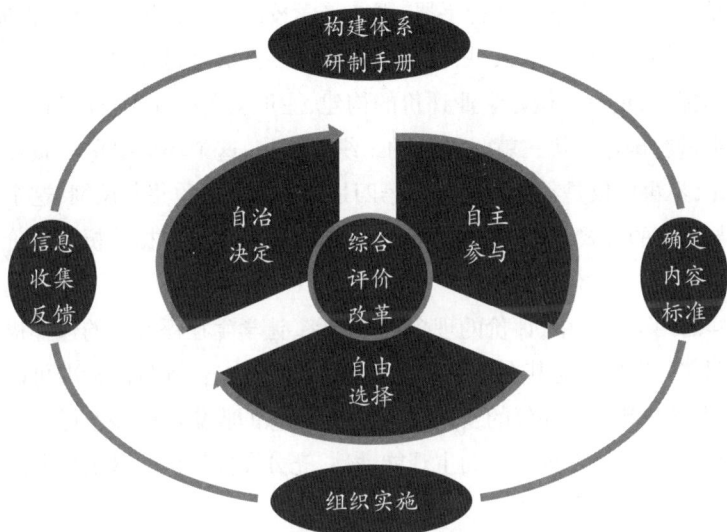

图 8-1　学生综合评价改革的路径设计

自由的选择：梧桐校园视角下的学生综合评价，需要改变原先评价标准、评价内容、评价形式、评价主体单一固定的缺陷，基于新课程的理念，给予学生充分自由的选择权。学生可以自由地选择切合自己的评价标准、合适的内容、适当的时间，真正落实学生的主体地位，发挥被评价者的主观能动性。在评价的同时，更为注重被评价者自尊心和自信心的培养，真正发挥评价的激励作用。

自主的决定：传统学生评价过分强调选拔，把分数、成绩作为评价的最终目的，注重智力因素的体现，忽视了非智力因素的评价，忽略了过程与结果的考量，缺乏全方位的考察。评价要注重被评价者的决定权，被评价者可以多次评价，评价的证明材料可以多项提供，形式自己决定，和评价者协商解决评价结果。在这样的评价形式下，教师会对学生在学习过程中的行为表现给予更多的关注，对学生的主体性、创造性给予更多的尊重，也会关注评价对每一个学生以及整个学生群体所带来的积极影响与积极效果。

自治的参与：评价的主体不再仅仅是教育的主管部门、学校和教师，每一位学生都可以是评价者，学生积极参与到评价的每一个项目中，每一个进程中。评价主体多元化，自我评价、同伴评价凸显，教师和家长的评价功能弱化。教师要为学生创设多样化的、开放式的评价方式，按照课程的特点、学生的个性，设计丰富多样的评价类型,以便学生想参与、可参与、能参与。

　　(三)深化综合评价改革的路径

　　凤凰小学的评价改革,主要是从评价的四个维度入手。首先是构建评价体系,重要内容就是设计好综合素质评价手册,围绕着学校的育人目标,整合课程体系,从人的全面而有个性发展的理念入手,精心进行设计。其次就是根据素质评价手册确定每项内容和标准,重点是做好学业评价的构建,注重从发展性评价的角度,从学科分项能力入手进行确定。第三就是评价的组织与实施,这个环节要重点做好组织实施者的多元化,不再仅仅是教师和学校。第四是评价信息的收集与反馈,这个环节重在信息收集与反馈的方式,从发展性角度予以反馈,同时通过数据分析对评价体系做进一步的修正。

　　在这样的四个维度中,评价的理念贯穿始终,让学生在评价中的选择权、决定权、参与权得到充分发挥。尤其在组织实施部分,评价的内容、评价的标准可以让学生自由选择,自主参与到整个评价的实施之中,评价信息的收集可以多次进行,自主决定。通过这样的操作,积极发挥学生的主观能动性,充分发挥评价的激励作用。

第二节　创新:评价改革的校本实践

　　对学生的发展进行评价,涉及“评什么”的问题,实际上也就是要回答教育的目标指向或定位问题。如果要对学生的发展进行全面的、综合的评价,就不能只针对认识领域的目标进行评价,还必须关注学生在社会情感方面的发展。即便是针对认识领域的目标进行评价,也不能只针对低层次的认知目标进行评价,而忽视对高层次思维技能或深层理解能力进行评价。总而言之,好的教育评价要求评价者首先要对教育的根本目的有正确、深入的了解,从而进行全面评价。

一、吸睛的金凤凰综合素质报告单

　　学生综合素质评价是对学生思想品德、知识技能、社会适应性、身体素质等各项内容的综合评定,全面反映学生的发展轨迹,清晰把握学生阶段性成长状况,直观呈现学生的各项信息。科学合理地设计评价内容以及评价标准十分重要,科学的评价方法也能保障评价的规范、合理、真实。

（一）归类整合：指向全域的内容

科学合理地设计学生综合素质评价手册，其实质是对"全面发展的人"的深刻反思。学校教育究竟要培养怎样的人？全面发展的人的核心要素是什么？如何融合国家课程与校本课程？评价手册的各部分领域如何划分？

综合评价手册的设计，要系统整合国家课程和校本课程内容，整合现有的学科评价、综合素质评价等内容，选择既有学校特色，又符合小学阶段发展的评价内容，体现小学生全面而有个性的特点，既要考虑评价过程的可操作性，又要符合学生发展特点和学科规律。凤凰小学从健全学生人格发展、丰富学生生活经历的角度，增加了合作交往、生活技能以及社会实践等评价内容，促进学生全面而个性地成长。

综合素质报告单是为了更好地形成具有校本特色的评价标准，促进学生综合素质的发展，促进学校育人目标和办学愿景的实现。在架构综合素质报告单时，需要和学生的校园生活相融合，不能脱节于学生现有的校园生活，分别从基于学科标准的学业水平评价、指向学生成长的发展性评价、基于核心素养的表现性评价、指向学习过程的形成性评价四个维度进行综合评定。

在对国家课程予以校本化实施的基础上，凤凰小学还积极探索满足个性化选择的拓展性课程，指向未来发展的研究型课程，并将这些课程都整合在六大领域之中。如依据塔式结构理论，对体育课程进行校本化实施，每个年级开设一节体育特色课程，如国际象棋、围棋、桥牌、形体、篮球。再如，校本化实施课程，因地制宜开设了"国际理解课程""生涯规划课程""三启四学六节课程""4K4H 全科阅读课程"。在拓展性课程里，开设了"玩转体艺课程""金凤凰才艺坊课程"，以及"超学科主题探究式 UTA 课程"和"新成长研学旅行 TPE 课程"。丰富多彩的课程内容都整合在六大梧桐小镇生活领域之中，而我们的综合评价改革需要将这些课程都予以体现，校园生活就是既要有丰富多彩的课程内容，也要有灵活多样的课程实施，更要有童趣多元的课程评价。

以往的小学学业评价，过于强调学科结果的整体表现，不能精准诊断学生在情感与态度、知识与技能、过程与方法的掌握情况，也不能体现学生在记忆、理解、运用、分析、评价和创造方面的能力差异。因此，学校实施知识维度或能力维度的分项评价，体现评价的诊断和改进功能。采用等级和述评相结合的形式，综合反映学生学业发展状况。等级注重体现学科学习的水平，采用优、良、合格和不合格四级评价，建立等级的学校操作标准，形成各等级比例。（如图 8-2 所示）

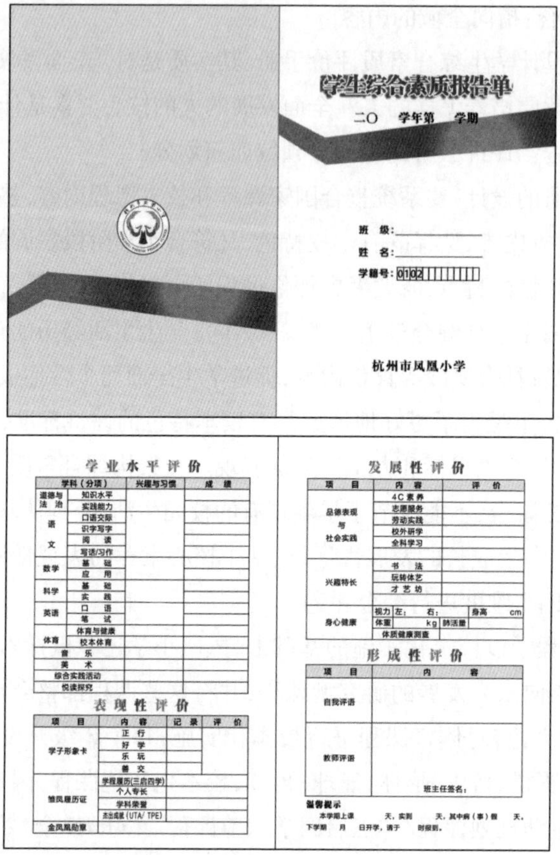

图 8-2　学生综合素质报告单

（二）评价多维：指向有效的工具

在评价改革力量的推动下，要注重几个转变：评价内容开始扩展，关注学生的能力发展、个性发展等；评价形式开始革新，多方参与的综合性评价、以活动实践承接的测评、基于大数据的智能评价系统等。在进行综合评价实践中尤其注重优化过程，注重方法的多维、评价方式的多元，使评价变得更加科学、全面、规范。

对于不同的评价内容，合理运用不同的评价方法。在运用之前，对不同评价方法的概念、内涵、特征，以及需要达成的评价目的，需要凸显的评价内容进行清晰界定，以期合理操作。

1. 合理设计量规

量规，简单地说，它是一种以二维方式呈现的、含有评价准则和等级说明的评分标准，是一种以定性和定量相结合的方式检测学习者学习结果的工具。本质上，量规就是一套标准和准则，它通过仔细编制出的评估准则和具体说明，创设出一个连续体来说明特定主题在不同层次上的知识和技能状况。

如语文学科的阅读评价，凤凰小学从原来的试卷中阅读题的得分转化的等级，改进成由解码能力、言语理解能力、阅读理解力和阅读流畅性四个维度组成的阅读素养体系。（如表 8-1 所示）

表 8-1　小学四年级语文阅读评价等级

评价内容	评价标准		
	A 水平	B 水平	C 水平
方法和速度	能根据不同的文体，自主选择合适的方法进行阅读。其中，默读速度达到每分钟 400 字以上。	能根据不同的文体，在老师的提示下选择合适的方法进行阅读。其中，默读速度每分钟不少于 300 字。	初步学会默读，掌握略读方法，每分钟能默读 200 字左右。
质疑和理解	通过阅读能把握文章的主要内容，体会文章表达的思想感情。能对课文中不理解的地方提出有价值的问题。	通过阅读能初步把握文章的主要内容，大致体会文章表达的思想感情。能对课文中不理解的地方提出问题。	通过阅读和教师的引导，能大致把握文章的主要内容，体会文章表达的思想感情。在阅读中初步具有提问的意识。
表达和交流	阅读叙事性作品后能流畅地复述大意，感受作品中生动的形象和优美的语言，关心作品中人物的命运和喜怒哀乐，乐意与他人主动交流自己的阅读感受。	阅读叙事性作品后能复述大意，大致感受作品中生动的形象和优美的语言，关心作品中人物的命运和喜怒哀乐，能与他人交流自己的阅读感受。	阅读叙事性作品后能基本复述大意，初步感受作品中生动的形象和优美的语言，有与他人交流自己的阅读感受的意识。
诵读和积累	诵读优秀诗文，能在诵读过程中体验作品的情感，展开想象，较准确地领悟诗文大意。能有意识地积累作文中的优美词语、精彩片段。背诵优秀诗文 70 篇。课外阅读总量达到 60 万字以上。	诵读优秀诗文，注意在诵读过程中体验作品的情感，展开想象，初步领悟诗文大意。能有意识地积累作文中的优美词语、精彩片段。背诵优秀诗文 60 篇左右。课外阅读总量达到 50 万字左右。	诵读优秀诗文，在教师的引导下能体验作品的情感，展开想象，初步领悟诗文大意。能有意识地积累作文中的优美词语、精彩片段。背诵优秀诗文不少于 50 篇。课外阅读总量不少于 40 万字。

学生在上述标准的考量下，依据自己的阅读情况，从自己的阅读书目、阅读总字数、交流出借的书目、展示的次数、获奖的情况、最想推荐的书、推荐的原因等几方面进行整理汇总，自己给自己一个等级评定。一定量化标准下的评价，学生有标准，人人可参照。阅读内容自定、时间自定，机动灵活式的评价方式给予学生充分的自由权。

2. 科学把控比例

标准虽然确定了，但因为年龄、年段、项目的不同，评价者的经验不一，存在诸多不确定的因素，所以学校经过测算，对每一个评价内容会因年段的不同而采取一个建议的比例,以求科学、合理、规范。

　　对纳入综合素质报告单的每一个项目,从学业水平评价项目、表现性评价项目,到发展性评价项目,再具体到表现性评价中的"卡证章评价",发展性项目的"劳动实践""校外研学""全科学习""玩转体艺"等校本课程,都会在制定标准的同时明确等级的比例,做到校内各年级均衡时兼顾学生的发展性。如玩转体艺是学校自主开发的一门拓展性课程,在每周五下午用一小时时间,采取长课时的走班授课方式,学生线上选课,"秒杀"获取课程学习资格。对这样的课程,评价的方式和界定的比例,如表8-2所示。

表8-2　玩转体艺评价标准

常规社团		
合格（30%）	良好（30%）	优秀（40%）
★课前按要求及时到达指定场地上课,能做好学具准备等工作。 ★遵守基本的课堂常规,按时完成学习任务。	★喜欢该项目,平时主动练习、积极参与。 ★了解所参与社团项目的入门知识和技能,活动结束后能继续探究,开展后续自主学习活动。	★上课注意力集中,每次活动都能做到积极主动、学习任务完成情况较好。 ★熟练掌握所参与社团项目的知识和技能,并能在课堂上或班级里进行大胆展示。
校队社团		
合格（20%）	良好（30%）	优秀（50%）
★课前按要求及时到达指定场地上课,能做好学具准备等工作。 ★遵守基本的课堂常规,按时完成学习任务。 ★积极参加校队训练。	★喜欢该项目,平时主动练习、积极参与。 ★了解所参与社团项目的入门知识和技能,活动结束后能继续探究,开展后续自主学习活动。 ★积极、认真、主动参加校队训练。	★上课注意力集中,每次活动都能做到积极主动、学习任务完成情况较好。 ★熟练掌握所参与社团项目的知识和技能,并能在课堂上或班级里进行大胆展示。 ★在校队训练和比赛中表现突出,为学校争光。

　　在学科学业评价中,用分数来衡定等级造成的片面、不合理非常常见。凤凰小学在着力进行学生综合评价的同时明确了等级比例,更具有合理性,而这样的比例界定要贯穿在每一个环节步骤。例如在学科的命题上,首先就要对考试学科和考查学科,根据不同年级年段的学生,从学科能力维度、难度系数、分值等几方面进行明确规定。

　　3. 规范评定流程

　　除了研发标准内容、规定评定比例之外,学校还对评价的操作方式进行了具体的说明,以"学生综合素质报告单填写指南"的形式下发,规定了具体的操作标准与流程。该操作指南,从总体说明、标准参考、注意事项三个方面进行具体阐述,其中对

各项评定标准的填写要求进行了细化的说明。（如表 8-3 所示）

表 8-3　各项评定标准填写要求

评价内容			评价年级	填写说明
学子形象卡	月优胜卡 (正行/好学/乐玩/善交)		1—6 年级	正行、好学、乐玩、善交记入卡片分值；学期优胜者获雏凤卡盖章。
	学期优胜 （雏凤卡）			学期结束，经积分考核，获得学期优秀（雏凤卡）的学生记入。
雏凤履历证	体艺专长		1—6 年级	体艺项目获区三等奖以上的学生记入。
	学程履历	启蒙月	1 年级	参加"三启"月课程学习，并依照评价手册取得学程履历证的学生记入。
		启志月	4 年级	
		启程月	6 年级	
		博学周	3 年级	参加"四学"周课程学习，并依照学习要求，取得合格成绩的学生记入。
		毅学周	4 年级	
		武学周	5 年级	
		农学周	6 年级	
	学科荣誉		3—6 年级	4—6 年级单科荣誉免试学生记入；3 年级单科推荐学生（1—2 年级暂不评定）记入。
	杰出成就 （UTA/TPE）		3—6 年级	在 3—6 年级 UTA 全科主题学习、TPE 研究性学习中取得突出成果的学生记入。
	金凤凰勋章		1—6 年级	获得学期金凤凰勋章的学生记入。

除了学校统一规定的操作内容之外，还有更多学生自主评价的部分。如阅读方面，学生在一个学习阶段按照一定数量的阅读清单，结合晨间诵读、持续默读，从每天课外阅读时间、阅读量和阅读面及对图书的爱护等方面，参照一定的标准，进行自主考量。（如表 8-4 所示）

表 8-4　六年级阅读考量标准

合格	良好	优秀
★在老师提醒下参加晨间诵读、午间持续默读。 ★每天课外阅读时间 30 分钟左右。 ★课外阅读总量不少于 70 万字。 ★有去班级图书角借阅课外书的习惯。	★较认真地参加晨间诵读、午间持续默读。每学期捐献好书 2 本以上。 ★每天课外阅读时间 40 分钟左右。 ★课外阅读总量不少于 85 万字。 ★有及时归还、整理图书的意识，养成爱护图书的好习惯。	★积极主动参加晨间诵读、午间持续默读。捐献好书 3 本及以上，乐于与人分享阅读后的感受。 ★每天课外阅读时间 60 分钟及以上。 ★课外阅读总量不少于 100 万字。 ★有序借阅，按时归还，定期分享好书，主动修补损坏的图书。 ★有自己的小书房或书柜。

（三）个性彰显：指向开放的形式

凡是具有校本特色、注重能力发展的学生综合素质报告单，都会在指向学生特长发展的方面有所考虑与侧重。凤凰小学在设计学生综合素质报告单时，突出了以下四方面的特点：一是指标全面，全面反映学生学业水平、身体素质、卡证章一体以及发展性能力水平；二是标准明确，针对各个维度都有相应的标准可循、标准可依；三是注重发展，既强调学生应达到的要求，更强调学生的发展变化；四是注重个性，学生可以在"爱好特长"中自主填写，"自我期望"是学生对自我学习的分析和综合评价，"自填栏"更是给学生一个自由伸展的空间。这使综合素质报告单除了承载记录与留下痕迹的作用，还能给予学生赞赏、激励，助力他们自我成长。

1. 不一样的档案袋

凤凰小学一直鼓励学生有个性地成长，有特长地生活，有智慧地学习，注重全面发展的同时更注重个性成长，作为"指向标""方向杆"的综合素质报告单，突出体现了这样的思考。这里的个性成长，既有学校一定指向性的发展目标，更有学生基于兴趣爱好的自身发展，这两个层面，学校在设计时均有所考虑。

学校在一些课程的设置上是带有一定指向性的，对应着学生未来的发展，据此，就有了凤凰学子不一样的档案袋。如书法作为中国传统文化的精髓，一直是学校重视的特长项目。为此，学校将其作为一门人人都需具有的个性特长项目来推广，采取的途径有以下两方面：一方面，在学科中设置专门的书写分，激励学生人人能写一手漂亮、规范的字。每门学科都分别制定了书写标准，以六年级数学学科为例，如表8-5所示。另一方面，开设书法课程，平时采用网络学习＋自主学习的方式授课，期末授课教师组织书写比赛展评，统一格式，明确标准，让学生参与评定，将教师评价和伙伴互评相结合，践行"作业即作品"的理念。这样无论是学生的书法作品，还是书写作业，都成为凤凰学子在校学习的档案袋。一个档案袋代表孩子的一段历程。让孩子拥有不同的档案袋，就是让孩子在小学学习生涯中多去感受，多去经历，多去体验，培养一种兴趣，发展一项专长。

表8-5 六年级数学学科书写标准

年级	1分	2分	3分
六年级	书写：字迹潦草，书写位置不按要求。 格式：竖式横线不用尺子。 单位和答遗漏，作图不用工具。 卷面：布局杂乱，污迹较多（5处以上），恶意破损，涂改5处以上。	书写：字迹较潦草，修改方式比较随意。 格式：竖式横线50%用尺子，单位和答50%不遗漏，作图工具使用随意。 卷面：布局较杂乱，污迹不超过5处，无破损，明显涂改不超过5处。	书写：字迹工整，无修改。 格式：竖式横线全部用尺子。单位和答全部不遗漏，按照要求使用相应工具作图。 卷面：卷面整洁，干净无污迹，无破损，无明显涂改痕迹。

2. 个性化的指导语

学校把形成性评价分为教师评语和自我期望，这两部分都需要有个性化的描述。教师评语描述者主要是教师，是教师对学生表现的综合评价，评语有明确的指向，有准确适合的描述，主要反映学生道德认知和行为表现方面的情况，包括学生在社会责任感、诚实守信、合作友善、自尊自信和人生态度方面的表现。其中重点是日常在校的表现，行为习惯、公益劳动、社区服务、志愿服务等等方面的情况。特别是要肯定学生的优势和发展的潜能，指出存在问题和努力方向。

自我期望，是学生对自己在一个阶段学习成效、发展成长的反思和感悟，是对后一个阶段学习历程的再出发、再期待。在这样体味收获与遗憾的过程中，憧憬未来确定目标中，自我的总结与反思中，学生历练了，成长了。这就是评价所期望达到的效果，评价的同时，更是一种激励，一种自我成长的经历。（如图 8–3 所示）

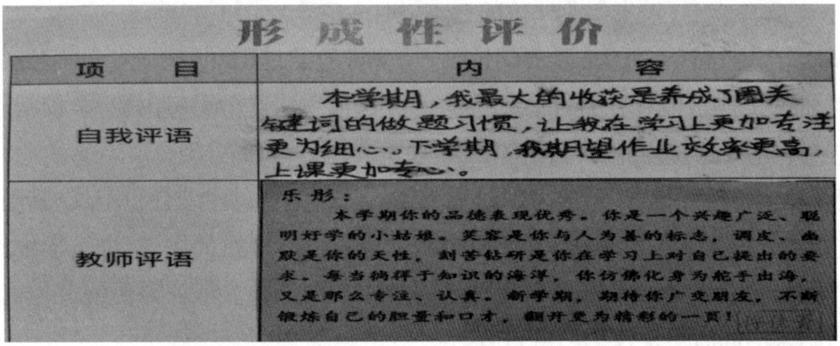
形成性评价

项目	内容
自我评语	本学期，我最大的收获是养成了圈关键词的做题习惯，让我在学习上更加专注更为细心。下学期，我期望作业效率更高，上课更加专心。
教师评语	乐彤：本学期你的品德表现优秀。你是一个兴趣广泛、聪明好学的小姑娘。笑容是你与人为善的标志，调皮、幽默是你的天性，刻苦钻研是你在学习上对自己提出的要求。每当徜徉于知识的海洋，你仿佛化身为舵手出海，又是那么专注、认真。新学期，期待你广交朋友，不断锻炼自己的胆量和口才，翻开更为精彩的一页！

图 8–3　学生评语

3. 无标准的自填栏

遵循多元发展的理念，我们在综合评价报告单中“有意留白”，主要是让学生自主填写，自主申报。各类兴趣爱好体艺特长，在各类赛事中代表学校或者区级参加比赛并获奖，或者某种社会实践经历，学生都可以在“爱好特长”“成长足迹”“品德表现与社会实践”里进行申报填写。如，五年级的某同学，在社会实践活动期间担任了杭州市“Do 嘟城”市政府副市长的职务，同时体育成绩也十分优秀，在区体育运动会上取得名次，该生就进行了自主申报。

学生自主申报的操作采用一定的流程：自主提出申请—提供相关证明—相关教师评定—学生自主填写—学校签署同意。每一个学期都会有许多学生进行申报。

这样“无标准”的“自填栏”给予孩子们更大的自主权，是他们自由发挥的一片天地，每个孩子都可以充分地展示自己的个性特长。

二、校本化的学业评价实践

学业评价,是指以国家的教育教学目标为依据,运用恰当的、有效的工具和途径,系统地收集学生经过各门学科的教学和自学,认知行为上的变化信息和证据,并对学生的知识能力水平进行价值判断的过程。它反映的是学生的学业成就,是衡量学生学习和发展水平的重要指标。美国学者格朗兰德认为,评价=测量(量的记述)或非测量(质的记述)+价值判断。

学生的综合评价改革,最重要的内容就是学生学业的评价。学生学业的评价,既要有量的记述,也要有质的记述。学校的主要任务是发展学生的核心素养,而学科教育是发展核心素养的主渠道,校本化的学业评价实践就是凸显学生学科核心素养的评价。

(一)素养立意:学生学业评价的校本设计

现代学业评价的目的是改善学生学习、改进教学过程,促进学生全面发展,最终达到学生的个体价值和社会价值统一的评价目标。从这个思考出发,学校基于过程模式,从评价目标、评价内容、评价范围、评价方法四个维度架构学生的学业评价体系。过程模式,是将学生学习的全部过程都纳入评价范围的学业评价范式。其隐喻是,"教学如旅行",课程如学生旅行的线路,教师既是经验丰富的导游,也是学生旅行的伴侣,因此,评价者特别珍视每一个学生的个体教育经验。学业评价的过程模式,关注学习结果的同时更关注学习的过程。

凤凰小学的学生学业评价设计,概括来说,就是一套评价准则、三项评价内容、三种评价方法。

1. 一套评价准则

评价目标是"导航系统",学校在制定评价目标时注重体现三个方面的内容:一是体现学校的育人目标。学校顶层思考培养学生的核心使命,提出了理想的学生形象,概括为"正行、好学、乐玩、善交"八个字。评价体系的构建应围绕着学校整体育人目标的实现。二是体现课程内容与课程评价的融合。评价体系的构建要基于学科课程标准,以保证评价的活动指向学习内容的标准。三是凸显核心素养。在素养时代,评价需要具有学科特质,凸显核心素养,尤其是需要关注核心素养下的学科关键能力的培养。

2. 三项评价内容

在制定评价内容时,学校从三个方面进行了设计:一是基于学科课程标准的学程评价,二是针对关键能力的纸笔测评,三是指向学科整合的表现性评价,对这三项内容的测评重点与测评时间进行了安排。基于学科课程标准的学程评价,主要指向教材,指向学科知识点的落实,融合在整个学科学习的进程之中;针对关键能力的纸笔测评,指向学科关键能力的落实,安排在一个单元或一个学期结束时;指向学科整合的表现性评价,安排在学期最后课程结束的时候,用真实情境的方式,让学生自己建构答案,凸显深度学习。(如图 8-4 所示)

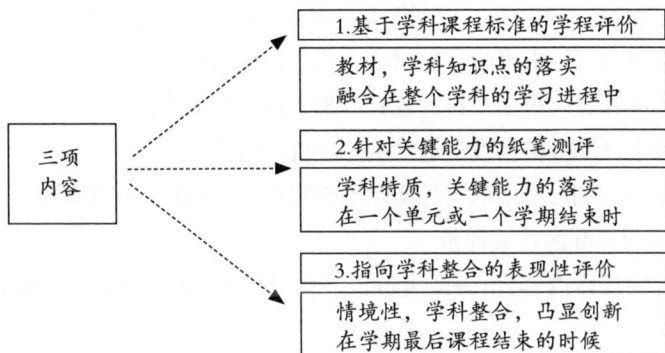

图 8-4 学生学业评价内容框架

3. 三种评价方法

新课程实施至今,评价的方式从终结性评价走向过程性评价,注重发展性评价,提倡表现性评价。学校低段学生学业评价注重的是过程性评价、发展性评价和表现性评价的融合,并且适用在不同的评价内容之中。在评定过程中,注重学生多层面的表现。如基于学科课程标准的学程评价,主要评价内容为教材知识点与教材拓展性内容的结合,教材知识点的测评采用纸笔性测评,以过程性评价为主,而教材拓展性内容的测评采用的是非纸笔性测评,以发展性评价为主。同时,在评价进程中,鼓励学生在一次测评不满意的情况下再次测评,取最好成绩为终结性评定结果。(如图 8-5 所示)

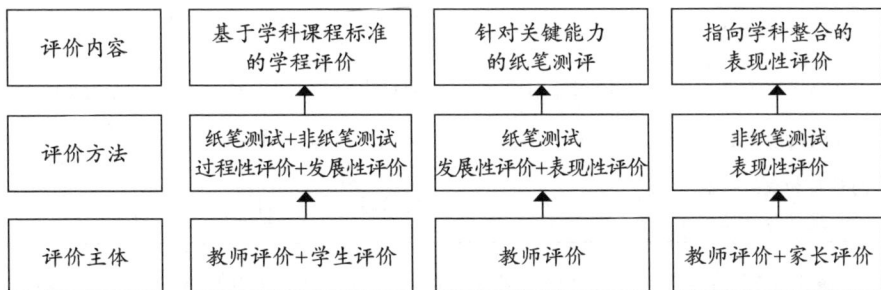

图 8-5 学生学业评价模式

（二）多维结构：学生学业评价的校本实施

为了保证学业评价能够客观、合理地实施，同时也为了保证实施过程中确定围绕着既定的目标不偏离，学校根据三项不同的内容以及学科教学的实际，组建学科备课组、学科教研组、年级组三个团队，分别研制相应内容的评价标准。在确定具体的评价内容，制定评价标准时，需要把握四个"标准"，以此来规范进程。

第一个标准：教材，根据学科教材的不同知识维度确定学程评价内容。

第二个标准：课标，根据学科课程标准确定评价的标准。

第三个标准：进度，根据教学进度确定评价的时间。

第四个标准：学生，根据学生的实际不断修正与调整评价的节奏。

1. 基于课程标准的达成评价

学程评价的具体内容，由备课组负责。备课组需要梳理教材，对照课标，进行分项能力的确定。

【案例8-1】4+4学程评价内容

浙教版数学二年级上册，教材分四个单元，兔子王国的数学——认识除法、用乘法口诀求商；图形小世界——玩七巧板、认识平行四边形、立方体拼图、图形的合与分；玩具城里的计算——两位数与两位数的进位加法和退位减法、连加和连减、加减混合运算及相关的应用问题；联欢会里的数学问题——倍的认识与应用、5—9的乘法口诀、0的乘法、带余除法、除数是10的除法、简单的搭配。

从数学学科的数与代数、图形与几何、统计与概率、综合与实践四大领域进行思考与整理，重新梳理教材知识点后确定了"4+4"的评价内容：4次数学计算知识点，4次数学实践活动；根据教学进度的安排，预排了学程评价的时间。

数学二年级上册学程评价内容

内容 （计算知识点）	测评时间	内容 （实践活动）	测评时间	备注
20以内加减法	10月下旬	七巧板	10月中旬	3次及以上优秀视作优秀，未达则合格。
4以内乘除法	11月下旬	调查报告	11月	
9以内乘除法	12月中旬	24点	12月下旬	
两位数加减两位数 （含进位与退位）	1月中旬	解决问题	1月上旬	

在确定数学知识点时，凸显数与代数领域，着重在20以内加减法、表内乘除法以及两位数加减两位数中进行评价。将统计与概率以及综合与实践两个领域纳入到实践活动之中，同时融入了"七巧板"以及"24点"两个实践活动，"七巧板"指向图形

与几何的领域，"24 点"是表内乘除法熟练运用的实践载体。基于低段学生的年龄特点，学程内容设计侧重于学生数感、空间观念、运算能力、几何直观等方面的发展。

同样，二年级下册教材，学校也安排了"4+4"的学程评价内容。

数学二年级下册学程评价内容

内 容 （知识点）	测评时间	内 容 （实践活动）	测评时间	备 注
认识时间	3 月上旬	绘制学校地图	4 月上旬	3 次及以上优秀视作优秀，未达则合格。
百以内四则计算	4 月	认识算盘	4 月中旬	
三位数不进位加、不退位减口算	6 月上旬	作息时间小报	5 月上旬	
三位数加减法	6 月中旬	数数大比拼	5 月下旬	

如案例 8-1 中所示，在数学二年级下册的学程评价设计中，将辨认方向、认识路线进行内容整合，设计安排了"绘制学校地图"的内容，考查学生所掌握的知识在现实生活中运用的能力，同时将"算盘"这一计算工具引入课堂，作为实践活动内容之一，认识算盘，能够在算盘上进行拨数计算，增强学生对数学文化史的认识，增强学习兴趣。

2. 基于能力发展的分项评价

对照课标与学生的能力实际，学校在对应内容的标准制定上做了一定的修正与补充。这个修正与补充的新标准是基于学生的实际发展能力，主要来源有三：一是来自区内学科教研员的建议；二是来自学科教师对学生的前测以及教学实际而定的标准；三是课程标准没有明确规定的，教师自主设定的评价内容，学校为此制定了详细的评价标准。

凤凰小学隶属杭州市中心城区，从学校定位及办学目标考虑，学生的认知水平与能力应高于浙江省的平均水平。因此，修订后的评价标准高于课标与省标，这样的标准是和学生的实际能力相吻合的，是学生"跳一跳可以摘到的桃子"。

3. 基于学习过程的表现评价

学生学业评价的同时也是价值判断的过程，教师会关注这样的一种评价对每一个学生以及整个学生群体所带来的影响与效果，对学生在学习过程中的行为表现给予更多的关注，也对学生的主体性、创造性给予更多的尊重。

课程标准在评价建议中指出"教师应允许学生经过较长时间的努力，随着数学知识与技能的积累逐步达到学段目标。在实施评价时，可以对部分学生采取延迟评价的方式，提供再次评价的机会，使他们看到自己的进步，树立学好数学的信心"。在学程评价中，教师会向学生说明"未取得优秀或合格的孩子在自愿的情况下可以找老师进行重测"，教师也会给那些一次测试未达优秀标准的孩子练习的时间，并给予积极的辅导,帮助学生达到优秀。这样的做法,也是对学生意志品质的形成施以正向的引导。在实施进程中,教师需要精心设计,题型、难度系数的比例要分配精准,符合学生的学习实际。

【案例8-2】二年级上册实践活动测评内容设计

24点是二年级上册实践活动测评内容之一,这是教材外的补充测评内容,全面考查学生对表内乘除法以及百以内数的加减法的综合运用,是二年级上册学生运算能力的综合体现,既有正确率的要求,也有速度的要求。教师在正式测评前,安排了三组练习。三组练习的模式和正式测评一致,题型的形式设计如下:

对学生口算能力的培养是低段学生数学学习的重要内容之一,掌握适当的方法能够提高计算的能力,寻求合理简洁的运算途径能够提升口算的速度。对于24点,首先会运用乘法口诀中的"四六二十四"和"三八二十四"来进行口算,也会运用"20+4"或者"12+12"等基本加法来计算。为了提高学生的运算能力,无论是用作练习还是用于测评,教师都对题型做了精准的分配处理,以达到提升口算能力的最终目的。在练习中出现错误较多的题型,也可以反观出学生该表内乘除法口诀的运用能力。

学生解决问题的能力,包括了两个维度:解决有现实情境的应用性问题,以及纯数学情境的数学结构性问题。在应用性问题的解决能力的测评上,学校根据难度,设计了四种测评形式:表格式(直观呈现)、线段图式(图式分析)、情境表述式(阅读理解)、开放探索式(生活实际),引导学生主动探索,发展学生的思维能力。

(三)项目学评:学生学业评价的校本特色

学业评价设计中还有非常重要的一环,就是项目学评。所谓项目学评,就是基于学科整合,考查学生核心素养关键能力的体验式评价。此项评价,旨在评价无法用纸笔测评来完成的能力测评,重在评价学生关键能力的达成情况。凤凰小学在设计此项评价时,注重创设真实的情境、实施明确的任务、注重学科的整合、凸显深度学习能力这四个维度的思考。

1. 4C 素养为导向

不同层级的素养需要不同的测评方式,一般而言,心智方面的测评可以采用纸笔测评的方式,行为方面的测评需要采用实践操作的测评方式,"心智 + 技能"的混合目标需要采用综合性的测评方式。

随着素养层级目标的提升,测评难度逐渐增加。纸笔测评只能测评低层级的目标,不能解决素养测评的所有问题。凤凰小学提出的项目学评,就是基于高层级素养的测评而采取的方式。当然,学校同样对素养内容进行了筛选。项目学评就是针对深层次学习能力的测评而设计的评价方式,更加需要有一定的针对性。凤凰小学提出了 4C 素养为导向的项目学评设计,旨在通过项目学评的设计,打破学科的壁障,激发学习的兴趣,拓宽知识面,积极推进差异化、个性化的教育。培养 4C 素养或者说开展以 4C 素养为导向的项目学评,就是强调以学生的主动学习为主,让学习与任务或问题挂钩,让学生完成任务或者解决问题。

2. 真实情境为依托

项目学评强调设计真实的任务,强调把学生的学习过程设计到复杂的、有意义的项目情境中,通过学习者的自主探究和合作来解决问题,从而学会或理解隐藏在问题背后的知识,帮助学习者养成挑战和解决现实世界问题及自主学习的能力。这里所说的真实性,一方面体现在以解决真实世界的实际问题为目标,但学校更注重另一种层面意义上的真实,就是设计的项目学评能够真实地反映出学生的实际水平。

以真实情境为依托的项目学评,设计是重点,也就是项目设计的主题是什么。起初学校的认识理解也存在一定的误区,以为设计一个活动,或者切换一个场景、跨越一个区域,就是真实的情境,就是项目学评的设计。但现在学校更为注重直接以学生现实的生活为真实情境,契合时下的教育主题、文化传统来进行设计。(如表 8-6 所示)

表 8-6 项目学评主题设计

年级	主题	类别	主题	类别
一年级	小凤凰一定行	全科主题	回味浓情端午,走进炎炎夏日	传统文化主题
二年级	我 @ 新年	德育教育"仪式教育"	浓情父亲节,为爱勇闯关	节气文化主题
三年级	小凤凰 @ 钱塘江	全科主题	我爱我的小农场	德育教育"聪明长在手上"
四年级	分贝数据地图	德育教育"轻声细语控音量"	祖国祖国我爱你	全科主题
五年级	举手之劳·变废为宝,美化家园	德育教育	"垃圾分类新时尚"	凤凰大健康
六年级	爱眼护眼新行动	德育教育	"保护视力新举措"	凤凰大健康

从表8-6可以看出,以学生真实的生活为内容的项目测评,情境并非单一的,可以从现今大背景下的德育教育、五育融合、传统文化等几个维度考虑设计。只有站位高,才能立意深。

【案例8-3】六年级项目学评:爱眼护眼新行动

2018年,教育部、国家卫生健康委员会等八部门印发《综合防控儿童青少年近视实施方案》,引起全社会的关注,尤其是家长与学校的反应最为强烈。各校纷纷出台防控近视的政策,如调节课桌椅的高度、灯光照明的亮度、加强眼保健操的频率与质量等。通过本次活动,调查学校这段时间以来防控近视的成果,并进一步提出宣传防控近视的途径、方法。

本次设计的"非纸笔测评"活动,主要采用"项目式学评"的设计,指向学生核心素养的发展。整合各学科知识点,将学科教学中无法用纸笔测评的内容——4C素养凸显出来,如情感与态度、文明素养、表达与沟通、合作意识、解决问题的能力等。

3. 学科融合为基点

项目化学评重视学科的整合,学评内容的设计并不是单一的学科类知识,更为注重强调知识与知识之间、学科与学科之间的综合,需要借助多学科知识对信息进行综合分析与处理。学校在一个主题下面会分设多个内容版块,每个版块又对应主题设计不同的问题任务,学生需要用已经学会的学科知识来解决问题。(如表8-7所示)

表8-7 五年级垃圾分类的测评项目和内容

活动内容	测评项目	测评目的
活动一:垃圾分类,我能行	分别对10种不同的垃圾进行垃圾分类	在日常生活中能够正确分类投放各类垃圾
活动二:演绎环保新风尚	小组合作创编剧本或表演情景剧	了解垃圾分类的重要性,宣传垃圾分类知识,提高环保意识
活动三:变废为宝,美化环境	用酸奶盒、纸板箱等进行制作	发挥创意,变废为宝,提高动手实践能力
活动四:智能小车清运垃圾	选择一种动力装置对垃圾进行正确投放	科学装置,合理便捷投放的思考力
活动五:"数"说垃圾分类	收集统计数据,进行数据的分析处理	同伴合作对数据进行分析处理预判能力

从表8-7中可以看到,学生需要运用数学学科的统计与概率知识对数据进行收集处理;需要运用科学学科的动力学知识进行动力系统的装置设计,来解决垃圾的正确投放;需要运用美术学科的艺术鉴赏与创造力变废为宝,进行创造发挥;需要运用语文学科的阅读理解表达能力,进行剧本或者情景剧的创编。在这样的过程中,尤其需要学生团队协作互助,共同商议解决问题。

在这里，如何精准评价至关重要。针对每个不同的任务，要明确建立评价的标准、评价的方式，也就是评什么、怎么评，都需要细化确定。下面以五年级的一个垃圾分类活动为例，来具体看看评价标准是什么。

【案例8-4】五年级垃圾分类活动

活动名称：智能小车清运垃圾

物品：小车套装

测评人数：5—7人一组，以小组为单位测评

流程：

1. 小组商议，选择一种动力装置将小型垃圾车开动。

2. 小组讨论，确定好垃圾车内的垃圾投向哪个垃圾桶。

3. 调试小车，将垃圾车启动后停放到相应的垃圾箱前。

4. 学生完成后，老师就在其纸上盖章给予对应评价。

评价标准：

分项	评价	评价
选择正确的垃圾桶投放	选对一星	选错没星
停放到指定的垃圾桶前	误差距离不超过10cm 二星	误差距离超过10cm 一星或不得星

三、科学的信息处理方式

在评价的实施中，评价工具的开发以及信息的处理方式也非常重要。经过实践研究，凤凰小学自主研制了评价实施的流程，将其分为三个方面六个环节。三个方面分别是收集分析大数据，基于大数据进行适性的评价工具的研制开发，最后是对评价结果的处理与反馈。（如图8-6所示）

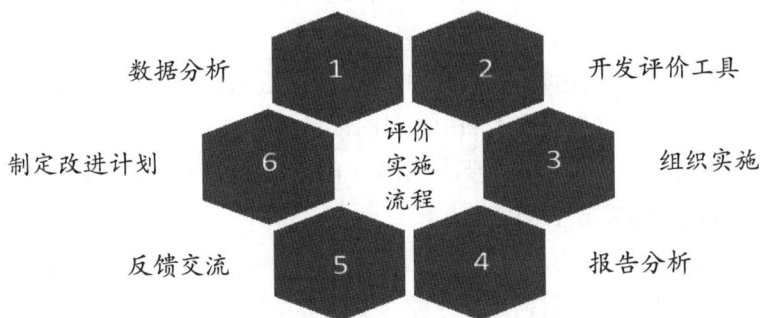

图8-6 评价实施流程

（一）数据驱动：从基于经验走向基于数据

传统的评价因为过度依赖分数，除了分数之外的评价，缺乏一定的评价工具与标准的支撑，教师在评价的过程中只能简单地依靠经验，造成评价的不完整、不全面。在当前大数据的时代下，学生综合素质评价需要改变这样的现状，从基于经验转变到基于数据。除了更精准地确立评价标准，更要寻求更多的技术支持，搭建大数据分析平台，广泛地收集和分析数据，不仅能使评价更为全面、客观，更便于分析和对比。凤凰小学在进行学生阅读素养评价时就实现了经验到数据的转换。

传统的基于经验的阅读评价存在较多问题：一是阅读评价时效性不足、主体及内容单一。语文教学的目的与任务与语文素养本身并不矛盾，但是传统模式的评价因为没有明确语文教学任务，阅读评价缺乏时效性。而且传统的阅读教学评价呈现两个单一性，分别是以教师及标准答案为主体，主体呈现单一性；评价忽视过程只重结果，策略呈现单一性。二是阅读测评缺乏常模对比。阅读量的统计激励了学生的阅读兴趣，但是对于学生阅读能力与此年龄段孩子的正常水平对比情况，传统测评无法提供科学客观的评价。三是阅读测评没有根据少年儿童的智力和心理发育程度设置，有一定随意性。无论是阅读量统计，还是阅读题库测试，都不是根据儿童的心理发育程度设置进行测评的，自然没有办法证明学生通过课程的学习，哪方面阅读能力得到了提升，哪方面阅读能力需要进一步培养。

检验学生的阅读能力是否增强，教学的策略是否有效，这些都需要基于大数据研究。大数据在阅读教学中给教师提供信息，促进反思，改进课堂教学实施技术，提升阅读课程品质，促进学生阅读习惯和兴趣培养，让学生从学习阅读向阅读学习转化。

国际阅读素养进展研究项目（PIRLS）将阅读素养界定为：个体理解和运用社会所需要的或个人认为有价值的书面语言的能力。PIRLS认为，人的阅读素养包括五种能力：从阅读中获得乐趣、理解并运用书面语言、从文章中建构意义、从阅读中学习、参与学校及生活中的阅读群体的活动。在此要指出：阅读素养并不等同于阅读能力，它涵盖了阅读能力，比阅读能力的内涵更为丰富。

新课标从阅读兴趣、阅读方法、阅读的深度和广度方面对小学阶段语文阅读教学提出了基本要求。凤凰小学基于PIRLS对阅读素养的定义与简单阅读观相结合的理论，以及新课标对于阅读的基本要求，定义了阅读素养由解码能力、言语理解能力、阅读理解力和阅读的流畅性组成。

学校和北京师范大学心理研究所合作，采用汉语阶梯阅读标准体系，建立测验编制总体框架，对学校的相关数据进行分析。（如图8-7所示）

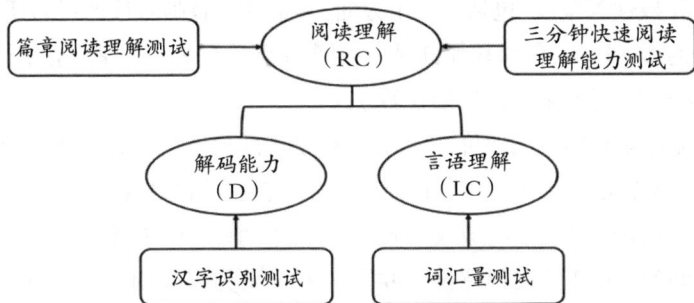

图8-7 测验编制总体框架

北师大的研究团队通过"汉字识别""词汇""篇章阅读理解""快速阅读理解"四个维度对小学生的阅读能力进行测试。

研究团队科学地抽取了北京的20所学校，共计9944名学生进行了测试，其中7572名学生的数据结果有效，作为该项测试的常模数据。通过大数据的比对，就能对学生的阅读能力有较为客观的分析。

凤凰小学的学生也接受了这个项目的测试。由数据比对可见，凤凰小学学生的四项阅读相关能力均比常模数据高，证明了学校除了大力提高语文的课堂效率以外，开设"经典诵读""持续默读""悦读探究""听我悦读"等四类阅读课程，组织"亲子阅读""书籍漂流""读书节活动""区角评比"等四项阅读活动，对于提升学生的阅读素养成效显著。

（二）工具研制：从自主开发走向专业研制

要进行科学合理的评价，就要以核心素养为价值取向，要研制评价工具获取事实信息，然后才能对学生做出合理的价值判断。其中评价工具的开发显得尤为重要。在实施综合评价改革的实践中，对于评价工具的研制，凤凰小学从自主开发逐渐走向专业研制。评价初始阶段，没有专业的指导，评价工具的开发需要教师独立或者团队合作来完成，教师边学习边摸索。但即使是开发了工具，制定了量表，是否科学，是否有成效也很难界定。于是学校后来逐渐开始与专业机构合作，借助第三方力量进行专业研制。

比如学校开设了多门拓展性课程——"玩转体艺"课程，以此满足学生个性特长的发展。这些拓展性课程对学生全面成长的助推实效性究竟如何？为此，学校与北师大教育测量与评估中心合作，在第三方的指导下，运用新工具、新技术助力评价工具的开发与研制。开发的评价工具有两方面内容，一是课程实施过程中对学生的评价，另一方面是课程实施结果对学生的评价。

课程实施过程中对学生的评价主要指向于课程是否正常开设，学生是否按时参加,参与度、积极性等维度,包括了三个方面:一是其他教师对该课程的评价,主要采用评价量表的形式;二是任课教师自评,主要采用评价量表和教学反思笔记相结合的方式;第三是学生评价,采用评价量表的方式。

课程实施结果对学生的评价,主要是评价学生的成效与发展,同样也包括三个方面:一是学生的常规考核,主要由任课教师和学生自主评价结合;二是项目展示,包括过程性照片、作品等;三是学习成效方面,主要是采用评价量表进行。

专业研制的评价工具使得评价不再单一,指向更为多维,不仅仅涉及学生评价的内容,更包含了学校的管理、课程的设置等多方面的评价内容。过程更为全面,贯穿于学生学习的始终。评价更为多元,过程性评价、表现性评价相融,不再以单一的内容作为评价最终的结果依据,而是从不同的维度多项考量,这些使得评价走向更综合。

(三)结果应用:从横向反馈走向纵向发展

评价结果是依据学校制定的学生综合评价的指标内容和标准,收集学生发展的各项信息后,将这些信息归纳、整理、分析、综合,进行价值判断,最后得出结论。这里有一个选择和使用一定的技术手段,进行信息再加工的过程。

杜其认为,当一种教育改革的评价如果不跟其理念相符合,就会导致改革的异化,即其所提出的"自动消融性"。那么学生综合评价改革的结果如果没有真正落实到学生的发展上,也将会导致改革异化。纵观以往的评价,主要侧重于学业成绩,对学生自身的关注较少,忽视对学生个性发展、实践活动、研究性成果等信息的收集,对学生行为与表现的解释力不足,评价中的"育人"功能并未真正发挥。学生综合素质评价改革既要关注"评什么""怎么评",同样也要关注"评得怎么样"。要对评价的结果进行研究,要和学生后续阶段的发展结合起来,成为学生下一阶段的目标和发展起点。同时,也要对学校的工作做出诊断和分析,明确工作的方向和目标,以发挥综合素质评价的增值效应。

学校以促进育人功能的发挥为目标和起点,对评价结果的应用规定了一些相应的流程,具体包括为整理分析与报告,反馈与交流,决策,制订改进计划,对改进计划进行监督和跟踪等环节。如对学生的身体素质健康发展的评价,就是通过对学生的身高、体重、肺活量、脉搏、胸围等体检数据进行分析,形成相关的报告。

除了给学生个体提供具体的报告单之外,学校也会给予班级、年级一系列报告,这些报告的目的是对其中的某项内容评价结果进行具体分析,重在后续提出相应的改进性措施。

再如,关于防近视工作,学校、部门、年级、班主任依据数据,联合制订改进计划书,从严格落实教学规范、做好 2.0 米防近线,做好三高(身高、桌高、凳高)的匹配等几个维度落实 38% 的防近比例控制,同时依据这个计划,做好后期的督查和跟踪。

坚持注重以发展为本的评价信息反馈,令人欣喜地看到了变化:学生们自我调节、自我监控的意识和能力得到了一定的发展,逐渐清晰了自己要如何参与到评价结果的处理过程中来,围绕共同制订的小学生综合素质评价单给出客观、公正、合理的自评、他评,并制订出相应的改进计划和监控计划。教师们的专业素养也得到了很大的提高,对学生综合素质评价结果处理的理解更加到位了,更会采用恰当的方式获取评价信息并挖掘信息背后的潜在原因,进而及时进行相应的教学决策与调整。同时,家长们对学生综合素质评价结果的理解、交流与使用等有了很大的变化,逐渐把目光从分数上移开,更加关注孩子的个性养成与和谐发展。

第三节　集聚:发挥评价的育人效应

在进行学生综合素质评价的研究中,比对各国综合素质教育评价内涵和现状,不少国家很早就开始注重对学生综合素质的培养,并伴随着时代的发展、科技的进步,重视程度越来越高。虽然这些国家并未明确提出对学生综合素质进行评价的概念及方法,但在本质上,包括核心教育教学理念、教学内容、教学标准和教学方式,都与现今提出的综合素质评价体系是一致的。

在推进评价改革研究的历程中,凤凰小学从点到面铺开,随着研究越来越深入,越来越觉得这是一件非常有意义的事,无论是学生培养、教师成长还是学校管理,评价的力度越大,越需要关注整体发展,协调共生。

一、立德树人显成效

评价是一种手段,评价的使命是促成目标的达成,保证过程始终围绕着最初的愿景,用评价来检测学生培养目标的成效,因此学生综合素质评价研究建立在学校要培养怎样的凤凰学子的核心使命基础之上。凤凰小学遵循学生发展核心素养的三个方面和九个维度进行顶层思考,既落实立德树人的根本任务,又紧贴小学生身心特点,更立足于学校的实际校情,提出了理想学生形象,概括为"正行、好学、乐玩、善交"八个字育人目标。育人目标以"正行"为统领、为根基,体现了德育为先、立德树人的根本要求,也体现了学校倡导的学生培养主流价值观。

在近两年的研究过程中,无论是课程的建构还是评价的设计与实施,学校始终围绕着八个字育人目标去思考、尝试、架构、实践、反思、再研究,将育人目标通过课程、活动来实施,并通过评价来判断和验证其是否达成。通过评价来反思课程架构、德育活动是否合理,能否有效促进目标的达成。尤其在评价结果的处理上,更为注重后续的改进报告与跟踪实施。从这个角度上来说,评价不再仅仅是单一的得到结果的过程,而是一个有效促进学生发展的手段与载体。在研究中,该评价较好地发挥了检测、激励与导向的作用,有效地促进了学生的发展。

（一）基于发展的人

一个全面的综合的评价体系,既要遵循基本的教育规律,又要关注学生的全面发展、和谐发展和个性发展,其宗旨就是在实现学生全面和谐个性发展的基础上,倡导评价主体的多元和评价内容的全面。这样的评价有个前提,就是承认学生是人格健全的人,学生的每一个方面都是完整的、和谐共生的、相互依赖的。

凤凰小学的评价方式,充分利用了学生各方面发展的内在逻辑关系,避免了复杂评价与重复评价,做到学生的评价既全面又不相互冲突,既承认学生的共性又充分尊重学生的个性。在评价的过程中,把每一位学生当作发展中的个体,运用评价技术和方法,对学生的发展进行价值判断。以学生的发展为本,重视起点差异和过程问题,促进学生的发展,使学生不断认识自我、发展自我、完善自我,不断实现预定发展目标,基于过去,重视现在,着眼未来。

在凤凰小学有这样一批学生,在第四届 STEM 教育与项目式学习国际学术研讨会暨 2019 年度项目式学习优秀项目展评活动中获得了一等奖。学生们的获奖感言如下:

队长汤卓臣:当学习从被动转变为了解决问题而主动去探究,一切都变得有趣了,我感受到了自己的成长。

队员叶正浩:通过前期的调查、模型建构、程序编写、设备调试等一系列的工作后,我们终于完成了一套通过感应土壤湿度自动判断是否需要浇水的智能灌溉系统。我们还要继续研究,使这套系统最终能够推广到真正的农田里。

队员徐骜:我们不断讨论、研究和改善,这个过程让我学到了很多知识,懂得了团结协作。这次获奖让我们备受鼓舞,我要继续钻研,继续努力。

从学生的感言中我们可以体味活动背后的意义,活动不仅仅是一项活动,它带给学生的是历练和成长。在凤凰小学,这样的学生还有很多很多,他们在经历中发展,成为更优秀的学生。

（二）基于独特的人

教育因培养独特的人而独特,教育本身就应该是独特的,教育的独特在于人的独特。每一株树都长得不一样,天上掉落的每一片雪花也都不一样,作为最高级的有生命意识的人怎么会不是独特的呢? 每一位学生都是一个独特而有个性的自己。

评价为了什么？评价就是让每一位学生更为独特，让独特得以彰显、放大，直至发光。当每一位学生意识到自己的"不一样"，意识到自己有别于其他的人，明白自己的优势和特长时，评价也就显得特别有意义。凤凰小学评价就是让每一位学生都不一样，每一位学生都努力成为独特的自己。

二、改进教学行为

评价促使教师转变，无论是理念的转变还是角色的重新定位，都使得教师的行为发生了根本性的转变。

（一）基于评价过程的自我觉醒

教师不再是评价的操作者，而是亲身经历并参与了评价改革的全过程，成为评价实施的设计者。每位教师抓住学科的特质，把握学生的年龄特性，基于学科的标准和对人的全面发展的高位理解，发挥自己的个人专长成为评价改革的设计者。

凤凰小学结合校长统筹奖的申报，将学生综合评价改革以项目制、团队化的形式进行申报与审核，同时将综合评价改革的重点项目进行整体管理。2018年校长统筹奖申报方案明确"重点项目"，指向了四项内容，其中之一就是"评价改革与标准研制"。申报指南整理了7个方面的内容：学科分项等级评价标准研制与实施；各学科态度习惯评价标准研制；创智学习课堂教学评价量表4.0版研制；学生"卡证章"一体化评价；学生非纸笔测试评价实施；学生综合素质报告单研制；儿童阅读素养监测与评价。

全校教师积极参与，组队研究，共申报了36个重点项目，14个自主项目。其中，和学生综合评价改革相关的项目有13个。在研究实践的活动中和评价改革不断深化的过程中，教师们梳理总结经验，无论在专业素质、学历水平，还是教学技能及教育科研能力等方面都有长足的进步。近年来，学校教师在省市区专项论文评比中频频获奖，参与评价改革交流多次。（如表8-8所示）

表8-8 教师获奖交流一览表

年份	内容
2017年	在杭州市综合评价改革会议上做《玩转体艺拓展性课程评价研究》报告
2017年	《引小学低段美术课〈民间玩具〉为例探究全纳性教学评价的有效教学运用》市三等奖
2018年	《校本化构建低段学生学业评价的实践研究》市二等奖

续 表

年份	内　容
2018 年	《"走进中华传统文化"——人教版语文三上册超学科单元主题长作业的实践案例》区一等奖
2018 年	《学生阅读素养测评的学校行动》在杭州市中小学评价研究骨干教师研训活动中交流
2018 年	《二年级语文学业测评初谈——基于课程标准和统编教材的评价模式》在杭州市中小学评价研究骨干教师研训活动中交流
2018 年	《学生阅读素养监测与评价的学校行动》在中国杭州名师名校长论坛中交流
2019 年	《让思维可见：二年级数学非纸笔测评的设计与实施》市三等奖

（二）基于学业评价的自我转型

学业评价的改革，首先促进了课堂教学的改革，为以评促学有效落地提供了依据。评价的标准实质是学校要培养怎样的学生标准，而标准的落实与达成首先就在课堂。教师会依据标准实施改进自己的课堂教学，关注每一节课堂中目标的达成度，由"课堂"走向"学堂"，去研究怎样的学习方式能让学生学得更感兴趣，更为有效；还会去关注课堂学习中学科核心素养、关键能力的培养，研究如何让学生"通过树木看到森林"，会去改进教的方式和学的方式；同时也会去关注课堂教学中师生关系的重建，学生良好的思维方式、情感态度、价值观在课堂中的发展。

美国学者斯塔弗尔比姆说，评价的目的不是证明，而是改进。学校进行学生学业评价的研究，首先倒逼的是教师教学专业的提升。评价标准的确定，迫使教师需要读懂自己、读懂学生、读懂课堂：读懂自己教学的优势劣势，自己的教学风格；读懂学生的班情、学情，尤其关注学习历程中的学生个体变化，有效把握课堂教学节奏。其次促进教师团队协作能力的提升，整个学业评价标准，从制定到实施，都需要团队协作完成，从确定方案开始，有分工有合作，整个团队共同实施，共同研磨，共同修正，这样的以评促教具有真正的实效。

此外，评价的研究也促进了学校教学管理的深度思考。首先，学校要以学生的学业评价为研究的起始点，找到适性的评价模式，向中年级延伸，最终目的是构建有校本化特质的学业评价体系。其次，学校以学生的学业评价研究为突破口，作为撬动综合素质评价的一个杠杆，最终目标是建立校本化的学生综合素养评价体系。在这样的过程中，无论是教师还是管理者，都是积极转型，进行自我的角色调试。

三、质量管理建范式

学生综合素质评价研究，着力基于学校实际，去突破共性的问题，研制一个有特色的学生综合评价模式，研制一个有特色的评价实施运作机制，基于发展为本的思想，在评价中给予学生充分的选择权、参与权、决定权，在这个过程中，形成了学生、教师、学校三者合一的有效质量管理的范式。

（一）从散点无序到精准施策

凤凰小学在 2017 年学生评价改革初期，并没有有效建立整体的综合评价改革的方案，初衷是想以"评价"为抓手，进行学校教学工作的统整，去整合学校教学中涉及教师培训、教学质量、课程研究、学生管理相关工作，而这一切希望通过评价的改革促进整体的融合推进。基于这样的思考，学校围绕着 4 块主线工作"课堂、课程、质量、教师"，落脚于 4 个维度"个性特长、学业发展、课程建设、创智学习"，实施 12 项内容的评价改革实践探索。

随着研究的深入，我们越来越认识到教育质量综合评价，就是要引导学校回归教育的本源，从过度追求现实功利转向追求教育对人的发展的价值，从过度注重学科知识成绩转向全面发展的评价。对于评价的研究，不能点、面式展开，而是需要整体推进，需要聚焦学生发展的核心素养，注重评价体系的完善建构，注重从个人—班级—学校的整体建构，注重从学生—教师—家长的多元结合，注重从课程—评价—管理的深度融合，注重从顶层设计—过程管理—结果呈现的循序思考。在这样认识的基础上，重新对评价进行再次推进，从原先的散点无序、多点铺开，慢慢转向精准、聚焦。

事实证明，评价不是学校管理中某一块或某一项的工作，评价需要全新审视我们的教育目标，学生培养目标，对学校整体工作重新定位，牵一发而动全身，只有这样才能让学生综合评价真正落地。

（二）从制度约束到机制自觉

传统的管理重管轻理，主要借用行政的层级管理以及制度、绩效管理手段，自上而下进行集中规制，存在着规章制度不能明确教师的职、责、权、利，无法做到权责对称，对教师的约束与激励也不对称。

在一所学校里，教师是质量与效能的主要发声者，教师的发展应该是自主与内生的，发展也应该是多维度的，不应仅限于专业发展，还应该包括学生引领，课程领导，文化创生等，而这一切的实现单靠规则、制度，或者是以学生成绩为主要指标的评价导向都无法完成。个性化重于规范性、多样化重于同一性、创生性重于复制性，制度的约束，种种的限定，缺乏应有的区分度和针对性，忽视了价值愿景与文化认同的管理，一所学校是没有生命力的。

　　凤凰小学基于学生综合评价改革的实践研究,在改变学生评价的同时,改变了对教师的评价,更为重要的是改变了学校管理的模式。机制的建立,心理契约的认同,延伸了教师的成就激励,建立了系统化、参与式、管理化的管理机制。在研究实践学生综合评价的历程中,也逐渐实现了教师的评价激励机制,通过学校内容治理体系的创新,第三方的评估与监测,同时也充分发挥教师的自我管理能力,从而实现从制度约束到机制自觉的转变。

第九章

教师：重在专业成长的队伍建设

教师的专业成长对于一所学校来说至关重要，有这样认识的校长不少，但行动往往比较单一粗放，提及最多的方法就是"请进来、走出去""加强教研组建设"等等，没有系统思维，缺少对教师专业成长校本标准的确立。教师队伍建设是一所学校内涵发展的关键，是学校的"一号工程"，专业成长的队伍建设，无疑是重中之重。

第一节　正德:确立教师专业成长的校本标准

　　要为教师的专业成长建立校本标准,2017年,凤凰小学定下了改进教师培养的这一工作方向。标准怎么建? 学校立足于教师、学生、家长的三者关系,依据学校对育人目标的思考,首先确立了针对三类群体考核标准研制的一体化设计。如每年对教师的评价考核称为"凤凰小学正德星级教师评选",对学生的评价考核称为"正行百佳金凤凰学子评选",对家长称为"正源百佳好家长评选"。教师为"正德",为师者德高至上;学生为"正行",小学生养正端行为重;家长为"正源",家长需正本清源做表率。正德教师、正行学子、正源家长,有了整体思考后,学校设立了"正德"星级教师评选的考核标准研制工作小组,组织专门力量进行系统性的设计。

一、正德星级教师评选的标准研制

　　一所学校需要对教师进行画像,这一画像的过程就是在确立学校教师的形象标准,形成教师气质的独特表达,以此为基点,再进行教师考核的细则制定也就不难了。凤凰小学作为一所合并而成的新学校,对教师的画像既要延续传承,又要基于自身特点来确立。给自己画像的过程,就是一次自我教育和价值认同的过程。为此学校负责师训的课程与教学中心开展了多场活动。学校组织一直在秋涛路小学和杭师附小工作20年以上的老教师座谈,听他们讲述自己的工作经历和成长的关键事件,攫取一个个有画面感的故事。学校班子成员还走访部分已退休的校长、老教师。如王燕骅前辈愉快地回忆起自己在20世纪60年代刚入职附小工作的场景。从她口中得知,杭师附小的老一代教师都有一种信念和准则,即:"在付出中感受快乐,于平凡中创造非凡! "付出精神、甘做表率就是杭师附小教师最具特质的日常形象。这一重要的世纪画像是凤凰教师最需要传承的特质,班子成员顿时如获至宝,迅速定下了教师画像的一个重要维度。由此生发,还有哪些特质可以形成凤凰教师的具体画像呢? 经过教师头脑风暴、专家入校指导、青年教师走访,以及参考原有两所学校教师考核的一些做法,结合学校实际情况,凤凰小学制定了正德教师画像的四个维度:做表率、会合作、善学习、乐生活,根据分项得分和总分情况确定年度"正德"星级教师考核细则。取名"正德",正是为了突出师德为先的价值导向,将师德列为教师考核的第一标准。(如表9-1所示)

表 9-1 杭州市凤凰小学"正德"星级教师考核表

（一）"做表率"指标（58 分）

一级指标 （分值）	二级 指标	三级指标	权重	备注
遵纪守法 15	爱国	爱国守法，不做法律禁止的事情。	5	
	敬业	遵守学校规章制度，能承担学校各部门的工作任务。	5	
		遵守学校规章制度，一学年未出现违规现象。	3	
	爱岗	遵守教师职业道德规范，学生或家长无投诉。	5	
		遵守教师职业道德规范，能处理好学生或家长投诉。	3	
为人师表 28	出勤	全年全勤（女 45 周岁以上，男 50 周岁以上请 1 天病假的）。	10	课教中心考核。
		全年病假不超过 30 天，或事假不超过 3 天（婚假、产假、丧假除外）。	6	
		全年病假超过 30 天，或事假超过 3 天（婚假、产假、丧假除外）。	4	
	榜样	不说损害学校声誉、国家利益、宗教倾向性言语；不说损害同事关系的话；能恰当表达自己的观点，遇到问题能主动向学校上级部门反映。	5	
		不说损害学校声誉、国家利益、宗教倾向性言语。	3	
	奉献	每学期承担节假日加班任务 3 次及以上。	5	以人力资源中心公布的数据为准。
		每学期承担节假日加班任务 1 次及以上。	3	
	经验	教龄 30 年及以上或班主任龄 20 年及以上。	8	
		教龄 25 年及以上或班主任龄 15 年及以上。	6	
		教龄 20 年及以上或班主任龄 10 年及以上。	4	

续 表

一级指标 （分值）	二级 指标	三级指标	权重	备注
关爱学生 15	安全	重视学生安全，组织活动时预先有安全教育，活动时教师在场，学生无缝针、骨折、磕牙等重大事故发生。	10	
		重视学生安全，组织活动时预先有安全教育，活动时教师在场，学生发生缝针、骨折、磕牙等重大事故，善后处理及时，家长满意。	6	
		不重视学生安全，组织活动中无安全教育，学生有缝针、骨折、磕牙等重大事故发生，善后处理工作不及时，家长不满意。	0	
	帮扶	积极参加"红五月"活动，对困难学生或学区内的入学适龄儿童进行走访。	3	
		参与特殊学生帮扶工作，期末能提供帮扶资料。	2	

（二）"会合作"指标（39分）

一级指标 （分值）	二级 指标	三级指标	权重	备注
家校合作 19	家校活动	考试学科：一学期一对一的面谈15次及以上，任教班级超过3个，则按照每个班每学期5人来计算。	8	1. 面谈数和活动次数以每学期期末家庭教育指导站的要求为准。 2. 此块内容以每学期期末家庭教育指导站考核为准。 3. 上门家访不含亲子活动、座谈。
		考核学科：每学期协助任教班级组织参与家长会或其他沟通交流活动1次以上。	8	
		班主任一学年上门家访率达90%及以上，其他教师一学年上门家访率15%及以上。	3	
	家长满意度	家长（学生）满意度调查满意率达100%。	8	此块内容以家庭教育指导站考核为准。
		家长（学生）满意度调查满意率在90%—99%。	5	
		家长（学生）满意度调查满意率在80%—89%。	2	

续 表

一级指标（分值）	二级指标	三级指标	权重	备注
同伴合作 17	同伴认可度	同事关系融洽，互动和谐，年级组和教研组内教师认可率100%。	8	此块内容以学校办公室考核为准。
		年级组和教研组内教师认可率90%—99%。	5	
		年级组和教研组内教师认可率80%—89%。	2	
	承担任务	有团队合作精神，每学期承担超额代课、应急值班、学校大型活动、少先队临时工作、外事接待等各项任务不少于5次。	7	此处内容以学校人力资源中心月数据报为准，并注意及时核对。
		有团队合作精神，每学期承担超额代课、应急值班、学校大型活动、少先队临时工作、外事接待等各项任务不少于3次。	5	
		能主动较好地完成各处室、各组别分配的任务。	3	
	宣传报道	每位教师每学期上传并采纳通讯报道2篇。	2	此处指学校公众号（不含班级公众号）。
		建设班级博客（公众号）。	1	此处由学校宣传部门进行考核。
资源共享 3	点子建议	为学校发展提出自己的建议并被采纳或认可1个及以上。	3	设立校长信箱，以学校年终公布为准。
		为学校发展提出自己的建议，并书面提交学校相关部门。	1	

（三）"善学习"指标（131分）

一级指标（分值）	二级指标	三级指标	权重	备注
双师发展·终身学习 18	学历提升	达到研究生及以上学历。	5	双大专学历相当于本科学历。
		研究生课程进修结业。	4	
		达到本科学历。	3	
	阅读积累	阅读专业书籍，在"凤凰讲坛""教研组"等平台分享交流阅读感受。	4	
		经常阅读各类书籍。	2	
	进修培训	积极参加校本培训，出勤率100%（公出除外）。	6	以学期数据统计。
		参加校本培训，出勤率达80%以上（公出除外）。	4	
	平台选课	按时完成每学期选课并100%参加，按时评价取得学分。	3	

续 表

一级指标 （分值）	二级 指标	三级指标	权重	备注
双师发展·专业引领38	专业领雁	成为省级骨干教师或学科带头人。	8	市教坛新秀相当于区骨干教师，区教坛新秀相当于校级学科带头人。
		成为市级骨干教师或学科带头人。	6	
		成为区级骨干教师或学科带头人。	5	
		成为五星正德教师或校级学科带头人或获得高级职称或成为学校名师、名班主任。	4	
		成为四星正德教师。	3	
	专业辐射	在各级各类教育教学研讨中进行课堂教学展示或专题汇报，国际级。	10	1. 多项可以累加，但总分不得超过最高分。 2. 级别定论以组织方级别为准。
		在各级各类教育教学研讨中进行课堂教学展示或专题汇报，全国级。	8	
		在各级各类教育教学研讨中进行课堂教学展示或专题汇报，省级。	6	
		在各级各类教育教学研讨中进行课堂教学展示或专题汇报，市级。	4	
		在各级各类教育教学研讨中进行课堂教学展示或专题汇报，区级。	2	
	专业影响	在教育来访、校际交流中进行课堂教学展示或专题汇报，国际级。	8	1. 均按次数计算，可以累加。 2. 累加后总分不得超总分值。 3. 学校外事接待的级别由课教中心统一界定。
		在教育来访、校际交流中进行课堂教学展示或专题汇报，全国级。	6	
		在教育来访、校际交流中进行课堂教学展示或专题汇报，省级。	5	
		在教育来访、校际交流中进行课堂教学展示或专题汇报，市级。	4	
		在教育来访、校际交流中进行课堂教学展示或专题汇报，区级。	2	
	专业指导	承担实习生指导或跟岗指导任务。	8	按人次计算，2分/人次。
		在凤凰讲坛进行除阅读分享外的其他专业分享。	4	按次数计算，2分/次，部门工作布置及培训不计。

续　表

一级指标 （分值）	二级 指标	三级指标	权重	备注
智慧 教学 · 智慧 课堂 27	教学规范	每学期考核为合格。	3	以教育技术负责人和课教中心考核为准。（上半年考核时间为5月份，下半年考核时间为11月份。）
	技术应用	每学年上传2节课堂录像、教学资源等到区级及以上资源平台。	2	
		在区级及以上资源平台建立健全自己的资源库，关注同伴，实行互动。	2	
		90%的课堂能熟练运用电子白板、教学反馈器等教学信息技术手段。	2	
	轻负高质	考试学科合格率100%（6分），每减少一个3%减2分。	6	1.任教多个班级的按每个班级分值来核算。 2.此处增加分值项目，符合要求该学段相应的所有学科教师均加分。
		考试学科优秀率在年级、班级平均数以上（6分），每低于一个5%减少2分。	6	
		在当年区抽测项目中（特指学科监测、健康体质测查）总成绩进入区级前六名。	6	
智慧 教学 · 智慧 研究 28	课题研究	省级及以上课题负责人或主要参与者。	10	1.国家、省级课题负责人为1人，主要参与人为前3人有效。 2.市级课题负责人为1人，主要参与为前3人有效。 3.区级课题立项负责人为1人有效，主要参与人员无效。 4.课题以立项时间计算。如立项时间为两年，这两年里均可计分。负责多个课题和主要参与多个课题可以累加，但不得超过权重分10分。 5.校级课题以审核通过为准。同一课题以最高级别计算，不累加。 6.各级课题参与者以各级课题立项方案上的名单为准，不得累加。
		市级及以上课题负责人或主要参与者。	6	
		区级课题负责人。	4	
		校级课题负责人。	2	
		区级、校级课题参与者。	1	

续　表

一级指标（分值）	二级指标	三级指标	权重	备注
智慧教学·智慧研究 28	教学成果	论文（案例、教案等）或科研成果或赛课获奖，省级及以上。	10	1. 基础教育成果奖为前4人有效；同一论文或课题多次获奖记最高分，不累加。同一级别多个课题或多篇论文获奖，可以累加，但不得超过权重分10分。 2. 课件制作获奖与论文等获奖一样计算。教育学会组织的比赛减半。文章交流均需提供相关证书才予以认可。区级刊物只认可《上城教育研究》。（以上均需提供复印件和原件，如办公室有留档的可以不再提供。） 3. 均以当年获奖计算，隔年不重复计算。（时间：当年1月1日起至12月31日止。）
		市级二等奖，区级一等奖及以上。	6	
		市级三等奖，区级二等奖。	4	
		区级三等奖，校级一等奖。	2	
		文章在省级刊物公开发表。	6	
		文章在市级刊物公开发表。	4	
		文章在区级刊物公开发表。	2	
		参加校级枫杨杯论文、梧桐杯案例评比和凌霄杯课堂教学比武。	1	
	指导成果	指导学生获国家级荣誉称号或学生比赛获国家三等奖及以上。	8	1. 学生比赛以项目计算，不以人数计算，同一项目取最高级别，以直接指导者为准。 2. 不同项目可以累加，但累加分数不得超过总分值。（均需提供复印件。） 3.3人以上为团体。
		指导学生获省级荣誉称号或学生比赛获市三等奖及以上。	6	
		指导学生获市级荣誉称号或学生比赛获区二等奖及以上（团体比赛三等奖以上）。	4	

（四）"乐生活" 指标（45分）

一级指标（分值）	二级指标	三级指标	权重	备注
心态健康 20	积极生活	有积极的生活态度，与同事和睦相处，精诚合作。	3	若与同事家长发生争吵，造成不良影响的双方都不得分。
		有正确的生活理念，用积极的态度面对工作与生活的压力。	3	
	心理健康	积极学习心理健康知识，认真阅读心理健康书籍。	3	
		有健康的业余兴趣爱好。	3	至少有一种健康的业余兴趣爱好。
	悦人生俱乐部	积极参加悦人生教师俱乐部活动，主动承担悦人生俱乐部社长任务。	8	需要提供方案或者活动照片。
		积极参与悦人生教师俱乐部活动。	6	
身体健康 10	体育锻炼	积极锻炼，会一种锻炼身体的技能。每周至少有一次户外运动的经历。	1	比赛得奖应提供证书或参加文件。
		参加各类体育比赛，在区级及以上比赛中获奖。	2	
		参加各类体育比赛，在校级比赛中获奖。	2	
		常学习保健常识、养生方法。	1	
	业余爱好	有健康业余爱好。	2	
		双休日时常去博物、艺术馆等参观。	2	
社会适应 15	关心家人	尊重长辈，关心家人，家人无投诉。	5	每天至少有半小时与家人沟通的时间，每月至少有一次与家人共同活动的经历。
	和谐共建	与外校教师、专家、上级领导关系良好，为学校树立良好形象。	5	
		与外校教师、专家、上级领导关系良好，没有争吵或被批评现象。	4	若与外校老师发生争吵，影响学校形象，造成不良影响的不得分。
	援助困难	资助社会上困难家庭或孩子。	3	资助须有相关证明。
		积极参加春风行动等资助活动。	2	

说明：

1. 星级教师划分。总分排名 ≤ 10% 的教师，为五星正德教师；10% ＜ 总分排名 ≤ 40% 的教师，为四星正德教师；总分排名 ＞ 40%，且 ≥ 100 分，为三星正德教师；99 分以下为专业不合格教师。（注：若当年有教育教学事故并受行政处分的，年度正德星级教师考核不再享受任何等级，考核分数为零；若当年有严重师德问题，并给学校造成影响的，经行政讨论同意后年度考核为零，均为不合格教师。）

2. 本考核办法以学年为单位考核一次，累计两个学期的积分。

3. 凡是年龄 50 周岁以上的女教师、55 周岁以上的男教师可以不参加"正德星级教师"考核，直接享受三星级教师待遇，也可以根据自身的情况选择参加考核，并给予总分 +10 分的待遇。

4. 每年度正德星级教师考核结果将作为教师专技等级评聘、各级评优评先等工作的重要参考指标，具体办法以相关部门文件为准。

二、正德星级教师评选的组织实施

成立校学术委员会的自治组织。一项考核细则的推出，如果没有一个专业的评选组织，标准即使研制出来也不会有实际的成效，如果评价公正性不够、群众信任度不够，往往会适得其反。因而，凤凰小学在 2018 年起成立了由 11 人组成的学术委员会，并建立了校学术委员会的工作章程。校学术委员会成员中行政班子不超过 3 人，且校长不参加，其余成员都是各教研组、年级组推选出来的优秀教师代表。这些教师在群众中有威信，教学质量和研究能力代表着目前学校教师的最高水平，由他们考核评选出的结果大家信得过。每次推选各级教坛新秀、年度先进、星级教师，由校学术委员会确定后再经过校"三重一大"程序公布结果。推选论文参评、骨干教师外出研修，甚至学年教师的聘任等重大事项，学校也把这些权利交给了校学术委员会。由于充分尊重学术委员会的考核结果，全体教师对学术委员会的信任就充分建立起来。让老师们信任，学校研制的正德星级教师评选标准就有效地发挥了作用，成了教师自我专业提升的坐标。

建立底线考核为主的良性竞争。教师管理中过度量化考核会把教师们变得斤斤计较，所以学校选择在教师管理中进行底线考核。底线考核就是不突出先进，不搞末位淘汰，希望通过底线考核让优秀成为多数，让不优秀成为少数。突出先进个人可能会在教师队伍中制造内部的分裂，先进个人可能会被群体孤立。而末位淘汰也是非常不符合学校"大气、和谐、民主、进取"的宗旨。表现相对差的教师应该在教师队伍的帮助下继续努力进步，而不是直接被学校淘汰。当教师的整体底线提高了，不优秀的人也会随着教师队伍整体的进步而让自己的水平"水涨船高"。底线考核不是完全按照分数的高低来排名次,而是把年级平均分的 ±3分(语文 ±2分)视为底线,凡是满足底线的,统统都是优秀。慢慢地教师队伍就能够互帮互助,都愿意把自己的好办法分享出来。因此,底线考核就把优秀变成了大多数。通过不断地提高底线来保证教师队伍整体的进步,在教师队伍内部形成了良性的竞争。

突显师生发展为本的价值引领。在教师队伍建设的评价考核时,校长就像是教师队伍的班主任,要带好教师队伍,首先要提升校级干部的能力素养,发挥自身领导力的价值引领作用。把学生的成长作为出发点和归宿,这句话不能成为口号,还要成为一种信念,成为校长做决策时考虑的首要标准,要心甘情愿地为学生的成长付出时间和精力。当校长能够做到这些,对教师也会产生潜移默化的影响。教师把学生的发展作为所有事情的出发点,心甘情愿地为学生成长花费精力和时间,教师就能越来越自觉,工作也越来越开心。

三、正德星级教师评选的结果应用

有评选就有结果,用好结果是一种艺术。凤凰小学遵循这样三点原则:其一,学生对教师的评价比重最大,目的在于希望教师重视改进教学方法,满足学生的发展需求。其二,提倡每位教师在纵向上和自己比,反对在横向上教师之间展开竞争。其三,评价与教师的津贴是有联系的,在鼓励教师精神上追求高尚的同时,也应当有物质奖励。多年的星级教师考核评价虽然遇到一些困难,但最终都迎刃而解。教师的评价分数提高的过程就是学校教育教学质量提升的过程。

【案例9-1】此刻只有翻书声

午饭后半小时,整个学校只有一种声音,那就是翻书声。学校的教师、学生,包括校长、行政人员都必须把其他事情放下,所有人拿起书本、报纸或杂志读一读。午后半小时,是学校专门设立的午间持续默读时间,学生每天都盼着这个时间的到来。整整半个小时,大家无忧无虑地徜徉在书海。这半个小时,任何人都不能打扰这群爱阅读的孩子。

所谓持续默读,简单来说就是连续不断地安排固定的时间让学生安静、自主地阅读图书。在学校的午间持续默读时间,严肃拒绝一切干扰。比如不能中途更换图书、不能随意离开座位走动、不能和周围的同学交头接耳等。教师也需要注意,不能因为突然想到什么事情而打断学生的默读。这些都以班级公约的形式确立。当然如果在默读时教师发现个别学生坐不住,会允许他放下书稍作休息,只要不出声,没有过多动作影响别人阅读就行。要求过于严格会使孩子产生抗拒心理,反而阻碍持续默读的开展。而从实践看,个别孩子坐不住也只是一个很短暂的过程,当孩子们体会到阅读的滋味后,这种现象自然会消失。

持续默读还是学校全员参与的活动。不仅是学生,学校老师们也积极参与进来。如果在进行持续默读时,教师仅仅要求学生读书,自己却不进行阅读,学生就会受到教师的影响,出现不专心、左顾右盼的情况。教师们陪着学生一起阅读,做学生的榜样,潜移默化地感染和熏陶学生,这种人人在读书的氛围,更有利于孩子们良好读书习惯的养成,并且在一起享受阅读快乐的过程中,师生的关系更近了,更融洽了。

"瞧,那就是我!手捧着一本课外书,如饥似渴地汲取着书中的知识。我会被书中美妙的情节吸引,不时露出会心的微笑;我会被善良的主人公感染,为他未来的命运担心。在书中,我可以骑着飞天扫帚和哈利·波特打魁地奇;我可以和阿莲一起走在学习的道路上,珍惜来之不易的学习机会;我还可以和小英子一起在西厢房里看小雏鸡,蹲在草丛里寻找未知的秘密……"孩子们这么描绘持续默读这幸福的时光。

三年时间坚持持续默读活动,学生读书速度大大提高,读书量大大增加,三年级以上学生由每学期平均读 3.1 本课外书增加到人均 18.3 本,有的同学每学期读大约 50 本书。持续默读有效地拓宽了学生的知识面,增强了其学科理解力,有效提高了学习力和学业成绩。学校在轻松愉悦的书香校园建设过程中增强了学生的文化底蕴,为孩子们打好人生的底色尽了责任。

为数不少的校长容易犯这么一个毛病,喜欢直接去教教师怎么教学,但教师往往对校长的"说教"感到排斥。所以不如通过教师讲故事的办法分享好的教学经验。教师的例会不要变成文件的宣讲会,而是尽量去呈现教师故事。那么校长需要提前规划学期内的例会讲哪些类型的教师故事、怎么来讲。校长自己去发现教师故事,也需要动员大家去发现教师故事,通过校内组织活动来发现和讲述教师故事。比如每年举行凤凰年度人物评选,会颁发一个"搭班感恩奖"。由教师自主申请,来讲述同事对自己的帮助与自己的感激之情。有的故事讲出了教师的好方法,有的故事讲出了教师的好品质。老师的故事慢慢地越讲越完整,越讲越生动。要相信教师故事的力量,教师对教师的影响力才是最大的。

第二节　学术:促进教师专业成长的实践指向

长江学者李政涛教授倡导中小学要办成学术性学校。他认为"学术"不只是一个概念,对于学校而言,学术是一种"方式",即"育人方式",学术性学校,是"以学术的方式来育人"的学校;学术是一种"心态",学术性学校,是"带着宁静、淡泊、纯粹、求真、求实的心态做教育的学校"；学术是一种"能力"，学术性学校，是"培养学术能力的地方"；学术是一种"风气"，学术性学校，是"学术氛围浓厚，学术气息弥漫的地方"；学术是一种"境界"，学术性学校，是"通往学术境界的地方"。这一境界是将教育当作学术来做，它的根底和标杆，是教育与学术的融合之境。只有如此理解，所有的学校，无论是大学、高中，还是初中、小学，都因此可能成为有学术气息的学校。

一、学术凤凰的确立

在凤凰小学办学愿景的描述中，把学术化、信息化、个性化、特色化，办儿童喜欢的学校和具有研究气质的学校作为治校方略和目标。提出学术化的办学目标是基于对新时代教育发展的一种全新的审视。学校的气质并非来自校园建筑的大楼之新，而是源自学校教师不断提升自己，成为教育专业内具有学术气息的高水平教师，这对一所学校的发展至关重要。基于这样的认识，学校从办学的第一年就确立了"学术凤凰"的治校方略。提出一个口号容易，但要形成一种气息，彰显出一种文化和特色就并非易事。学校决定不急不躁从小处入手构建学术化之路。切入口在哪里？学校看到了教师专业阅读和专业写作的不足，决定从此处破局，创立了凤凰教师"梧桐读写社"，每学期寒暑假前给老师购买书籍，建立假期读写机制，鼓励教师做专业的阅读者，还拨出校长统筹奖奖励金，给假期中能结合阅读写出文章的老师进行奖励，倡导不分男女老幼，人人做新时代凤凰教师的专业阅读者。读写立人，凤凰教师坚定于对学生的培养重在读写，于自己的专业成长也是以读写的方式实现自我升值。

【案例 9-2】原来可以这样订杂志

2017 年学校从集团的两个校区并合而成一所新校，有意识地统计了学校和教师个人订阅杂志的情况，其结果发现了一些问题。比如教师多半没有自己订阅专业杂志的习惯，一般只在要写论文或课题报告时向学校临时借阅一下。学校订阅的专业杂志虽然数量不少，有将近 20 多本，但如果进行分类，大多集中在学科教学研究和日常休闲类的杂志。

2017 年 11 月，校长召集科研负责人、各学科教研组长和图书室负责人等一起汇集在会议室，商议 2018 年起学校的杂志订阅。校长指导大家从四个门类去选取学校订阅的各类教育教学杂志。第一是学科本体类，如适合语文教师的《读书》《儿童文学》《啄木鸟》等。第二是学科教学研究类，如《小学语文教师》《小学数学教师》《语文学习》《小学科学》《教学月刊》等。第三是教育研究类，如《全球教育展望》《课程 教材 教法》《教育研究》《教育参考》等。第四是教育信息类杂志和报刊，如《人民教育》《上海教育》《浙江教育报》《中国教育报》等。通过专题会商，确定订阅共40 本教育教学的专业杂志，数量比原先增加一倍，门类也更加齐全。后期经过校长、科研负责人等在教师大会上的动员推动,老师们的阅读氛围渐渐浓郁起来。

凤凰小学成立三年来,每年都有省规划课题立项。"作业即作品——小学美术学教方式变革的实践研究""校园新生活:促进儿童有滋有味成长的载体创新与实践研究",这两项课题在 2017、2018 年的杭州市优秀教育科学研究成果评比中均获奖。2019 年,"四为建构:素养导向下基于创享的小学生学习改进研究"作为浙江省教育规划立项课题展开研究。2019 年 12 月,袁振国教授带着国家"十三五"重大课题"立德树人的落实机制研究"课题组一行深入学校,专门了解学校在深化立德树人、创新德育机制方面的成效。课题组对学校基于班级发展规划做新德育的研究非常赞赏,认为学校把规划做到班级层面是创新之举。另外学校科研成果覆盖面和奖项也比较多,仅 2019 杭州市优秀教育科研成果奖,学校就有三项课题分获一、二、三等奖。在 2020 年区中小幼论文评比中,共有 11 篇论文获奖,总数位列区内所有小学第一。是什么促使学校在教科研方面能够取得这么快的提升,有这么大的成效?这离不开学校立足价值引领的科研机制创新。从学校成立之后就一直倡导,一所学校最重要的转变就是观念转变,最重要的引领就是价值引领,最重要的机制就是有一套稳定的科研制度。所以在价值引领这一维度上,学校一直在引导每位教师要重视教科研,能够享受科研所带来的职业幸福,自由源于专业,越专业,越自由!

(一)校级干部带头营造科研氛围

校长室的四位同志都意识到科研才是自己专业成长的路径,把工作即研究、问题即课题、成长即成果作为科研方式来引领。这两年,三位校级干部人人有课题。缪华良校长 2017 年有市级规划课题,2018 年有省级规划课题,2020 年又有一个省级规划课题立项,1 至 2 年做一个重要课题,不断地深化。陈清梅副校长一直盯牢评价做研究,不断深化,现在成果也很突出,市级以上的汇报展示、大会学术交流有多次,渐渐有了自己的学术标签,成了评价研究有建树的教学校长。茅琼华副校长分管德育工作,她的课题专门围绕基于班级发展规划新伙伴共同体的打造。几位校长以亲身示范努力做学术型领导,那么老师也被影响带动,力争做学术型教师,认准一个方向、选好一个课题,然后不断深化、不断地像滚雪球一样把科研做起来。

(二)做优科研奖励机制

杭州市上城区在这两年都有校长统筹奖,平均每年有 60 多万元分配到学校,通过这笔奖励来破局。学校不搞平均分配,2018 年人均 6000 元,实际最低 3000 元,最高 11000 元;2019 年人均 7000 元,实际最低 3900 元,最高 19000 元。通过推行一套科研项目制来调动老师积极性。有不少老师富有工作经验,也一直传承着附小集团的付出精神,但是他们不善于提炼思想,也怕写作。其实写作才能提炼思想,所以要鼓励他们写。学校组织老师们在暑假里"全员畅写",学校不论质量,先奖励完成写作的老师，然后请区科研室专家帮助评选，按老年组、中年组、青年组同设一、二、三等奖，按照成果等级再奖励，最后通过专家指导，把优质的成果送到区里评奖或者送去发表，再进行奖励。"全员畅写"成为学校推动教师专业发展的一种有效机制。

（三）办好三项科研杯赛和构建凤凰智库

凤凰小学有三项科研杯赛，一是全体教师的梧桐杯案例、课例评比；二是全体教师的枫杨杯课题论文评比；三是凌霄杯青年教师课堂教学评比。统计近三年学校三项科研杯赛教师的参与人数，基本上都是全员参与。学校要求老教师可以多给补贴课时，但不可放松自己的专业发展，教师要做一个永远的思考者和学习者。学校在这一点上发力，老师们的观念就迅速扭转过来了。此外，学校还努力建凤凰智库。凤凰智库是怎样的呢？第一个是专家智库。学校常年从高校、省市区教育科学研究院聘任科研顾问和科研专家，他们经常到学校帮助老师们策划和完善课题。这就有了凤凰的专家智库。第二个是成果汇编资源库。凤凰小学有独特的"两节"：春季学术节和秋季学术节。要举办学术节，先编好两个集子，春季是课例、案例集汇编，秋季是论文、课题优秀成果汇编。编着编着就形成了比较丰厚的学术成果。第三个是研究指南资源库。研究指南有两种，一种是课题研究指南，一种是校长统筹奖的工作项目指南，从不同维度努力促成每位教师平时的工作项目化。项目成果评审，不是校长一人说了算，也不是校学术委员会说了算，而是聘请第三方来鉴定成果。

二、学术精神与学术思维

探寻国内一流名校的发展经验，一所学校如何能让科研持续发力，其秘诀是让老师有学术精神。100多年前杭师附小所传承下来的是付出精神，但是新时代凤凰小学腾飞，更需要另一种精神，那就是教师的学术精神。

学校的学术精神该怎么打造？以凤凰小学美术教研组的课题为例，2017年学校帮助美术组提出"作业即作品"的学科主张，当时的美术教研组长王俊生老师很有思想，迅速按这个想法确定了一个科研课题"作业即作品——小学美术学教方式变革的实践研究"，并经层层选拔被推送到省里立项，一年后结题评审得了市三等奖的好成绩。2018年，在浙江外国语学院卢真金教授的亲自指导下，美术教研组又有新课题立项。2020年，杭州师范大学项红专教授等专家来校指导，帮助美术教研组确立了课题"作业即作品——小学美术素养单元的项目式作业研究"。美术教研组的老师在持续的课题研究中看到了科研拔节的力量，坚持围绕这个课题做，把它做深、做久，一定可以出成果。持续做一件事的人一定是有一种精神的，学术精神不是天生的，它一定是慢慢在过程中形成的品质，并化为一种"精神"。美术教研组的这个课题还带动了其他学科老师的科研，作业即作品研究在各学科开展起来，从一门学科的课题变成语文组、数学组的课题。比如语文组改进学生作文本，不再去统一购买，而是自己设计提出了印刷要求，封面、封底在期末发放给学生，平时发的是活页，写完就能贴到教室里进行作品展示。到了期末家长会的时候，把它们装订好，放在家长面前，就变成了学生的个人"专著"。科学组也在研究思维导图式的实验报告，把实验的作业变成作品。"作业即作品"成为一个主课题，可以不断衍生新的子课题。

凤凰小学倡导培育"学术精神"，旨在把学校办成一所研究型学校。倘若外人问起这所学校有什么特色，"研究型学校"便是特色。2018年，各学科在区教研室的支持下已经提炼出了教学主张，同时也提出"创享学习"新课堂的新课题，目前这个课题已经在省里立项。通过这项重大课题研究，让"学术精神"最终能够落到课堂这个主阵地上去。

学术化的工作驱动同样可以用于学校的管理改进。为了突破"事务思维"带来的管理瓶颈，学校管理者应该运用"学术思维"开展工作。以科研精神和态度去做实际工作，让工作与研究相得益彰，这才是做管理最理想的状态。学校管理者常常忙于各种事务，也习惯于以具体事务为引擎开展工作，很多时候，所做的工作往往是为了千方百计地完成某项任务。这种为了完成某项任务而进行工作的思维方式叫"事务思维"，它以解决眼前问题、完成事务为最终目的，是一种被动的、孤立的、工具性的、功利的思维方式。为了突破这种思维方式带来的管理瓶颈，我们运用"学术思维"开展工作，通过系统研究与思考认识事物内在本质和规律。

事务思维可以解决一个个具体任务，但事务总会没完没了，成就感也会渐渐消减，这样的工作状态会慢慢吞噬人的激情，让工作变得枯燥乏味，也会在一定程度上限制管理者的工作水平提升和事业发展。这时候就需要我们做一些调整，尝试以做课题、写论文的思路思考工作中的问题，也就是用学术思维去面对工作。学术思维会引导我们发生这样一些改变：遇到个性化的问题，第一想法不是立马求得答案，急于解决完事，而是先做研究，进行"文献综述"，系统思考，分析问题产生的原因与过程，弄清问题的本质，然后厘清相关概念，通过查找经典著作，梳理与之相关的理论，寻找前人的实践案例，进行纵横对比，最后再提出解决方案。这样处理问题就会比较理性、科学、全面、可持续，而且适合于解决同一类型的相关问题，如果有时间动笔成文，那么会更有利于管理者形成理性思考。以学术思维面对工作，工作就不再是眼前单个的孤立的事务，而是一个组织系统中的某个环节；管理者也不是被动地完成上级指示，而是主动去优化系统环境，以研究的心态看待个别变化，发现问题，寻找解决策略。

总的来说，"学术凤凰"成为凤凰小学的一张特色办学名片。擦亮这张名片，一定得依靠教育科研，要让每一位教师有滋有味做科研，用专业的匠心打造好"吸引教育"这张金名片。传承和弘扬付出精神,培育和造就学术精神,这是凤凰人的不懈追求。

三、营造凤凰好学风

清华大学的两则报道,引起学校的思考。一则是 2019 年 9 月,"清华大学优良学风档案史料展"在校史馆展出,展览配合学校开展的"学风建设年"活动而举办,以百余件珍贵的档案史料,生动地展示了清华大学"严谨、求实、勤奋、创新"优良学风的形成与发展。另一则是 2020 年 2 月 27 日,邱勇校长在全校干部会上提出,无论线上、线下,都要坚持优良学风,有清华学风的课堂才是真正的清华课堂。

无独有偶,自 2019 年 11 月起,凤凰小学围绕着"一训三风",展开"凤凰学风是什么"的大讨论。作为一所办学不到四年的新学校,学校的顶层设计正在逐渐完善,从办学宗旨、理念、愿景到育人目标、校训、学校精神等已基本确立,但对于"校风、教风、学风"的思考还没有明确,于是学校趁着疫情期间开展居家学习的时机,讨论如何确立凤凰学风。通过教师讨论、行政会商、班级研商、征求家长意见等系列活动,大家逐渐达成了共识,基本确立了凤凰学风的个性表达:"立志向上坚毅地学,自主惜时快乐地学,创新求索广博地学。"凤凰学风体现的是情感价值、习惯态度和方法策略三个层面的统一,短句式的表达,既有学习动态感,又便于小学生理解和付诸行动。

【案例 9-3】疫后树学风(504 班会)

班级	504	班会主题		疫后共树凤凰好学风	
时间	2020.05.08	地点	504 教室	主持人	叶瑞曈　何馨雅
参加人员	504 班全体学生			班主任	林霞

一、活动目的

结合校长复课典礼致辞的内容,召开"疫后共树凤凰好学风"主题班会,端正班级学风,激发热爱学习的情感,培养责任使命意识。树立远大志向,培养克服困难的毅力,不断前进,快乐学习,做更好的自己。

二、活动准备

结合居家学习,收集励志故事。情景剧编排和自制多媒体。确定主持人和准备主持稿。

三、活动过程

谈话导入,明确主题。

活动一:快速抢答,明确好学风。

7 个小组各选派一名代表,参加抢答,PPT 出示,共准备12道题目(胜出者发奖品)。

活动二:榜样故事——感受"立志向上坚毅地学"首要性。

故事一:周恩来为中华之崛起而读书的故事。大家自由发表感想。

故事二:故事欣赏——钟南山爷爷的成长故事。

活动三:情景剧表演——体会"自主惜时快乐地学"的必要性。

情景剧表演一:《这样学习可不好》(生活中不抓紧时间学习,学习被动的反面例子)。

情景剧表演二:《做时间的主人,快乐地学习》(生活中善于学习,会自主学习的正面例子)。

活动四:采访谈话——懂得"创新求索广博地学"重要性。

活动五:快板——《凤凰好学风,快乐学习你我他》。

活动总结,期待未来。

良好的学风、教风、校风,是一种无形的力量,具有强有力的导向作用、凝聚作用和规范作用。它可振奋人的精神,激励人的斗志,约束人的行为。良好的学风是学校宝贵的财富,是提高教学质量、培养优秀学子的重要保证,是衡量育人环境的重要条件。好学风才有好课堂,学风建设的主阵地在课堂上,各类自修的课堂最能体现学风。一个班的学生能早到校,只争朝夕,且能做到"入室即静、入座即学"的自觉,那是最为理想的学习状态。凤凰的学风,是教师和家长共同管理、共同示范引领而形成的,学生是在模仿中成长的。胡适先生曾赠言别人:要怎么收获,先怎么栽。学校教师大树学习之风。试想一下,一群不爱阅读、学习的人去教一群求知若渴的少年,这岂不令人捧腹。最好的教育,最有力量的学习动力便是榜样。教师爱学习,父母爱学习,这个班的学生也必定是爱学习的。所谓风清气正,我们有样子,孩子必定也有模样,风气就是这样形成的。校园应该有这样一道风景,四处弥漫着读书的味道,每个人都无限地热爱学习。生活在这座"梧桐小镇",师生每天沉浸于书香之中有滋有味地学习,快乐的童年味道充满凤凰校园。

第三节　机制:推进教师专业成长的内在动力

制度层面的完善,对学校来说是必需的,一所学校,犹如一辆装配成型的自行车,各个部位的零件不能少。如果要让这辆车快速地行驶起来,关键因素是骑车的人、各零件的配合。对于学校而言,如何实现良性健康的发展,需要的是某种机制的支持。

一、上挂下联的助力机制

学校办学需要建构一种开放的格局，注重多方联合，借助外部力量提升学校的内涵发展，"上挂下联"就是学校注重建立的助力机制。学校把上挂下联的工作形象地比喻为"四股水"，即传承师范附小特性的"长流水"，借力高校建智库的"直饮水"，开放办学加强校际联盟的"清泉水"和"自来水"。学校作为杭师附小教育集团的一员，师范附小的属性是其一个重要的特征，但是由于2004年左右各地中师撤销，母体杭州师范学校并入了杭州师范大学，搬离了市中心。这样，学校原本每学期都有实习生进入校园实习的这股"长流水"便渐渐地断了。2017年凤凰小学初建，学校意识到了这个问题，便把五楼的两间教室改造成了可供实习生住宿的集体宿舍，并主动联系了杭师大小学教育系等专业部门，建立了教育实习的合作意向。如今，学校每学期都能接待20名左右的师范实习生，他们的到来有力地促进了教师课堂教学的研究。凤凰小学的教师既做小学生的老师又做师范生的导师，恢复了师范附小"双师型"教师的特质，学科研究和班主任工作的研究焕发出了活力。

【案例9-4】引来"直饮水"，教授博士驻学校

2019年3月5日下午，在钱江校区会议室内，学校教学线的行政人员、学科教研组长和校名师工作室负责人等13人团队，聚在浙江大学教育学院课程与教学研究所副所长、博导肖龙海教授，浙大课程与教学博士生管颐的周围，一起畅谈学校2019年将启动的重大课题的研究设想和行动路径。这一幕情景也许在许多知名的中小学教育研究中不为新鲜，但这件事情却启动了凤凰小学助力教师专业发展的新型方式——肖教授和管博士将以常驻式的合作，带领学校课题组教师开展中美基于核心素养的学科课例研究，直至2—3年后课题结出成果终止。这一方式，让人不禁回忆起原杭州大学教授、已故著名教育家张定璋先生在20世纪80年代中后期带领他的研究生、博士生进驻天长小学，开展整体教育改革的场景。肖龙海教授就是张定璋教授的研究生，如今他带着自己的博士生进驻凤凰小学开展指向学科深度学习的课题研究，无疑可以极大地推动学校办学发展和教师专业成长。缪华良校长形象地把这一合作尝试称为借力高校智库的"直饮水"，是学校探索与高等院校上挂下联、借力发展的一种新型合作模式。

这三年间，凤凰小学已先后成为浙江大学教育学院和浙江外国语学院博士驻点校，杭州师范大学、广东肇庆学院、浙江音乐学院的教育实习基地，北京师范大学儿童阅读素养项目合作校，华东师范大学基础教育改革与发展研究所五育融合联盟实践校等。学校与高校的合作走进了更大的空间。此外，学校还形成了全国范围内的多个合作联盟。如以凤凰小学为龙头，于2018年创立了全国儿童阅读课程联盟，全国

14 个省份近 100 所学校加盟。2017 年,学校还先后与新疆阿克苏八小、陕西榆林市八小、贵州雷山丹江小学、黑龙江黑河实验小学等学校结为友好学校。通过马云公益基金会的合作平台,与 6 所农村薄弱学校结为互助共同体,助力乡村教育振兴。

通过上挂下联,凤凰小学努力打造一支具有情怀、热衷科研、充满活力、善于学习的研究型教师队伍,并作为学校的办学特色加以建设。这些年来,学校与高校的合作已探索出了多种方式。接上"长流水",承担高校师范生教育实习的跟岗式合作;拧开"自来水",建立高校师训研究机构任务的接单式合作;架起"直引水",开展高校研究机构支持的项目式合作;接通"清泉水",引入高校教授深度介入的常驻式合作。凤凰小学借力高校建立完善教师成长的新型伙伴共同体,通过四种合作方式探寻教师研训的新路径,促进凤凰教师有滋有味的专业发展。

二、校本培训的闭环机制

依托校本培训,让教师走在专业发展的路上,这是大多数学校的基本方略。意识有了,培训也开展了,精力、财力花了不少,却往往不一定能达到预期效果,这是为何呢?

有的教师总习惯于讲授学习,课堂上让学生学习是如此,校本培训的自我学习更是如此。君不见,台上教授、名家讲得津津乐道,台下教师听得晕晕乎乎。比如有所学校在暑期安排了连续 5 天的培训,主要内容就是听 9 位专家的学术报告,专家们轮番上阵,老师们却没有真正学进多少。凤凰小学是一所 2017 年才成立的新学校,尤为重视借助校本培训助力教师成长。但怎样让培训更有效? 学校采用 PDCA 闭环理论改进校本研修,取得了一定的实效。

PDCA 闭环,最早是由美国质量管理专家戴明提出,所以又称"戴明环"。PDCA四个英文字母分别代表的含义:P（plan）,指计划,确定方针和目标,确定活动的方案;D（do）,指执行,实地去做,实现计划中的内容;C（check）,指检查,总结执行计划的结果,注意效果,找出问题;A（action）,指行动,对总结检查的结果进行处理,成功的经验进行推广,失败的教训加以反思,将没有解决的问题放到下一个 PDCA 循环。

【案例 9-5】一次闭环式的校本研修

PDCA 闭环这样的理念如何实施到一次校本培训中,以学校 2020 年暑期开展的培训举例。经过事前会商,学校确定了本次培训围绕"学科育人和协同育人"这个主题开展。如果是以往,校长本人或请几位专家围绕主题做几场报告,把学科育人和协同育人的理念、要求、方法讲授给老师们,一次培训便完成了。但这一次培训,学校借用闭环理论,做了一系列的调整。

校长与校培训负责人制订了一个以两轮参与式研讨为主的培训计划。首轮安排了以校行政人员、教研组长、年级组长组成的30人团队接受参与式培训。先把这30人分成"学科育人"AB组和"协同育人"AB组，4个小组的老师们经过头脑风暴、十字线法等嵌入式研讨，形成海报展示与交流，再由学校邀请的专家进行点评引领。基于首次参与式培训的不足，学校又设计了依据此主题的第二次参与式培训，把培训人员扩大为全体教师。全校按年级分为6个小组，有3个小组为"学科育人"，另3个小组为"协同育人"，之前参加过首轮研讨的组长和行政人员分到各小组中发挥引领示范作用。一周后，第二次培训开始，近百名教师花了足足半天时间，开展头脑风暴和餐桌布法的参与式培训。令人欣喜的是，这次6个小组的代表发言交流质量明显优于上次，受到了点评专家的好评。两轮参与式研讨结束后，校长才亮出自己的观点，围绕主题进行了半小时左右的观点报告。经历了体验的学习最能吸收，显然，这次主题培训使每位教师都有收效。

当下，学教方式的变革是推动课堂教学转型的一致共识，如果教师的学习方式不改变，又何求改变学生的课堂学习方式呢？教师改变，课堂才能改变。改变教师的研修方式，用一种稳定的机制去推动，才能建立稳固的结构，让改变成为可能。

三、课例研修的实践机制

课例研究于教师而言有着特别的意义。医生的真功夫在手术台上，教师的真功夫在课堂里。课例研究，指向一堂课的教学在课前、课中、课后所进行的种种活动，包括研究人员、执教者与他的同伴和学生之间的沟通、交流、对话、讨论。没有对一堂课的持续研究，凭空能上好课的教师几乎不存在。所以，教师学会课例研究，就是掌握了专业发展的重要工具。

一线教师从事研究，大体上以"行动研究"为主，即在教学行动中开展包括专业理论学习在内的教师教育模式。这样的行动研究载体不少，如写教学札记、做案例研究、写教学叙事、课后记等，其中最贴近实际、便于操作又较具专业性要求的研究便是做课例。课例研究具有鲜明的特性。其一，主体便是执教者本人或共同参与课例研究的同伴，研究课例的不是旁观者或陪衬，而是真正的亲历者。又如，课例研究其问题来源于教学的真实情景，对某一课的问题聚焦往往是"牵一发而动全身"，涉及对课程观、教学观、学生观、评价观的思辨，引发新旧教学理念的撞击、交锋。课例是"做"出来的，不是写出来的。整个课的形成过程是理论学习和教学实践、教育科研紧密结合的过程，是同伴互助的过程，是把教育新理论转化为教学新行为的过程。再者，课例重合作、重假设、重叙事，突出归纳演绎的思维方式，既能改善教师教学行为，又能建立科学假设或理论构思，为之提供有益的研究素材。

一个工具的掌握是有过程和方法的。课例研究一般要经历组成课例小组，制订实施计划,开展首轮课例研磨,进行首轮反思会商,多次磨课讨论和反思改进,撰写课例和召开课例分享会等过程。就一个单一的专题课例而言,选题、选课、设计、实施、反思、总结是其必不可少的环节。塑造高质量的课堂,需要对一节课进行"解剖麻雀式"的深度研究。

　　一个工具的掌握是需要一定技术的。课前、课后设计过问卷吗? 听课后做过学生访谈吗? 会用各种量表进行诊断分析吗? 对某类学生个案有持续跟进和关注吗? 学过用视频方式或采用课堂实录进行案例分析吗……课例,让置身研究的每一位教师,在与同伴的深度交流碰撞中,打开封闭的情感与心灵,迸发出火热的创造激情,生成强烈的团队协同能力。课例研究可以快速科学、切实有效地提升教师的教学实践能力。学校的教师在课例研修机制的带动下,自身专业发展得到了很快的提高。

　　为找到课例研究成果展示的载体,凤凰小学在 2020 年 3 月举办了首届课例节,通过课例节这一独特的方式让老师们的课例研修有了展示的平台。进入 2021 学年后,第二届课例节也如期而至,这样一学年一届举办下去,课例节便成了学校课例研修机制下的重要活动,一种具有校本特色的研修文化逐渐生成。

【案例 9-6】小学科学课例节:从 PBL 到 CBL 的实践研究

　　课例研修是提升教师专业发展的一条主要路径,为此,凤凰教师自创校至今坚定地开展了三年,用课例研修的方式开展学科建设,让其成为学科建设的一种载体。举办课例节是凤凰小学的一个创举,在防控新冠肺炎的后疫情时期,学校采用线上方式启动了首届课例节,分为音乐和科学学科两个专场。

　　科学学科的线上课例研讨活动是基于项目式学习的主题而推动的。2020 年 5 月,新冠肺炎疫情得到缓解,学生们回到校园。科学组的教师在认真开展线上线下混合式教学的同时,积极联合各学科教师开展课例研究,以科学学科为依托,将学校创享学习的研究从 PBL(项目式学习)向 CBL(挑战式学习)推进。本次课例节以推动学校 2020 年省级规划课题"四为课堂:素养背景下基于创享的小学生学习改进研究"为目标,确立"创享学习——从 PBL(项目式学习)向 CBL(挑战式学习)"的主题,于 5 月 28 日举办 2020 杭州市凤凰小学首届课例节活动(线上科学专场)。

　　科学组老师结合学校下沉式广场将设计升级为悦舞台的实际情境,围绕研究主题组成 2 个课例研究团队,围绕 PBL 和 CBL 两个维度进行展示。一个是横向维度 PBL 组,注重学科融合、跨界,以科学为主,往外延伸整合了技术、艺术、数学等学科来开展学习。另一个是纵向维度 CBL 组,注重实践、应用和探究,其学习成果能真正解决实际问题。科学线上课例节还邀请了华东师范大学安桂清教授,浙江省特级教师刘晋斌校长,省教研室副主任、科学学科教研员喻伯军老师,区科学学科教研员闻蓉美老师等做主题报告和即时点评。

四、项目驱动的运作机制

"项目"一词最早于 20 世纪 50 年代出现在汉语中，原本指一种事本主义的动员或组织方式，即依照事情本身的内在逻辑，在限定时间和资源约束条件下，利用特定组织形式完成有明确预期目标的一次性任务。从管理视角而言，应对项目启动、计划、实施和评估等过程和技术进行监控与评测，以促进项目管理的最优化。项目制不单指某种项目的运行过程，也非单指项目管理的各类制度，而是指能让一种制度运行起来的机制，更是一种工作的思维模式，决定着一个单位、部门乃至个人如何构建决策和行动的策略。项目制在国内的实践始于上世纪末，主要在公共服务领域开展试行，在中国经济与社会发展中发挥着日益深广的影响力。现在，项目制的运用已比较普遍。将公共服务资金通过项目化方式运作，有利于实现高效、技术化和标准化的公共服务供给。

从区域或学校层面推行项目制，这是近几年教育治理走向现代化的有益尝试。如从 2015 年起，上海市静安区借助项目制治理模式，通过区域教育的落实与整合，强化政府对区域教育改革与发展的指导，形成了以重大项目引领，凝聚区域教育力量、促进整体发展和质量提升的机制与格局。这是一种鼓励自主参与的新型治理模式，也是一种突破常规问题的治理模式，对地方和学校的教育治理有借鉴意义。

自 2017 年起，杭州市上城区教育局探索优化绩效工作促进自主办学的治理改革，在原有绩效工资保持不变的基础上，专设一项校长统筹奖。此奖项是以年度为时限，对区域内中小学教师按照人均 7000 元左右，由区教育局拨付给学校。学校只需经"三重一大"流程决定奖励发放的方式，无须通过教代会等烦琐的程序，校长有较大的自主裁量权。一时间，上城区的校长有了"零花钱"，成为众多外区县到访校长最羡慕的一件事。每年有了这笔数额较大的统筹奖，既丰富了绩效工资的内涵与形式，又让校长有了更大的自主权，对校长而言的确是促进教师工作考核奖优奖勤的"利器"。校长怎么用好这笔可观的"零花钱"？如果仍然像一般性绩效一样平均发下去，就起不到激励的效果。项目制由此应时而生，以一种新颖的管理方式促进学术凤凰的打造，使公办学校焕发出了新的生机与活力。

凤凰小学尝试采用项目制推进教师的学术研究，将日常工作用研究的方式结合起来，主要突破以下三个方面的工作。

（一）项目内容的确定

内容决定形式，项目制推行中最重要的要素便是内容的确定，它直接决定了项目本身的意义。刚开始试行项目制之初，学校把项目内容的确定权完全交给了老师，结果导致看似项目五花八门数量繁多，但几乎都是碎片化的工作和小课题，离学校的意愿很远。之后,学校采取了新的措施,每年盯住一个主要的攻破方向,抓住一个维度确立校级项目指南,由老师组团来申领,同时又允许一部分老师做个人自主申报项目。如 2018 年,学校确立了学生综合评价改革的项目攻关方向,提供了 11 个指向学生综合素质评价的校级项目。如小学体育和艺术分项等级评价研制、小学生阅读素养分项评价、小学各科态度与习惯的标准研制、小学拓展性课程评价工具开发等。为了引导老师们主动选择校级项目,学校对项目成果奖励的权重设置也不一样,校级项目成果奖励多,自选项目成果奖励少,第二年这种一味只做自主项目的现象就翻转过来了。另外还规定,一个校级项目的申报一般在 4—6 人,一个自选项目的申报主要是个人承担的方式。如 2020 学年校长统筹奖的项目申报情况就大体反映了这一要求,全校 92 名教师中 95% 以上有研究项目,且大多数教师选择了校级规定项目,项目制中的合作要素就渐渐占据了主流。(如表 9-2 所示)

表 9-2　2020学年校长统筹奖申报项目汇总表(节选)

序号	项目名称	项目类别	负责人	项目组成员
1	新生班级发展规划的研制	规定项目	沈祖芬	施凤华、王月、王娟、庄建波、郑莉华
2	创享学习卷入式螺旋课例磨课组行动研究	规定项目	陈波	陈婷婷、李倩倩、方芳、姜涛
3	学校管理优化的白皮书编撰	规定项目	陈蕾	毛长云、陆敏芳、任启鸿
4	学科育人的典型课例研究	规定项目	叶柏玲	郑红霞、陈蕾、林霞、汪敏壬、陈靓波
5	凤凰新读写课程的教材研发	规定项目	郑红霞	缪华良、茅琼华、陈波、陈婷婷、田庆云、张圣洁、王月、陆敏芳、陈蕾
6	班级发展规划实施成效的研究	规定项目	许佳菁	李慧华、徐倩、胡浙燕、施凤华、陈隽婷
7	探寻·创享·传习:打造"中华传统文化"微窗口语文综合性学习项目设计与实践	规定项目	陆敏芳	张圣洁、方芳、曹俊英、李倩倩、杨珏
8	凤凰大健康评价的一体化研究	规定项目	茅琼华	缪华良、陆敏芳、任启鸿、郭延龙、田庆云、叶文礼、王俊生
9	"社会情感学习(SEL)"课例研究项目组	规定项目	田庆云	茅琼华、徐倩、李慧华、胡浙燕、王月
10	创享学习卷入式螺旋课例磨课组行动研究	规定项目	赵虹	潘丽君、黄文娟、汪榕、许兆琛、王俊英
11	数学计算微项目学习的设计与实施	规定项目	胡菁	李璟、叶晓雯、杨珝梅、郑玉芹、杨立亮
12	数学学科育人的典型课例研究	规定项目	李璟	胡菁、郑圆圆、杨立亮、汤建凤、杨珝梅

序号	项目名称	项目类别	负责人	项目组成员
13	数学学科育人叙事研究	规定项目	胡浙燕	黄文娟、王俊英、许兆琛
14	数学学习工具的研发与运用	规定项目	潘丽君	黄文娟、李璟、赵虹、汪榕、郑圆圆、郑玉芹、叶晓雯
15	学科微项目化学习的课程设计与实施	规定项目	叶晓雯	郑玉芹、杨立亮，王俊英、汤建凤、杨琍梅
16	创境英语微项目化学习的课程设计与实施	规定项目	曹雯颖	高艳、徐靖、章琰、王何珏
17	创享学习卷入式螺旋课例磨课组行动研究	规定项目	高艳	徐靖、王何珏、章琰、曹雯颖、徐春静、冯凯晶
18	学科育人的典型课例研究	规定项目	王何珏	高艳、徐靖、章琰、曹雯颖
19	科学学科育人叙事研究	规定项目	胡幼华	万来晔、曹勤、娄锋
20	学科微项目化学习的课程设计与实施	规定项目	万来晔	胡幼华、曹勤、周晓明、娄锋
21	课题式项目化学习的实践	规定项目	毛长云	许佳菁
22	生命·生活·生态：基于全科主题的项目学习研究	规定项目	周晓明	毛长云、万来晔、钱春苗、曹勤、赵虹、潘丽君、陈隽婷、许达、杨珏、王俊生
23	学科育人的典型课例研究	规定项目	邵心怡	梅佳、陆褒、祝宇恬、董炎夏
24	凤凰大健康评价的一体化研究——控肥助力雏凤飞	规定项目	樊敏洁	李敏奇、张露丹、徐明程
25	基于体教融合的全纳体育研究	规定项目	郭延龙	李敏奇、樊敏洁、王祥、张露丹、
26	学科育人的典型课例研究	规定项目	李敏奇	樊敏洁、王祥、张露丹、徐明程
27	学科育人叙事研究——运动非智力因素培养（篮球为例）	规定项目	王祥	郭延龙、徐明程

（二）成果考核的方式

项目不同于做课题，从申报立项到成果评审需要一套完整的程序，课程研究虽然流程复杂了些，但经过上级科研部门严格程序化的管理，成果评定较为客观，其公信度、认可度也高。学校的项目制，如果严格照课题方式评价考核，老师们就会有畏难情绪，对一所学校而言，项目数量这么多，其运作成本也太高，显得不太现实。学校的做法是简化考核程序，突显第三方鉴定的公正性。学校采取了30%用于过程，70%奖励成果的双线考核。到了年终，项目团队只要能呈现项目研究的完整过程，即使拿不出成果也可以得到过程性奖励。如果要获得70%部分的成果奖励，需向学校主管项目研究的科研部门提出申请,由学校聘请第三方进行考核,听取各项目组长的成果陈述,再根据考核鉴定优秀、良好、合格和无效成果,对前面三档的成果给予不同金额的奖励。即使某几个项目成果都评为优秀,由于事先申领的项目类型不同,校级项目与自选项目的奖金差异也是很大的。

（三）项目运行的服务支持

项目带有研究性、前瞻性,大多数老师的研究能力相对不强,如何在项目申领之后提供必要的支持,这是后续保证项目不至于流产,能产生实效成果的重要前提。学校为了激发教师对项目研究的热情,提高项目研究的专业能力,安排了多种形式的支持服务。比如,初期在项目确定之后,邀请专家给有需要的项目组开展个性化的研究指导,提供技术支持。在项目研究的进程中,有意识地安排老师以项目组为单位外出参加学术会议或培训学习,拓宽教师对该项目研究的视野。在年底项目成果申报前夕,邀请专家进校组织开展点对点的项目成果提炼指导,帮助各项目团队梳理自己的研究成果。评奖不是目的,不管项目最后的成效如何,不管有没有项目制这种方式,上级部门给的这笔"零花钱"还是要发给老师的,事实上,就有部分学校存在平均福利的现象。所以,学校对项目运行服务导助的三个过程节点的支持看得特别重要,这才真正通过项目制这一载体,提高了一线教师的学术意识、学术氛围和学术能力,让项目制成为教师们提高专业化的重要途径。

推行校长统筹奖支持的项目制工作以来,学校在绩效管理的优化上取得了一定的实效。首先,对打破平均主义,调动教师工作积极性取得了较为突出的效果。整笔统筹奖以项目制为主路径设置奖项,分为超工作量奖、教学质量抽测奖、项目研究成果和校长提名奖,其中项目研究成果奖占到总数的55%以上。其次,形成了项目研究与课题研究并驾齐驱的良好科研态势,学校科研氛围不断浓郁。这两年间共有3个省级课题立项,11个市、区课题和为数众多的校级课题,同时教师参与项目研究的人数达到90%以上,每年都物化了一批研究成果。比如,学校不唯分数,坚定试行学科成绩学业评价分项等级制受到社会各界热切关注。2018年7月6日晚,中央电视台新闻频道报道了这一消息,人民网、人民教育、凤凰网等几十家媒体进行了转载报道。2017年的项目制研究聚焦儿童阅读课程,形成了校本教材研发、阅读课型建构、儿童阅读素养分项标准研制等多个项目成果。2018年11月13日,《中国教育报》专题报道了学校儿童阅读课程建设的突出成效。第三,形成了学校项目制运行的基本规程。经过这三年的探索,学校基本形成了项目制管理的一套基本流程,从项目指南的确立和提供,到项目申领及研究开展的过程和支持,以及项目成果的物化和考核,学校草根性的实践形成了相应的规程,为老师们所接受。

项目驱动的运作机制进一步优化了学校绩效管理的运行,它以一种比较灵活的方式,让老师们对教育科研投入了热情,并以校长统筹奖为润滑剂,让它产生了强大的动能。审视当下,有一些经济比较发达的县区,教师的绩效工资总量不低,但积极性依然没有充分调动,科研氛围依然不浓,教师提升专业化依然充满荆棘,这理应引起大家的反思。

第十章

收获：吸引教育让校园充满勃勃生机

伴随着吸引教育在学校的践行和探索，学校日益受到了社会和家庭关注，在大众的意识当中占据越来越重要的位置。今天的凤凰小学，校园充满了勃勃生机，学生洋溢着愉悦的神采，教师显示着积极向上的精神。一句话，尽管我们付出了汗水和辛劳，但是我们有了许多的收获。在本章的叙述中，大家将看到吸引教育实施以来所带来的种种变化，也有对吸引教育的深度思考和展望。

第一节　成效:吸引教育带来丰硕成果

吸引教育的推进,带来许多新变化。学生的潜能在特意设计的教育场所、教育策略和教育活动的浸润下得以激发,教师的能力得以唤醒与提高。

一、吸引教育让学生洋溢生命活力

在吸引教育的实践过程中,学生的主体地位得到凸显,学生的潜能最大限度地被唤醒,处处洋溢着生命活力。

（一）学习变得更加主动

践行吸引教育,凤凰小学提出"自由选择、自主探索、自治管理"校园新生活主张,充分体现学生主体。比如在学习上,拓展课程的选课自由,课堂内探索自主,学习管理上也由学生自治……学生在被信任、被支持的氛围中更加有责任感和使命感,学习上主动意识加强。沉浸童趣的情境或内容,深层卷入的学习方式,更是让学生乐于学习,乐做学习的主人翁。比如,不论教师是不是在教室,晨诵时间校园书声琅琅,午间默读个个安静专注;全科学习、项目化学习中学生主动研究,有计划、有落实、有成绩;常规课堂内有了更多的小老师,也有了更多主动思考后的提问与质疑。教师不再只是传道授业解惑,也因此转变成学生主动学习的陪伴者。

（二）个性得到充分张扬

在心理学中,个性也可称为性格或人格,著名心理专家郝滨先生认为:"个性可界定为个体思想、情绪、价值观、信念、感知、行为与态度之总称,它确定了如何审视自己以及周围的环境。它是不断进化和改变的,是人从降生开始,生活中所经历的一切总和。"简单地说,个性就是个体独有的并与其他个体区别开来的整体特性,即具有一定倾向性的、稳定的、本质的心理特征的总和,是一个人共性中所凸显出的一部分,包括个性倾向性、个性心理特征和自我意识。每个个体都有其个性,每个人的个性也不尽相同。有些人的个性特征鲜明、独特,能给人留下深刻的印象;有些人个性平淡不够鲜明,即使长时间相处也不能给人留下深刻的印象。凤凰学子的"有个性",不在于给他人留下深刻印象,而在于其"独特"的品质被尊重,被发现,被培育,被张扬。

凤凰学子在学校金字塔式结构的"课程普及、社团培趣、坊赛提优"三级体艺课程中获得了个性化发展的平台,兴趣爱好获得尊重,儿童的天赋得以唤醒,每一个儿童都在个性发展中感受自己的价值,体验成就的快乐,建立了自我实现的自信。

比如学校的"搞事情"乐队,就是学生个性得以唤醒与张扬的表现。5 个来自五六年级的大男孩,平日里聪明淘气,也不让人省心,但真搞点事情还是动静不小。他们自发成立了"搞事情"电声乐队,假期里自主到校训练,特别认真投入。2019 年5 月,他们参加首届杭州市中小学生现代音乐节比赛并进入决赛,还接受了电视采访。学校"自由、自主、自治"的教育主张在他们的身上得以体现。"让天赋自由"的价值追求,促成了"有个性"的凤凰学子。

"搞出名堂、玩出特长"逐渐成为校园内凤凰学子的新风尚,舞蹈队、管弦乐队、排球队、篮球队、机器人队……小凤凰们在各个舞台彰显个性,用汗水浇出好成绩,捷报频传,仅 2019 学年第一学期就有多项获奖:立体造型作品《钱塘人家》在 2019 年浙江省中小学生艺术节比赛中获得艺术作品类一等奖;舞台舞《彩鸾清音》在上城区第 24 届中小学生"七色花"艺术节中获得一等奖第一名,并代表上城区角逐杭州市中小学生艺术节舞台舞比赛,荣获甲组一等奖第一名的好成绩;管弦乐大合奏《阿莱城姑娘》获得上城区第 24 届中小学生"七色花"艺术节器乐组一等奖,同时校管弦乐队还登上了浙江省少儿春晚的舞台;"校园农耕区智能灌溉系统研究"学习项目荣获第四届 STEM 教育与项目式学习国际研讨会暨 2019 年度项目式学习优秀项目展评活动一等奖;校足球队在上城区小学生三人制足球赛事中五连胜,勇夺冠军……

伴随着吸引教育的实施,我们欣喜地看到,凤凰学子的潜能得到了开发,他们自由地彰显着自己的个性,展示着自己的才能。

(三)素养得到有效培育

吸引教育中学生被尊重,被信任,主动为自己的行为负责的意识被激发。凤凰学子的素养也因此得到有效培育,成长为更有气质、有担当的当代学生。

有气质。在心理学中,气质是表现在心理活动的强度、速度、灵活性与指向性等方面的一种稳定的心理特征。气质是与生俱来的,主要说的是个性、性格特质。希波利特将人的气质划分为多血质、黏液质、胆汁质、抑郁质等 4 种类型。而此处提到的有气质要区别于这种气质。有气质,是指由一个人的举止谈吐、神态风度所体现出的个人风格、智能能力、审美修养等,这些往往是可以通过后天的培养修正和提升的。

吸引教育中,学生通过关键小事的培养,言谈举止、举手投足之间体现出更优质的风度和修养,这正是有气质的体现。例如,学校从 2017 年 10 月起正式推出轻声教育,提出了音量等级设置的规定,凤凰学子在不同场合注重使用不同等级音量说话。专注倾听、午间默读、就餐集会及公共空间等,要用 0 级音量静无声;课堂上同桌交流或课间两人交流,用 1 级音量悄悄说,尽量不让第三人听到;在课堂上 4—6 人小组讨论或下课在走廊上交流，用2级音量小声说，声音只让相应的几人听到；在课堂上发言，用3级音量平常说，让全班同学能听到；在阶梯教室等舞台上，用4级音量大声说；户外活动、集会演讲、室外运动比赛等，用5级音量放声说。持续默读时，凤凰学子保持0级音量已习惯成自然。音量控制成为学生文明与素养的体现之一。国家、省、市级媒体均对学校实施的"轻声教育"实践成效进行过报道。

音量控制、微笑问好、防近控肥、垃圾分类、文明行走……在一件件关键小事的坚持熏陶下，凤凰学子呈现出更有气质的高贵状态。气质一旦形成，不只是在学校呈现，在公共场合、在家中、在社会中也得以泛化，凤凰学子的气质真正被铸就，也成为其社会公民素养的重要积淀。

有担当。习近平总书记在党的十九大报告中指出："青年兴则国家兴，青年强则国家强。青年一代有理想、有本领、有担当，国家就有前途，民族就有希望。"青年的担当精神需要从小培养。学校提出的吸引教育关注人格独立的现代公民养成。在以小镇社区为载体的吸引教育下，学生作为小镇公民，以小镇议事委员会的形式参与校园自治，成为小镇主人。责任与担当意识在潜移默化中被激发、得增长。校内有作为，在校园自治与校园生活的各个环节成为主角；校外有担当，作为社会小公民也能有自己的"大情怀"。

凤凰学子主动发起公益活动，参与社会公益组织，为社会贡献自己的力量。比如，2020年就有44个同学被评为学校公益之星。在日常生活中，做社会的一分子；在特殊时期，更是社会的生力军。2020年，新冠肺炎疫情暴发，凤凰学子也纷纷体现社会担当与公民意识。自制战"疫"MV，402班云端快递引发网上热点，"小凤凰大情怀"，赢得无数点赞。像这样的中队在学校层出不穷：同学们自主自发积极将压岁钱捐赠给红十字会活动中；悄悄地在自己住的单元电梯里放上一大包餐巾纸，希望邻居们都做好防护；通过快板、诗朗诵、自创歌曲来表达自己对逆行者们的敬佩，表达自己的感恩与祝福。众志成城共抗疫，小凤凰也有大担当。

有气质、有担当，显示出凤凰学子们的人格得到了健全发展，也体现了凤凰学子的高雅素养。

二、吸引教育让校园充满童年味道

童真课堂指向儿童真学，指向教师真心、真导。所谓"真学"，是指课堂应当让学习真正发生；所谓"真心"，是指教师应当怀有真诚之心，与儿童展开真诚对话、交往；所谓"真导"，是指教师应当根据学生具体学情展开施教。因此，"童真课堂"充分体现尊重儿童、理解儿童和发展儿童的儿童本位思想。

（一）课堂弥漫着童真

吸引教育下的思维课堂尊重儿童的身心发展规律，凸显学生主体，更关注学生的学，让学习真正发生。学校倡导创享学习，而"四为建构"是创享学习的主阵地。"四为"即：为学而设、为学而教、为学而融、为学而评。从学习设计优化、学教方式改变、学习空间扩容、学习评价转向四个维度指向学生素养形成的深度学习真正发生的新课堂探索，指向学生 4C 素养、学科素养和跨学科素养的发展，打造常态好课堂，营造课堂学习新生态。

教师结合学情和儿童的年龄特点，用心设计提高学生问题解决能力的真实情境，为创享学习营造场域、提供支架，做学生学习的陪伴者。学生在创享学习的课堂中被理解，真正成为学习的主人，更能体会学习的乐趣、享受学习；学生在课堂被"看见"被尊重，学习更主动积极，童真的眼神和真实的质疑成为课堂的主流；学生在知识技能的习得、学习过程的表现和行为习惯的养成上都体现出更高的自觉自律性，也获得了更核心的发展。

在学校的课堂上，可以看到学生们在真情境中进行着真交流、真学习，课堂童趣盎然，童真弥漫。

（二）校园洋溢着童心

卢梭说："大自然希望儿童在成人以前就像儿童的样子。"教育应顺应儿童的发展特点，让儿童保有童心是教育的根本。童心是儿童最为珍贵的品质和健康成长的基础，是教育的出发点、依据和归宿。教育的根本就是要面向儿童、研究儿童、发展儿童，教育工作者正在从按外部目标"塑造儿童"，转向越来越关注对儿童自然天性和丰富个性的发现、守护和发展。吸引教育，让校园洋溢着童心。

1. 童心在活动中释放

凤凰小学校园活动的创设与选取，依托儿童的心理发展规律和兴趣，注重从儿童的角度出发，以儿童的眼睛去看，用儿童的心灵去体会。比如校园"三启四学六节"中，童话节，学生可以走进自己喜爱的童话，去表演、去呈现；童创节，学生可以走进自己好奇的科技世界，去惊叹、去好奇；童健节，学生可以投入到自己热爱的各项体育运动比赛中，去洒汗、去争光；童游节，学生可以走进喜爱的大自然，去探索、去交往；童贸节，学生可以走进憧憬的未来，化身职业人，学营销、做广告……学校每一个活动的开展都以学生的兴趣为起点，以儿童的视角切入，并结合具体的环境与内容让学生在感兴趣的投入中有收获，得成长，儿童的天性在活动中得以充分释放与发展。

有梯度的体艺课程也是释放童心的舞台。学校创造性地提出金字塔式结构的三级体艺课程实施新机制：课程普及、社团培趣、坊赛提优。除了对基础性课程中的体艺类学科教学进行全面普及，还开设各类社团形式实施的拓展性课程，给予学生自由选择的权利和个性发展的空间。20%的学生由学校提名选择参加特长型的校级社团学习,少数特别冒尖的学生可由学校与家长协商,周五下午外出尝试精英型学习模式;外聘专业教师,打造国际象棋特色校本课程;推出四点钟课程——凤凰之星教师才艺坊,以志趣式的组合,集结最优秀的教师和最精英的学生,进行深入的体艺研究和学习,积极参加各级各类比赛,以比赛促发展,更加关注学生个性培养。在三级体艺课程新机制的推动下,学生的特长最大限度地被发掘,个性被尊重,也获得更多发展的舞台和空间,收获更多更大更具个性化的成就,学生在感兴趣的方向尽情释放天性,激扬童心。

2. 童心在信任中激发

校园活动和特色课程不仅为学生表达童心搭建平台,还肩负着引领儿童健康成长的责任。生长的过程是自然的,童年固然美好,却不能一直停留,每个人都会长大成人,都将具有社会性,从而真正承担自己的社会责任。吸引教育中洋溢的童心,更是儿童向成人过渡的阶段中个性品质与人格的发展。

教师通过读懂与发现、信任与尊重、唤醒与激活、愉悦与创新,因势利导,关注儿童的兴趣与需要,营造自由、自主、自治的校园新生活,让学生表露真性情、展露真本色、收获真成长。

校园活动中,在学生有可能独立的环节就由其自主完成,通过活动让童心在校园中洋溢。比如童贸节中让学生自己去谋划,班级的摊位如何布置,班级同学如何分工,班级的海报如何制作,班级的营销如何开展;再比如传媒体验日上放手让三年级的学生自主搜集材料、布置传媒展,让四五六年级的学生亲身投入到学校的传媒工作中,或者采访或者编辑,或者当编导、组织一台戏剧;学校的"悦耕园"里,菜园由学生以小队的形式承担并自主开垦、播种、收获……教师更多的是在事前组织培训过程中给予引导,以及结果呈现后给予赞赏。学校搭舞台,学生在台前,教师在幕后。学生的童心在活动中被充分地尊重与信任,潜能也就被激发,学生有自己的想法,做自己喜欢的事,在活动中磨炼和成长,既享受快乐,又在实践中收获进步和成长。童心因一次次体验而饱满。

(三)环境散发着童趣

怎样的环境能让学生乐于融入,又能潜移默化引领学生、成为学生的精神养料?首先,环境的创设要符合童年的心理特点。童年期的学生,形象思维要更优于抽象思维,处于形象思维向抽象思维发展的阶段,直观的图像会给孩子更深的印象与体会。具象的动植物或卡通形象,更能走进童年期的学生。其次,环境的创设要蕴含学校和班级的文化。将学校文化与班级精神用孩子喜闻乐见的形式凸显,使学生能在其中沉浸、感受、感悟。这样的环境,既不缺教育熏陶的意义,又让童年味道充满了校园。

　　吸引教育中,凤凰小学的环境创设处处散发着童趣,且有立意,有价值引领。学校与班级环境里浓浓的童年味道,一方面体现在可见的环境布置中,比如校园中的花草绿植、走廊文化,班级中的板报墙面等等;另一方面,隐性的校园文化里也充满着童年味道,比如,每一个学子都是金凤凰学子,每一个班级的学生都有自己班级的具象,有的班级每个同学都是挺拔的小柏树,有的班级每个学生都是有品格的君子兰,也有的班级每个学生都是有远大志向的雏鹰。班级文化的具象与整个校园的文化相辅相成,逐步进阶。学生在可见的校园环境中感受童年,也在隐性的校园文化中感悟童年。可见的校园环境和隐性的校园文化都用儿童喜欢的童趣形式熏陶着凤凰校园的每一位学子,充满童年味道,深得学生喜爱。

　　1. "凤栖梧桐"的校园立意

　　凤凰小学的学生即是"金凤凰学子"。金凤凰学子的这一说法,全体学生、家长、教师都有高度的认同感,这不仅与校名相关,更因为凤凰小学的校园文化用童年味道彰显、将童趣渗透在校园的各个角落和教学活动的方方面面。"凤栖梧桐",在校园环境的布置中,凤凰小学将校园打造成一个"青青梧桐小镇"。校园里种梧桐,布置中见梧桐,活动开展依托梧桐。而每一位学生都是一只成长中的小凤凰。在青青梧桐小镇,一只只小凤凰汲取营养、有滋有味地成长,逐步振翅高飞、成长为遨游天空的金凤凰。梧桐校园里唤起了学生成为金凤凰的意愿。金凤凰的具象目标成为学生直观可见的目标。

　　2. 各具特色的班级具象

　　除了校园文化,班级环境也散发着童趣。凤凰小学每个班级都制定了班级三年发展规划。在创班之初,各班都结合本班学生、家长和教师的现状及愿景,设定了班级发展目标和班级治理策略。班级发展目标和班级治理策略又如何走进学生心中,使学生产生自发而具有向心力的行为呢? 最关键的途径之一,就是"班级目标具象化"。每个班级选取一个能体现班级发展目标的具象作为班级标志。这个具象就好比班级的图腾,它既能体现班级的共同愿景,又能以生动童趣的形象走进学生心里,使学生理解、内化,从而激发其外显的行为。比如依托梧桐小镇的背景,有的班级把自己的具象确定为"青青小草",在成为学校的金凤凰学子之前,班内每个学生首先要成为一株顽强而有蓬勃生命力的小草;有的班级将班级具象落点为"蓝精灵",每个学生都要先成为梧桐小镇里好学、机智、勇敢、友善的小精灵。围绕这样共同的目标,进一步细化班级治理策略,具体措施也与小草或蓝精灵等具象的特点挂钩呈现。这样的具象化,因为更贴近学生的视角,便更能走进学生的心灵。班级环境的布置和班级文化的创设都以此为基点,充满童年味道,也让校园和班级的环境处处散发童趣。

3. 丰富多彩的活动空间

除了基于价值引领创设童趣的校园和班级文化环境,校园里丰富的活动场所也为学生的发展提供了成长空间,不同区域的划分,不同的功能与设计,都从儿童视角出发,让童年得以精彩,让童趣洒满校园。比如,"作业即作品",每一面墙都由学生的作品美化;又比如,在"悦舞台"吹拉弹唱,收获自信;在"悦耕园"开垦播种,体验丰收;在"悦目阁"畅所欲言,放松心灵;在"悦读亭"遨游书海,充盈精神……"儿童专注力学习中心""儿童想象力学习中心""儿童创造力学习中心""儿童实践力学习中心"也都是儿童体验与创造的天地。

走进学校,大家可以发现,一张张真诚的笑脸,一阵阵爽朗的笑声,童趣散发在校园的各个角落。

三、吸引教育让学校获得美好声誉

吸引教育的实施,不仅让学生充满了生命活力,让校园充满了童年味道,也让学校收获了美好声誉。

（一）教师享受着教育成功的愉悦

吸引教育中,教师观念更新,能力激活,成功的体验也成倍增加,教师自我实现的价值感得到充分的满足。

1. 观念更新,育人有方

随着新课改的推进,教师的教学观念正逐渐发生转变,将课堂的主体转为学生已成为各地教师的共识,但吸引教育中教师观念的转变远不止如此。凤凰教师对学生的关注,不仅限于课堂,而包含在教育教学的所有活动以及师生互动中,学生是具有独特特性的个体,更是一个个完整的人。育人也应讲个性、多维度、全方位。

在吸引教育中,教师更能觉察学生的"个性"与"完整性",而具有"五育融合育人观"就是凤凰教师观念转变的典型体现。2019年,全校教师参与校内五育融合大讨论并形成共识。2020年1月,学校还举行了以"五育融合新样态,塑造气质金凤凰"为主题的第三届立德树人工作研讨会。在学校构建的"多维协同:五育融合实施的新机制"中,教师在思想认识上打破五育的边界,结合自身工作角度,找到"五育融合"的落脚点且有所作为。比如,王祥老师就从体育的角度,融合德育、智育、美育、劳育来培育全面发展的学生,融五育塑全人,以体育铸精神。

2. 学术创新,收获成绩

教师发展离不开内因与外因。内因是指教师对职业的敬畏、认同、责任,对自身发展目标的定位及渴望成长,是教师快速、持续发展的动力源。外因是指教师个体之外的环境、搭建的平台或机会,是教师快速成长的助推器。内外因相互推动,是新教师向成熟教师及名优教师发展的必然路径。

吸引教育中教师对学生有更全面、更个性的关注，这也对教师的素养提出了更高的要求。教师自我发展的内驱力因而被激活，更多教师主动关注自身的发展，重视自身学科知识的丰富，关注教育学心理学知识的提升，关心教育前沿，努力读懂儿童，更是立足岗位开展各项实践与学术研究，培养问题意识、批判思维、持续研究、独立人格的学术精神。学校的学术研究成果也取得了巨大的突破。在同等考核制度下，校内五星级教师从0人上升为10人，各项课题案例论文的参与率与获奖率更是屡创新高。究其原因，吸引教育中教师的内因被驱动是根本，教师的发展意识与各项潜能更大程度地得以激活，在主动的探索中实践与创新，教师也收获自身的发展与成长，享受着教育成功的愉悦和自我实现的满足。

（二）家长体验着孩子成长的快乐

众所周知，家长最关心的就是自己孩子在学习中的状况。因此，吸引教育让孩子得到了快乐成长，也让家长能从多方面体验孩子成长的快乐。

1. 孩子有发展

吸引教育中，孩子的人格健康和谐发展。学习上主观能动性提高，学习兴趣浓厚、积极性更高，家长的催促减少。身心健康，且个性在学校基于吸引教育理念的课程与各体艺平台的搭建中被发现，有发展，得张扬。素养高雅，孩子有气质、有担当，未来可期。看到孩子的发展，是家长在吸引教育中获得的最大快乐。

2. 家校高协同

吸引教育中，学校与班级的建设有更多家长参与的舞台，家长能直接感受孩子成长、自身成长带来的喜悦。比如各班的班级三年发展规划都有家长的共同谋划。博识讲堂、亲子活动、志愿者行动，是凤凰家长发挥所长、与孩子在校园中互动的欢乐时光。正源家长学校、全员家访、家长会、家长开放日、星级家长执照等也是家校沟通、家长成长的摇篮。

3. 亲子好关系

吸引教育的推动，使亲子关系更加融洽。家长引领孩子成长，孩子也能促进家长升级，形成良性循环。高质量的陪伴，良好的家庭教育氛围，成为更多家庭的主色。好家长与好家庭不断涌现。例如，书香家庭和优秀正源家长班班有、年年新，十佳正源家长更是成为全校家长的榜样与引领。再比如，2020年8月，凤凰小学的王剑荣家庭和徐跃峰家庭获评杭州市上城区"最美家庭"，他们或是"使命呼唤担当，责任引领未来"的表率，或是"腹有诗书气自华"的典范。

随着吸引教育的实施，令人欣喜地看到，家校有效协同、孩子个性发展、家长同步提升，孩子快乐成长，家长也身在其中。

（三）学校感受着师生发展的收获

"读懂与发现、信任与尊重、唤醒与激活、愉悦与创新"，吸引教育下的校园具有开放性、渐进性、交互性、发展性。开放、包容让吸引教育有了无限可能；循序渐进、步步深入，让教育有了章法可循；多维交互让吸引教育有多向可生；用发展的眼光着眼未来、落点教育，让吸引教育未来可期。吸引教育下的学校，也因此收获着师生发展带来的满满收获。

1. 教师：精神抖擞，干劲十足

在项目制推动下，教师的意识被唤醒，能力被激活，更新观念，实践创新，积极向上，干劲十足。校园里教研氛围浓厚，学校之间、地域之间的跨教交流增加，教师的实践与思考增多，带来愉悦与创新。教师在付出中感受快乐，于平凡中创造非凡，也为学校带来了丰硕的科研成果和各项荣誉。良好的研讨氛围和教师的拼搏精神，让学校焕发出新的生命活力。

2. 学生：气质高贵，个性发展

吸引教育中，学生被读懂与发现、信任与尊重、唤醒与激活，学生的主观能动性大大提高，学生的个性得以大力张扬，学生成为校园、课堂真正的主人，在自由、自主、自治的校园新生活中成长为正行、好学、乐玩、善交的气质金凤凰，高贵的气质提升了校园的精神面貌，千姿百态的个性化发展也为校园增光添彩。

3. 学校：建立品牌，欣欣向荣

拥有着儿童视角、面向未来社会的教育观，激发了敢于创新、乐于付出的好教师，培育出气质高贵、个性发展的金凤凰学子。全方位的变化丰富了校园文化的内涵，提升了学校的教育品质。家长和社会对学校的认可度大大提高。杭州市年度创新学校、杭州市中小学幼儿园示范教科室、浙江省健康促进学校、浙江诗词大会编委单位、上城区"行走德育"基地、生涯规划教育体验中心等各项挂牌与荣誉也成为学校的新名片，学校发展欣欣向荣。

第二节　思考：吸引教育的未来新方向

吸引教育的未来新方向，应立足中国传统文化，把握国际化、智能化的时代背景，尊重学生个体的完整性与独特性，打造校园特色文化，丰富吸引教育的厚度、长度、宽度。

一、传统文化：人文积淀的厚度

21 世纪是文化多元发展的时代，在全球化和地球村背景下，不同文化之间发生交互作用，文化与文化之间的冲突、交融、弥合差异成为常态。吸引教育应促使学生在跨文化的交流中，仍能建立文化自信，乐于学习、传承和发扬传统文化，积淀人文厚度。

（一）增进理解中国文化，建立文化自信

诗词歌赋，琴棋书画，曲艺舞蹈，民间艺术，各地方言……中国传统文化博大精深。每一个中国人都在中华传统文化中孕育，也都会留下中华文化的烙印。但信息的发达，世界的融通，还是给传统文化的传承与发展带来了很大的挑战。未来的吸引教育，应使学生积淀人文的厚度，拥有丰厚的传统文化底蕴。

（二）扩大跨文化交流，传播中国文化

跨文化交流不是纯粹的学习外国文化，而是中外文化互通有无的过程。跨文化交流，学生在具有国际视角的真实情境和实际交流中成长，理解文化的多元价值；尊重不同文化的独立性；包容不同文化的差异性；悦纳彼此的殊同，立足本土文化，在文化碰撞中产生新发现新思想。"国际化视野绝不是全盘西化，而是在国情、校情的基础上兼容并蓄，以国际视野借鉴和应用世界各国优质学校普遍认同的教育理念、价值追求和办学经验，最终落脚到高度的民族认同上来，实现国际化课程与本土化课程的全方位整合。"因此，吸引教育下的文化交流，可以先从增强学生对我国传统文化的理解上入手，开课程办活动，在体验中浸润，在丰富中理解，树立文化自信，鼓励文化传播。比如我校开设的国际理解校本课程，学生通过对中外传统节日的学习，加深对我国传统节日的理解，并在后期与国外友好学校的交流访学中，传播中国传统文化。

（三）营造校本特色文化，为人文积淀提供场域

人文积淀的厚度除了需要加深对传统文化的理解，加强对外的国际交流与传播，还应加重校本文化的营造与浸润。如，"自由、自主、自治"这"三自"校园的培育，就是凤凰小学的文化主张。基于"学校与社会同步、学习与生活融合、现实与未来对接"的设计理念，凤凰小学提出了"自由选择、自主探索、自治管理"校园新生活主张。以"自由、自主、自治"之底色，育"自新、自信、自立"之气质。

自由。"自由的学生发展观囊括了双重含义：其一，自由是学生发展的目的；其二，自由是学生发展的手段。"哲学家伯林提出"两种自由"概念，即"消极自由"和"积极自由"。所谓消极自由，主要是指人的行为不受他人的干涉或约束，也就是没有强制，是"免于……的自由"；所谓积极自由，即是指人是自己的主人，其生活和所做的决定取决于他自己而非任何外部力量，是"做……的自由"。学生的自由也主要表现在以下两个方面：一是免于限制与约束的自由，包括身体自由和精神自由；二是有积

极思考和表达的自由,学生个体是自己的主人,能有不同于别人的独特见解,能根据自己的个性特质和兴趣取向选择自己的成长和发展方向等。吸引教育中的校园,应能处理好权威与民主、纪律与自由的关系,自由是相对的。相比消极自由,积极自由更显珍贵。如何创造良好的文化氛围,让学生敢思考、敢言论、敢行动,更是需要探索的主要方向。比如,凤凰小学通过塔式课程群的设置,丰富学生课程的选择面,包括传统文化的学习,给学生更大的个性化发展空间,实现发展与选择的自由。

自主。"自主性是人的生命本性,发展学生的自主性是教育的本体价值。自主性是指自己成为自己活动的主体,具有支配和控制自身活动的权利和能力,按照自身所固有的内在本性的要求去支配自身的存在和发展的一种特性。学生的自主性包括身体和精神两个方面,但对于教育而言,精神自主更重要。"精神自主表现在多个维度:学习活动探索自主;各项决定选择自主;各类行动意愿自主。概括言之,学生对自己的言行思想具有主观能动性。弱化教师的管控干预,尊重学生的思想言论。培养学生的自主意识在吸引教育的锻造升级中不可或缺。

自治。学生自治的本意在于学生组织起来自己管理自己。随着社会发展,学生自治有了更深的内涵,即为培养道德服务,为学生将来走上社会而做准备。陶行知先生说,"今日的学生,就是将来的公民",学生自治是学生团结起来,大家学习自己管理自己的手续,从学校方面说,就是"为学生预备种种机会,使学生能够把大家组织起来,养成他们自己管理自己的能力"。在当前,所谓学生自治,也即学生自我教育、自我管理、自我服务,也即积极发挥学生的主体能动性,通过自主、自觉、自为、自律的方式,提高自身能力、培养综合素质,这也是立德树人的内在要求。凤凰小学校园新生活以"梧桐小镇"为载体,设置"小镇议事委员会",学生作为小镇公民和议事委员,参与小镇决议,设计小镇活动,服务小镇岗位,管理小镇日常,在自治管理中锻炼能力,提升主人翁意识。未来应不断完善自治管理体系,让自治更有氛围、更见成效。

二、五育融合:指向未来的长度

根据新时代"全面、全人、个性化"的发展格局定位,吸引教育培养全面发展且具有个性的人,应指向学生的未来,以五育融合为抓手,以智能信息技术为依托。

(一) 从学生时期走向智能未来

随着信息技术蓬勃发展,以人工智能为核心的智能化时代正逐渐开启。今日在校的学生,明日走出校门都是建设未来社会的主体,而迎接他们的必将是一个信息化、智能化的时代。智能未来对学生提出新要求,智能未来需要个体具有与之相匹配的知识技能。掌握信息技术,能使用、会创造,才是适宜智能未来的人才。智能未来带来新挑战,学生未来可能还要与人工智能竞争就业,生涯发展也要有新的定位。

吸引教育要有培养未来人的视角,应积极营造智能化、信息化的校园环境和教学形式,丰富学生的信息技术知识和智能运用体验,使学生成长为数字原住民,更好地做好学生时期与智能未来的衔接。教师也应转变角色和定位,改变教学方式和课堂形式。比如,教师与人工智能辅助教学,发挥教师与人工智能各自的优势,协同实现个性化教育、包容的教育、公平的教育与终身的教育,促进人的全面发展。人工智能是一种技术,在技术的面前我们需要正确认识人的主体地位,让技术服务于人类,帮助人类自由而全面地发展;让课程设置指向未来,课堂教学结合科技,校园治理运用智能。

（二）从童年时期走向未来人生

每个人都是一个独立完整的个体,每个人也都将经历属于自己的完整旅程,绽放自己的生命色彩。凤凰小学的学生目前处于童年期,但教育的眼光不能只局限于童年期。从出生到死亡,人的一生是动态变化、连续发展的过程,带着发展的眼光开展童年期教育很有必要,而吸引教育更应指向未来,关注学生从童年走向未来人生的这段旅程。任何时期,学生都是独立完整的人。重视个体的完整性,关注个体的独特性,也是不可或缺的两方面。

重视个体的完整性,不割裂地看待个体的某一面。体现在学生的教育教学活动中,就是不能只注重智育或德育、体育、美育、劳动教育中的某一育,应以五育融合育人观开展教育教学,促进学生人格健康和谐发展。

例如,凤凰小学创设主题为"聪明长在手上"的新劳动教育课程,旨在通过劳动实践课程,促进学生综合素养全面提升,以劳促德、以劳增智、以劳强体、以劳益美,实现五育融合。为推进新劳动教育的开展和实施,学校在2018年9月开设木艺工坊课程,为学生提供劳动实践的平台,引入专业的文化创意有限公司进行具有凤凰小学特色的"木艺工坊"课程开发与实施。本课程基于非遗文化背景,以细木工制作为学习载体,以自主学习为特色,以"做中学"为理念,通过劳动实践,提高学生动手能力,培养学生养成劳动光荣的品质,更重要的是培养和提高学生的创新能力。另外,创设劳动教育基地,学校将校内空间进行优化,分别在秋涛和钱江校区开辟劳动基地一:实践力中心,内设4个坊,包括木工坊、编织坊、厨艺坊、纸艺坊;4个室,包括电器室、清洗室、管道室、修理室,可供学生选择与体验。在钱江校区打造劳动基地二:悦耕园,由一个花房和一片蔬菜种植园组成,作为生涯教育体验基地之一,学生在此躬身劳作,见证植物的生长规律,感受蓬勃的生命力,体验劳动的苦与甘。校内外相结合,为学生的劳动实践提供多样化的基地保障和选择式的课程菜单。生活靠劳动创造,未来人生也靠劳动创造,新劳动教育课程融合五育,帮助学生培养勤奋学习、自觉劳动、勇于创造的精神,同时指向未来,为学生的终身发展和人生幸福奠定基础。

关注个体的独特性，不以一个模子培育所有学生。每一个学生都是独一无二的个体，拥有自己独特的个性、气质与兴趣等。吸引教育要善于发掘学生的个性化特质，结合课程和校内外实践，为学生的个性发展搭建舞台，指向未来人生发展的多种可能，为每一个五彩生命奠基。

三、国际视野：世界胸怀的宽度

"国际视野是立足现实、放眼世界的全球眼光；是关注自身、兼济天下的人类情怀；是认清形势、顺应时代的发展眼光；是明确使命、正视比较的开放思维；是摒弃分歧、谋求共赢的大局意识。"

随着经济的持续、快速增长和国际地位的不断提高，我国在国际事务中的作用更加重要，所面临的国际竞争和挑战也日趋严峻。让学生拥有世界胸怀，能为构建"人类命运共同体"而努力就是吸引教育未来新方向。

（一）办更高水准的学校

办更高水准学校，营造具有国际视野的场域。信息化时代的推进，缩短了国与国之间的距离，拉近了人与人之间的沟通，信息全球化改变了我们的生活方式，也必将促使未来世界有更多的融通。学校培养的是未来人，要想让学生在走出校门迈入社会时能及时融入与适应，将学校办成具有未来高水准的学校是必要的。

首先，增强硬件创设。使校园信息化，治校智能化，教学科技化。良好的硬件基础，过硬的信息技术支撑，是打造未来更高水准学校的基石。

其次，丰富软件的开发。具有国际视野的课程设置，扩大国际交流，增进国际理解，浸润国际文化。在丰富的场域中扩大国际视野的宽度、加深文化自信的深度，增强构建"人类命运共同体"的使命感，是打造未来高水准学校的硬核。

（二）育更高素养的学生

未来具有高素养的学生应当是有足够竞争力的。除了拥有国际视野、通晓国际规则，学生还需具备在未来参与国际事务和国际竞争的能力，自身要有较高的核心素养，能适应社会，热爱生活，创新创造等。

首先要从小重视学生核心素养的提高。"21世纪核心素养5C模型"，包括文化理解与传承素养（cultural competency）、审辨思维素养（critical thinking）、创新素养（creativity）、沟通素养（communication）、合作素养（collaboration）5个方面。在5个素养中，每个素养各有侧重。文化理解与传承素养是核心，指人们对文化的认知与理解、继承与扬弃、发展与创新的过程和行为，对个体发展、社会和谐都具有深远意义，该素养所包含的价值取向对所有行为都具有导向作用；审辨思维素养与创新素养侧重于认知维度，审辨思维强调理性、有条理、符合逻辑，创新素养强调突破边界、打破常规；

沟通素养与合作素养侧重于非认知维度,沟通强调尊重、理解、共情,合作强调在实现共同目标的前提下做必要的坚持与妥协。同时,每个素养之间又相互关联。文化理解与传承是核心;创新离不开审辨思维;沟通是合作的基础;良好的审辨思维能够提升沟通与合作的效率;有效的沟通与合作有助于实现更高质量的创新。在吸引教育中,落实素养的内容与载体,针对核心素养开展有效的教学活动与学习活动,提高学生素养发展的水平,使学生更具国际竞争力。

培养具有未来高素养的学生,还可以有更高的期待,信任学生,通过校园文化的创设等激活其更高的自主性。比如培养学生从"高评价他律"转为"低评价自律"。

芬兰作为在基础教育领域取得卓越成绩的国家,它的教育评价体系在倡导人才评价制度改革的今天值得我们关注。芬兰教育系统具有相当明显的去中心化趋势,中小学课程主要是地方课程,几乎没有标准化考试,不仰赖评价。芬兰也是世界上几个学生成绩差距最小的国家之一。评价学生主要是由教师来决定,芬兰的学生评估分为三类:第一类是教师进行的课堂评估;第二类是针对各学期进行的综合评估;第三类评估方式是举行常态性的全国抽样评估。芬兰的教育认为考试愈少,学生学得愈多。芬兰学生的在校成绩表现的主要衡量标准是特质与能力,而不是任何统一标准或数据指标。芬兰教育政策认为,个性化的学习与创意教学是教育的重要元素,学生评价就是教授与学习的过程,目的是用于改善教师与学生的表现。任何外部评价机制与评价人员都无法担负起塑造学生人格与认知发展的责任。

目前我国的教书育人活动中,评价占着重要的地位和作用。在教育变革的大背景下,教育评价领域的研究与实践正在从"对教育的评价"向"促进教育的评价"转变,即从认为教育评价是评价学生所具备的内化的知识技能,转向认为教育评价是评价学生获得能力或者生产知识的认知过程。教育评价的目的从遴选到问责,从鉴别到诊断;教育评价的内容从知识到认知;教育评价的工具从标准化到情境化,从纸笔化到数字化;教育评价的要素从题目到证据;教育评价的环境从封闭到互动,从强迫到吸引;教育评价的方式从测验到活动,从有形到无形;教育评价专业指南从经验到规范。

愈加完善的评价体系覆盖在学生学习生活的各个方面,适宜的评价也确实对教育教学和学生发展的方向起着较好的引导作用,但未来社会具有高素养的学生不应只局限于外在评价中。在"高评价他律"中做一个被称为优秀的人,还不足以激活学生的内在动因,不能充分发挥学生的主观能动性。未来社会中,具有高素养的学生应能从"高评价他律"转为"低评价自律",也就是具有"慎独"的品格。营造更自由、自主、自治的校园生活,将评价内化成校园文化,镌刻于学生的内在,形成学生自发向心的行为,这应该是值得研究的方向之一。

　　未来的吸引教育,应更凸显学生的主体地位,以创设更高水准的学校为基础,以培养更高素养的学生为目标,实现吸引教育的新高度,让学生站得更高看得更远,拥有更宽阔的视野与胸怀,为构建"人类命运共同体"添砖加瓦。

参考文献

[1] 毕甸,孙银光.自由视角下对学生发展观的审视与重构 [J].学校党建与思想教育,2017（5）:83-85.

[2] 曹芳.以真为先:指向"童真课堂"的核心区间 [J].数学教学通讯,2017（4）:45-46.

[3] 常生龙.从生存性教育走向生活性教育——挑战与机遇 [J].今日教育,2016（11）:6-20.

[4] 陈瑞生.学业测评理论研究的新趋势:凸显育人为本 [J].课程·教材·教法,2014（02）.

[5] 陈祥春.思维课堂才是真教学 [J].国家教师科研专项基金科研成果(华夏教师篇卷3),2013.

[6] 约翰·杜威.民主主义与教育 [M].王承绪,译.北京:人民教育出版社,2001.

[7] 范胜武.中西合璧铸魂育人——探索适合中国学生发展的国际教育之路 [J].中小学校长,2015（4）.

[8] 冯建军.生命与教育 [M].北京:教育科学出版社,2004.

[9] 付小倩,袁振国.小学生综合素质评价结果处理模型的构建 [J].教育测量与评价,2013（8）:15-19.

[10] 谷屹欣.以读写教育构建跨学科素养:芬兰新课程多元读写能力及其实施途径评析 [J].外国教育研究,2019,46（08）:57-68.

[11] 顾明远.教育大辞典(六)[M].上海:上海教育出版社,1992.

[12] 关松林.义务教育课程改革后续任务及其走向 [J].基础教育参考,2015

（06）:3-6.

[13] 郭芳英.“双因驱动”:助推地理教师专业发展 [J].地理教育,2020（3）:50-51.

[14] 国晓华.新课程背景下对体验式教学中“学生体验缺失”的思考 [D].南京:南京师范大学,2015.

[15] 杭群燕.丰盈心灵:小学校园生活应有的价值追求 [J].基础教育研究,2018（10）:4-5.

[16] 何雪莲.试论吸引教育对我国教育改革的启示 [J].福建建筑高等专科学校学报,2001（Z1）:130-132.

[17] 和学新,赵婧.发达国家义务教育课程设置的经验与启示 [J].教育研究与实验,2019（03）:37-43.

[18] 洪玲玲.新加坡教育分流理念下基础教育课程设置及其启示 [D].沈阳师范大学,2018.

[19] 洪松舟.近20年中小学课程建设质量评估研究:回顾与启示 [J].教育导刊,2020（01）:42-47.

[20] 霍力岩,黄爽.表现性评价内涵及其相关概念辨析 [J].西北师大学报(社会科学版),2015（03）.

[21] 霍华德·加德纳.智能的结构 [M].沈致隆,译.杭州:浙江人民出版社,2013.

[22] 安德烈·焦耳当.学习的本质 [M].杭零,译.上海:华东师范大学出版社,2019.

[23] 教育与教学研究编辑部.教育学术研讨会暨《教育与教学研究》编委会会议综述 [C].教育教学研究,2019（33）:101-128.

[24] 戴维·卡尔.教育的意义 [M].徐悟,译.北京:中国人民大学出版社,2016.

[25] 赖寒梅.基于核心素养的综合素质评价策略 [J].中国教育学刊,2017:1-5.

[26] 李伟胜.从方法论角度回顾二十余年中小学整体改革研究 [J].江西教育科研,2001（07）:3-7.

[27] 李晓慧.增强社会主义核心价值体系教育吸引力的途径探析 [J].现代教育,2015（10）:8-9.

[28] 李雨思.我国核心素养的学科体系与跨学科体系之争——芬兰课程改革的启示 [J].大众文艺,2019（23）:237-238.

[29] 李正杰.我国基础教育新课程改革实施中教师发展研究（2001—2014）[D].东北师范大学,2015.

[30] 廖文. 现象学教育学视野下的学校课程开发研究——以武昌实验小学为例 [D]. 武汉：湖北大学，2014.

[31] 林格. 回归教育本质 [M]. 北京：清华大学出版社，2015.

[32] 林砺儒. 关于自治 [M]. 上海：上海文汇出版社，2003.

[33] 林艳. 吸引教育——成就完美人生 [C]. 国家教师科研专项基金科研成果（五）：国家教师科研基金管理办公室，2017：196.

[34] 刘献君. 个性化教育论 [M]. 湖北：华中科技大学出版社，2018.

[35] 刘亚敏. 教学评价中双向多维反馈模式的构建研究 [J]. 当代教育科学，2013（17）.

[36] 龙喜平. 学生自主性内涵探析 [J]. 现代教育科学，2016（3）：105-108.

[37] 莫妮卡·R. 马丁内斯，丹尼斯·麦格拉思. 深度学习 [M]. 唐奇，译. 北京：中国人民大学出版社，2019.

[38] 莫玉霜. 用"吸引教育"拓展德育工作新途径 [J]. 中国德育，2012（14）：40-41.

[39] 彭杰. 现象学视角下的学习：一种新的面向和可能 [J]. 上海：华东师范大学学报（教育科学版），2020（2）：103-113.

[40] 乔桂娟，杨丽. 新加坡基于《21世纪技能》的基础教育课程改革 [J]. 基础教育参考，2019（23）：10-13.

[41] 乔建中，朱小曼. 吸引教育：一种新型的教育理论 [J]. 上海教育科研，1999（3）：1-5.

[42] 秦玉友. 从高速增长迈向高质量发展——新时代教育内涵发展战略转型 [J]. 南京师大学报（社会科学版），2019（6）22-23.

[43] 森敏昭.21世纪学习的创造 [M]. 京都：北大路书房，2015.

[44] 邵醉娣. 吸引教育在数学教学中的应用 [J]. 教学月刊（中学版），2002（01）：53-54.

[45] 斯普林格. 脑中之轮：教育哲学导论 [M]. 贾晨阳，译. 北京：北京大学出版社，2005.

[46] 孙建辉. 有梦，就有未来——记深圳明德实验学校教育改革之旅 [J]. 中国教师，2016（24）：31-34.

[47] 陶行知. 学生自治问题之研究 [M]. 上海：上海文汇出版社，2003.

[48] 王焕霞. 发展性学生评价：内涵、范式与参照标准 [J]. 山东师范大学学报，2017（1）.

[49] 王洁. 浅谈小组合作探究学习有效促进深度学习 [J]. 新教育时代·学生版，

2018.

[50] 王荣生. 语文科课程论基础 [M]. 北京:教育科学出版社,2014.

[51] 王珊珊. 教育评价改革:芬兰的经验与启示 [J]. 教育导刊,2018（2 上）: 93-96.

[52] 王铁群. 试论吸引教育的有效策略 [J]. 教育探索,2003（12）:65-67.

[53] 王希军. 区域推进现代化课程体系建设——以滨州市滨城区为例 [J]. 现代教育,2016（11）:7-9.

[54] 王晓雪. 教学过程中学生自由的缺失及其获得 [J]. 湖北师范学院学报:哲学社会科学版,2012（1）:127-129.

[55] 王永昌. 基于"吸引教育"的班级建设与思考 [J]. 科教导刊(上旬刊),2010（04）:68-69.

[56] 魏锐等. "21 世纪核心素养 5C 模型"研究设计 [J]. 华东师范大学学报(教育科学版),2020（2）:20-28.

[57] 吴维宁,高凌飚. 学业评价模式的初步研究 [J]. 华南师范大学学报,2015（12）:107-111.

[58] 徐晔. 从"人工智能教育"走向"教育人工智能"的路径探究 [J]. 中国电化教育,2018（12）:81-87.

[59] 许宏. 做一名童心呵护者 [J]. 教育科学论坛,2018（9）:1.

[60] 闫志明,唐夏夏,秦旋等. 教育人工智能(EAI)的内涵、关键技术与应用态势——美国《为人工智能的未来做好准备》和《国家人工智能研发战略规划》报告解析 [J]. 远程教育杂志,2017（1）:26-35.

[61] 杨明全. 我国课程体系改革的历史、现状与展望 [J]. 领导科学论坛,2017（14）:57-70.

[62] 杨清. 论学校课程结构设计 [J]. 河北师范大学学报(教育科学版),2019（06）:109-114.

[63] 杨小微. 立德树人纲举目张:学校课程一体化设计与运作 [J]. 中小学德育,2018（06）:5-9.

[64] 叶晓燕. 音乐教师要善于运用"吸引教育"[J]. 中小学音乐教育,2005（04）:12-13.

[65] 余胜泉. 人工智能教师的未来角色 [J]. 开放教育研究,2018,24（1）:16-28.

[66] 张华. 论核心素养的内涵 [J]. 全球教育展望,2016（4）:10-24.

[67] 张娜. 从对教育的评价到促进教育的评价——教育评价国际研究进展综

述 [J]. 基础教育,2017,14（4）:81-88.

[68] 张雯. 让核心素养伴随学生的成长 [J]. 中小学信息技术教育,2016.

[69] 张霞儿. 吸引教育和语文教育 [J]. 教学月刊(中学版),2003（11）:36-38.

[70] 张卓玉. 第二次教育革命是否可能——人本主义的回答 [M]. 北京:商务印书馆出版社,2010.

[71] 赵传兵. 从唯量化走向多维优化——发展性评价观对教师教育评价的影响 [J]. 黑龙江高教研究,2014（07）.

[72] 赵梁军. 吸引教育在自然科学教学中的初步尝试 [J]. 绍兴文理学院学报,2003（11）:115-116.

[73] 郑杰. 为了合作的学习——让课堂变革真实地发生 [M]. 上海:华东师范大学出版社,2018.

[74] 钟启泉,崔允漷,张华. 为了每一个学生的发展:《基础教育课程改革纲要（试行)》解读 [M]. 上海:华东师范大学出版社,2001.

[75] 钟启泉. 基于核心素养的课程发展:挑战与课题 [J]. 全球教育展望,2016（01）:3-25.

[76] 周佳伟,王祖浩. 基于核心素养的课程体系建构——芬兰《国家基础教育核心课程 2014》评述 [J]. 比较教育研究,2018（11）:91-97.

[77] 周龙兴. 体验的教育学意义与学习主体的确立 [J]. 上海教育科研,2002(4):8-11.

[78] 周培植. 好的教育 [M]. 北京:教育科学出版社,2019.

[79] 祝鸣,张玉君. 旨在培养智慧型学生的小学低段学业评价 [J]. 吉林省教育学院学报,2015（1）:21-22.

[80] 佐藤学. 教师的挑战 [M]. 钟启泉,陈静静,译. 上海:华东师范大学出版社,2012.

后记

2017年8月，由杭师附小教育集团钱江校区、秋涛校区合并形成了一所新命名的具有独立法人性质的公办学校——杭州市凤凰小学，至本书初稿形成，学校正好走过了三年的发展历程。

一所新生的学校，第一紧要的事，是做好顶层设计。我们需要想明白一些问题，也需要回答清楚一些问题：什么教育最为美好？什么样的学校最为理想？学校的办学理念、办学愿景和育人目标是什么？设置怎样的课程，确立怎样的课堂样态才能抵达儿童成长的需求？时代在发展，社会在进步，未来社会将会出现怎样的变化，教育应该做什么？我们学校应该做什么？面对中国学生发展核心素养，如何为每一个孩子一生发展的未来做好准备？

一所在特定条件下诞生的新学校，做好传承才有更好的发展。杭师附小和秋涛路小学都是办学历史悠久的杭城老学校，历经百年风雨，特色鲜明，成绩显著。我们延续"在付出中感受快乐，于平凡中创造非凡"的附小精神，承用"有滋有味"的办学理念，锚定"正行、好学、乐玩、善交"的学子形象不变，在秋涛路小学"正诚"校训的基础上形成了"诚毅博正"的新校训。

一所新办的学校，更要有自己的个性特色，形成自己的价值定位。"栽得梧桐树，飞出金凤凰"，学校以"梧桐""凤凰"为具象，依据两者之间的关系，确立了吸引教育的办学主张和价值追求。凤凰橙、梧桐绿成了学校的主色调，梧桐小镇、梧桐书院、梧桐树课程、梧桐杯教学评比，只要是师生成长载体的设计，我们多以梧桐命名。金凤凰百佳学子、金凤凰三优评比、金凤凰礼仪队、金凤凰画廊、金凤凰勋章，属于学生成长结果的表彰奖励和展示，我们多以金凤凰命名。学校的教师秉承吸引教育的独特理念，像种树一样用心做教育，办好老百姓小区门口的学校。短短三年时间,凤凰小学声名鹊起,赢得了良好的办学声誉。不唯分数的学生综合评价改革,五育融合实践研究,新时代儿童文明养成的轻声教育,率先开展学后托管服务,凤凰学子大健康体系的构建,儿童阅读课程与阅读素养标准研制等多项教育教学改革的探索,引领着当下中小学核心素养教育的新方向。

这些年来,学校遵循三年发展规划的整体设计,立足自由、自主、自治的吸引教育办学方向,围绕文化、课程、质量、机制、评价等实践路径,破旧立新、大胆变革,开展了一系列的研究,努力创建一所具有学术化、信息化、个性化、特色化的现代型学校。办儿童喜欢的学校,办国际水准的学校,吸引教育三年实践与研究,是一次凤凰涅槃的特别经历,是全体凤凰教师践行上城美好教育的不懈追求。定格吸引教育,研究吸引教育,让吸引教育成为学校办学的一张金名片。本书就是对学校三年办学探索的一次梳理与总结,是对学校吸引教育研究与实践的系统阐述。

本书共分10章,得到了学校教育智库专家施光明先生(原杭州市教育科学研究所所长)、李政涛教授(华东师范大学基础教育改革与发展研究所所长)、刘力教授(浙江大学教授)等知名学者的精心指导,由杭州市凤凰小学校长缪华良策划并设计了本书的整体框架,细化了每一章撰写的具体要求和素材指导,杭州市凤凰小学相关教师参与了本书的撰写工作。具体分工如下:第一章,毛长云;第二章,陆敏芳;第三章,陈蕾;第四章,陆敏芳、王俊生;第五章,钱春苗;第六章,茅琼华;第七章,任启鸿;第八章,陈清梅;第九章,缪华良、支超瑱;第十章,田庆云。缪华良、施光明对全书进行了统稿,缪华良负责全书的审稿和核对。

本书述及的主要成果和有关案例来自近三年杭州市凤凰小学多个省市立项课题的研究,在学校三年发展规划的指引下,全校教师积极参与研究,数十位教师提供了大量案例和素材,本书的形成凝聚了全校教师的智慧。在本书编写的过程中得到了上城区教育学院教育科研中心陈文松主任、徐雪峰老师等的专业支持,还得到了上城区教育发展基金会的资助,上城区教育局项海刚局长为本书欣然作序,在此一并致以衷心的感谢!

由于时间仓促、水平有限,疏漏之处在所难免,敬请各位读者指正。

缪华良

2020 年 10 月